EUSTACE MULLINS

NEUE GESCHICHTE DER JUDEN
&
Der biologische Jude

OMNIA VERITAS

EUSTACE CLARENCE MULLINS
(1923-2010)

NEUE GESCHICHTE DER JUDEN
& *Der biologische Jude*

New history of the Jews
The biological Jew

1968 & 1992

Aus dem Amerikanischen übersetzt
von Omnia Veritas Ltd.

© Omnia Veritas Limited - 2022

Herausgegeben von
OMNIA VERITAS LTD

www.omnia-veritas.com

Alle Rechte vorbehalten. Kein Teil dieser Veröffentlichung darf ohne vorherige Genehmigung des Herausgebers in irgendeiner Form vervielfältigt werden. Das Gesetz zum Schutz des geistigen Eigentums verbietet Kopien oder Reproduktionen, die für den gemeinsamen Gebrauch bestimmt sind. Jede vollständige oder teilweise Wiedergabe oder Reproduktion durch irgendein Verfahren ohne die Zustimmung des Herausgebers, des Autors oder ihrer Rechtsnachfolger ist illegal und stellt eine Fälschung dar, die nach den Artikeln des Gesetzes über geistiges Eigentum strafbar ist.

ÜBER DEN AUTOR	13
NEUE GESCHICHTE DER JUDEN	15
KAPITEL 1	**17**
JUDEN UND ZIVILISATION	17
KAPITEL 2	**24**
DER BIOLOGISCHE JUDE	24
KAPITEL 3	**34**
DIE HERKUNFT DER JUDEN	34
KAPITEL 4	**45**
DIE JUDEN IN DER ALTEN GESCHICHTE	45
KAPITEL 5	**63**
DIE JUDEN UND DAS LEIDEN VON JESUS CHRISTUS	63
KAPITEL 6	**71**
JUDEN UND RITUALMORD	71
KAPITEL 7	**92**
JUDEN IN EUROPA	92
KAPITEL 8	**129**
JUDEN UND KOMMUNISMUS	129
KAPITEL 9	**157**
DIE JUDEN UND DIE VEREINIGTEN STAATEN	157
KAPITEL 10	**184**
DIE JUDEN UND UNSERE ZUKUNFT	184
DER BIOLOGISCHE JUDE	**199**
VORWORT	**201**
KAPITEL 1	**204**
DER PARASITE	204
Die Fähigkeit zu ändern	*207*
Bekannt als die Juden	*208*
Andere biologische Aspekte	*209*
Die wissenschaftliche Herangehensweise	*210*
Nicht Kommensalismus	*211*
Modifizierung des Organismus	*212*

Verletzt die Natur ... 213
Vorübergehende Parasiten ... 214
Evolution und Parasiten ... 214
Spezialisierung unter Parasiten ... 215
Adulte Phasen des Parasiten ... 217
Ausgeprägte Veränderungen an der Skelettstruktur ... 219
Kulturelle Artefakte ... 220
Hass ... 221
Anpassungsfähige Änderungen ... 222
Fortpflanzungsphasen ... 223
Abwehrreaktionen ... 224
Parasitäre Schäden ... 224
Andere Parasiten ... 225
Reaktionen gegen den Parasiten ... 226
Kenntnisse über den Parasiten ... 227
Immer ein Feind ... 228

KAPITEL 2 ... **230**

DER BIOLOGISCHE JUDE ... 230

Eine späte Theorie ... 231
Bedeutung der Biologie ... 234
Muster des Parasiten ... 234
Der unentwirrbare Halt ... 235
Fremdkörper ... 236
Die Haltung des Parasiten ... 237
Der Analkomplex ... 238
Parasiten in vielen Bereichen des Lebens ... 239
Der Fall Dreyfus ... 240
Unsere eigenen Dreyfus-Fälle ... 241
Nichtjüdische Opportunisten ... 242
Notwendigkeit der Kontrolle ... 243
Aggression ... 243
Der Haushalt des Parasiten ... 244
Tendenz zur Entartung ... 244
Symbol des Sieges ... 245
Das biologische Muster ... 246

KAPITEL 3 ... **248**

DIE SCHABEZ GOI ... 248

Die fortgeschrittenen Zivilisationen ... 248
Eine Definition ... 249
Verurteilung und Ausweisung ... 250

Schwäche des Gastgebers 251
An keine Codes gebunden 252
Das Paradoxon des Parasiten 252
Harte Arbeit 253
Die Theorie des biologischen Parasitismus 254
Die Funktion der Regierung 255
Welche Gerechtigkeit? 256
Direkter Einfluss 257
Die größte Gefahr 258
Was ist shabez goi? 259
Sexuelle Entartung 260
Weich und tückisch 261
Ein hoffnungsloses Leben 262
Die Freude an einem gesunden Leben 263
Tiefe Entfremdung 265
Intensives Leiden 265
Die vor uns liegende Aufgabe 266
Keine Helden 266
Der Mullins-Bericht 267
Vorwissen 273
Durch Parasiten gelähmt 274
Eine gelähmte Wirtschaft 275
Oberstes Gericht 275
Der Abschaum der Menschheit 276
Das Ende der Straße? 277
Werden sich die Kommunisten selbst aufhalten? 278
Die zerstörerische Wirkung 279
Planung der Unruhen 280
Kommunistischer Einfluss 281
Massenvernichtung 282
Garantie der Sicherheit 283
Plünderung nach Plan 284
Petitionen an die Vereinigten Staaten 285
Mongrelisierungsprogramm 286
Eine Werbung geht nach hinten los 287
Langsame Lähmung 288
Die Rolle der Kirchen 289
Kirchenverwaltung entlarvt 289
Orientierungslose Narren 290
Studenten sind uninformiert 290
Schüler werden betrogen 291
Das MacLeish-Syndrom 291
Leichtgläubigkeit 293

Ein studentisches Erwachen? 294
Mentale Fesselung 294
Katastrophen im Verlagswesen 296
Gibt es Buckley? 297
Shabez goi Mätzchen 297
Warum nicht? 298
Erprobte Techniken 299
Die schweigende Behandlung 300
Kinder der Shabez Goi 300
Eine korrekte Reaktion 301
Sie leben in der Dunkelheit 302
Beifall für Verrat 302
Keine Freiheit 303
Ihm gehört alles 304
Ein Naturgesetz 305

LITERATURVERZEICHNIS **307**

ANDERE TITEL **309**

ÜBER DEN AUTOR

In vierzig Jahren engagierter Ermittlungsarbeit hat **Eustace Mullins** einiges an Gegenfeuer auf sich gezogen. Zweiunddreißig Jahre lang wurde er täglich von Agenten des FBI überwacht; gegen ihn wurde nie Anklage erhoben. Er ist die einzige Person, die jemals aus politischen Gründen aus dem Personal der Library of Congress entlassen wurde. Er ist der einzige Schriftsteller, der seit 1945 in Europa ein Buch verbrennen ließ.

Nachdem er während des Zweiten Weltkriegs achtunddreißig Monate in der U.S. Army Air Force gedient hatte, studierte **Eustace Mullins** an der Washington and Lee University, der Ohio State University, der University of North Dakota und der New York University. Später studierte er Kunst an der Escuela des Bellas Artes, San Miguel de Allende, Mexiko, und am Institute of Contemporary Arts, Washington, D.C.

Während seines Studiums in Washington wurde er gebeten, ins St. Elizabeth's Hospital zu gehen, um mit dem berühmtesten politischen Gefangenen des Landes, Ezra Pound, zu sprechen. Pound, die herausragende literarische Figur des zwanzigsten Jahrhunderts, hatte erlebt, wie drei seiner Schüler den Nobelpreis erhielten, während ihm dieser wegen seiner Äußerungen als amerikanischer Patriot verweigert wurde. **Eustace Mullins wurde** nicht nur sein aktivster Schützling, er ist auch die einzige Person, die den Namen von Ezra Pound bis heute lebendig hält, und zwar durch die Arbeit des Ezra Pound Institute of Civilization, das kurz nach dem Tod des Dichters in Venedig gegründet wurde.

Eustace Mullins (1923-2010) gilt als einer der größten politischen Historiker des 20th Jahrhunderts.

NEUE GESCHICHTE DER JUDEN

KAPITEL 1

JUDEN UND ZIVILISATION

Während der gesamten Geschichte der Zivilisation ist ein bestimmtes Problem der Menschheit konstant geblieben. In all den riesigen Aufzeichnungen über Frieden und Kriege und Kriegsgerüchte musste ein großes Reich nach dem anderen mit demselben Dilemma fertig werden: den Juden.

Trotz der Hartnäckigkeit dieses Problems und trotz der enormen Menge an Literatur zu diesem Thema hat sich kein einziger Autor, weder auf der Seite der Befürworter noch auf der Seite der Gegner, dem Dilemma an der Wurzel genähert, nämlich: Wer sind die Juden und warum sind sie hier?

Diese Frage kann nur beantwortet werden, wenn der Mensch seine ganze Intelligenz darauf verwendet. Diese Frage muss auch auf der höchsten geistigen Ebene angegangen werden, mit den tiefsten Motiven der christlichen Nächstenliebe und vor allem mit dem größten Respekt vor dem Menschen selbst, was er ist, was seine Wurzeln sind und was er wird.

Die Geschichte der Menschheit ist die Geschichte von Konflikten, von Kriegen zwischen den Besitzenden und den Habenichtsen, von der Ausbeutung des Menschen durch den Menschen und von schrecklichen Massakern. In dieser blutigen Geschichte findet der Gelehrte jedoch nur ein einziges Volk, das die heftigsten Auseinandersetzungen hervorgerufen hat, ganz gleich, wo es sich niedergelassen hat. Nur ein Volk hat seine Wirtsvölker in allen Teilen der zivilisierten Welt so sehr gereizt, dass sich die Wirtsvölker gegen es wandten und es töteten oder vertrieben. Dieses Volk wird als Juden bezeichnet.

Das Problem ist missverstanden worden, weil Gruppenantagonismen in vielen Ländern anzutreffen sind. Massaker an den Griechen durch die Türken gab es sporadisch über Jahrtausende hinweg, wobei der letzte Vorfall dieser Art erst eine Generation zurückliegt und das Leben vieler heute lebender Menschen beeinflusst. Die Massaker an den Hugenotten in Frankreich vor mehreren hundert Jahren haben bewiesen, dass Menschen gleichen Blutes, die durch religiöse Unterschiede gegeneinander aufgehetzt werden, ebenso schrecklich sein können wie die Konflikte zwischen verschiedenen Rassengruppen. Nach diesen Massakern hat sich die Gruppe jedoch immer wieder auf das Leben besonnen. Entweder wurden die Meinungsverschiedenheiten beigelegt, oder die übrigen Opfer zogen weiter, um anderswo zu leben. Im Falle der Hugenotten bildeten die Flüchtlinge den Stamm, aus dem die meisten der führenden Denker der amerikanischen Revolution hervorgingen.

Nur in einem einzigen Fall gibt es keinen Hinweis auf eine Versöhnung oder auf eine dauerhafte Auswanderung der Opfer in andere Länder. Die Geschichte der Juden zeigt zweierlei: erstens, dass es nie eine Versöhnung zwischen ihnen und ihren Gastgebern gegeben hat; zweitens, dass es keiner Nation jemals gelungen ist, sie dauerhaft auszusperren. Noch überraschender ist die Tatsache, dass in jedem Fall, in dem die Juden aus einer Nation vertrieben wurden, oft unter großen Leiden, die Juden innerhalb weniger Jahre zurückkehrten! Auch hier kann man keine Parallele in den historischen Aufzeichnungen anderer Gruppen finden, diesen seltsamen Zwang, diese unglaubliche Beharrlichkeit, immer wieder den Kopf in den Rachen des Löwen zu stecken. Es wurde vorgeschlagen, dass die Erklärung in einer seltsamen und perversen Eigenschaft der Juden liegt, ihrer Bereitschaft, Leiden zu ertragen, aber die Idee des Gruppenmasochismus erklärt viele andere Facetten des jüdischen Problems nicht.

In Wahrheit liegt die Lösung des jüdischen Problems, wie die Antworten auf viele Probleme der Menschheit, schon seit mehr als zweitausend Jahren vor uns. Wir sind es, die nicht in der Lage waren, sie zu sehen, weil wir uns geweigert haben, uns diesem Problem ehrlich zu stellen. Das jüdische Problem ist ein wesentlicher Aspekt des Christentums, und wir können es lösen, indem wir einfach die Lösung annehmen, die Christus uns angeboten hat, indem er vor zweitausend Jahren sein menschliches Leben dafür aufgab. Die Geschichte Christi ist die Geschichte der Menschheit, die aufregende Erfahrung, Erlösung zu finden, die Rettung der Seele. Der Jude steht für alle Versuchungen der tierischen Existenz, die wir während unseres Aufenthalts auf der Erde überwinden sollen. Durch den Juden wird die Erlösung zu einer bewussten Entscheidung und nicht zu einer unfreiwilligen oder zufälligen Entscheidung. Ohne den Juden und die Übel, die er verkörpert, hätte der Mensch nicht die Wahl, die ihm schwarz auf weiß vor Augen steht. Er hätte die Ausrede, dass er die Wahl, die er zu treffen hat, nicht verstanden hat. In der Gegenwart des Juden ist eine solche Ausrede nicht möglich. In der zivilisierten Welt wird jeder Mensch irgendwann in seinem Leben mit der größten Versuchung konfrontiert, er wird von Satan auf den Gipfel des Berges geführt, die Freuden und Genüsse der physischen Existenz werden vor ihm ausgebreitet, und Satan sagt: "All das und mehr wird dir gehören, wenn du mir gehorchst. '

Die Mehrheit derjenigen, die in der zivilisierten Welt von heute über Reichtum und Macht verfügen, sind diejenigen, die das Angebot Satans angenommen haben, die auf die Möglichkeit der Rettung ihrer Seelen durch Jesus Christus verzichtet haben. Diese Männer arbeiten für den Juden. Winston Churchill als hilfloses Werkzeug von Bernard Baruch, Franklin D. Roosevelt als missgestalteter Vasall von Bella Mosckowitz, Stalin als dämonisches Instrument von Kaganowitsch, all das waren Männer, die auf den Gipfel des Berges gebracht wurden, denen man die märchenhafte Pracht und den Reichtum des irdischen Erfolges zeigte und sie aufforderte, Satan zu gehorchen. Diese Männer stimmten zu, und aufgrund ihrer Zustimmung starben Millionen von Menschen gewaltsam, verbreiteten sich große Kriege über die Welt wie eine ansteckende Seuche, und eine jüdische Bombe wurde gezündet, die das Leben jedes Menschen auf der Erde bedrohte.

Churchill, Roosevelt und Stalin sind tot, aber ihr Erbe des jüdischen Terrors ist bis heute präsent. *Alle Macht den Juden!* Dies war der satanische Pakt, den Roosevelt und Churchill unterzeichneten, und deshalb starb jeder dieser Männer mit einem Fluch über die Juden und im Angesicht der ewigen Verdammnis. Alles war Asche in ihrem Mund, und sie sahen der Ewigkeit mit der schrecklichen Erkenntnis entgegen, dass sie für ein paar junge Mädchen und ein paar Flaschen Whiskey ihre Völker in die Sklaverei an die Juden verkauft hatten.

Für diejenigen, die die Geschichte der Menschheit kennen, ist das weder neu noch schockierend. Seit fünftausend Jahren hören die politischen Führer auf die Schmeicheleien der Juden, und jeder einzelne von ihnen hat seine Nationen auf demselben Riff ruiniert. In den Veröffentlichungen der Juden selbst entdecken wir so wenig bekannte Tatsachen wie die verblüffende Enthüllung, dass Julius Cäsar, der Herr der zivilisierten Welt, von seinen eigenen Senatoren ermordet wurde, weil er das römische Volk an die Juden verkauft hatte. Wochenlang versammelten sich die Juden an der Stelle, an der er ermordet worden war, um zu weinen, so wie sie auch um Roosevelt, Churchill und John F. Kennedy weinten. Im Laufe der Geschichte wiederholt sich diese schmutzige Geschichte immer wieder, und im Laufe der Geschichte bleibt die Botschaft Jesu Christi für die Führer und für die Geführten dieselbe: "Wendet euch von Satan ab und folgt mir nach."

Trotz der Einfachheit dieser Botschaft, dieser magischen sieben Worte, die der Menschheit alles bieten, haben Millionen von Menschen sie nicht verstanden und sind ohne Erlösung gestorben. Warum ist das so? Zunächst einmal haben die Juden überlebt, weil sie Meister darin sind, die Dinge zu verwirren. Nach der Kreuzigung Christi, als seine Heilsbotschaft Tausende von Anhängern zu gewinnen begann, machten die Juden einen typischen Schritt. Anstatt sich ihm zu widersetzen, versuchten sie, ihn zu vereinnahmen. Sie verkündeten der Welt, dass Christus ein Jude war und man deshalb Christ werden konnte, indem man einfach das tat, was die Juden einem befahlen zu tun.

Dabei ignorierten die Juden Jesaja 5,20: "Wehe denen, die Böses gut und Gutes böse nennen, die Finsternis für Licht und Licht für Finsternis halten, die Bitteres für süß und Süßes für bitter halten! "Unglaublich genug, dass Millionen von Menschen auf diese List der Juden hereingefallen sind. Trotz aller Aufzeichnungen, die beweisen, dass Jesus Christus in seiner physischen Gestalt ein blauäugiger, flachshaariger Heide aus Galiläa war, sagen Tausende von christlichen Geistlichen ihren Gemeinden: "Lasst uns Christus, den Juden, anbeten. "Das ist nicht nur die ultimative Blasphemie gegen unseren Erlöser, sondern es verstößt auch gegen jeden gesunden Menschenverstand. Wenn Christus so ein guter Jude war, warum verlangten die Juden dann, dass er gekreuzigt wird? Warum planten die Ältesten von Zion, die sich im Geheimen in der Synagoge des Satans trafen, seinen physischen Tod herbeizuführen? Erstaunlicherweise gibt es in den Vereinigten Staaten nicht einen einzigen so genannten christlichen Geistlichen, der bereit ist, vor seine Gemeinde zu treten und diese Frage zu stellen.

Stattdessen führen heute einige christliche Geistliche das Programm zur Judaisierung des Volkes an.

Einige religiöse Führer treffen sich zu einem feierlichen Konklave, um die Juden von jeder Mitschuld an der Kreuzigung Jesu Christi freizusprechen. Die Juden investieren Millionen von Dollar, um dieses Ziel zu erreichen. Diese Versammlung religiöser Führer würde der Welt verkünden, dass das Heilige Buch, Gottes eigene Aufzeichnung, eine Lüge ist! Was hat das zu bedeuten? Die Bedeutung ist klar. Auch Priester sind menschliche Wesen. Auch sie können von Satan auf den Gipfel des Berges geführt werden. Letztendlich kann kein Vermittler die Abrechnung des Einzelnen übernehmen, der Gott von Angesicht zu Angesicht begegnen muss. Die eigentliche Aufgabe der Priester besteht darin, uns die Botschaft Christi, das Angebot der Erlösung unserer Seelen, zu verdeutlichen.

Aufzeichnungen können verändert oder vernichtet werden, Menschen können überredet werden, falschen Göttern zu folgen, aber nur an einem Ort kann die Wahrheit niemals verfälscht werden, und das ist in der Seele. Folglich können diejenigen, die auf den unartikulierten Ton des Herzens hören, diejenigen, die dem Gebot folgen, sich nicht selbst zu belügen, die richtige Wahl treffen, die Wahl, die die Anwesenheit des Juden auf Erden für uns vereinfacht hat. Wir können das Leben als jüdische Lüge leben und ohne Erlösung sterben, oder wir können die Wahrheit von Jesus Christus annehmen und in seinen Armen zur Herrlichkeit aufsteigen.

Es ist dieses Wissen um die Erlösung, das die großen Künstler, Musiker und Philosophen unserer Zivilisation inspiriert hat. In den erhabenen Passagen der Musik von Johann Sebastian Bach, in den Gemälden von Hunderten von Renaissance-Künstlern, in den Schriften vieler christlicher Philosophen ist uns die Herrlichkeit der christlichen Lebensweise vor Augen geführt worden. Aber auch hier hat der Jude die Konkurrenz nicht verfehlt. Er hat die Welt der Kunst mit bedeutungslosen Schmierereien überschwemmt, die in einigen Fällen von Hunden und Affen gemacht wurden, als ultimativer Ausdruck der jüdischen Verachtung für die Leichtgläubigkeit der Goj, oder Nichtjuden; er hat die Welt der Musik in das kakophonische Kreischen von Autohupen und das geistlose Schlagen von Trommeln verwandelt; er hat die Welt der Schrift in sich wiederholende Geschichten menschlicher Ausschweifungen verwandelt.

Man kann sich fragen: Wie kann der Jude so etwas tun, wie kann er solche Verstöße gegen das menschliche Empfinden begehen? Die Antwort ist, dass das jüdische Leben nur ein Leben des Hasses und der Rache sein kann, weil er von seinem Wesen her das Angebot Christi zur Erlösung der Seele nicht annehmen kann. Er ist ein knurrendes Tier, das für immer zur irdischen Sphäre verdammt ist. Der Himmel ist ihm verwehrt. Dies ist die wahre Tragödie des Juden.

Den jungen Menschen von heute, denen diese Flut von jüdischem Dreck den Kopf verdreht, fällt es schwer, die Botschaft von Jesus Christus zu hören.

Aber, wie der große Dichter Lord Byron sagte, "liegende Not ist der Weg zur Wahrheit". Für die jungen Menschen, die in dieser Zeit der allgemeinen Erniedrigung den Kopf hochhalten können, die die Botschaft von Jesus Christus noch hören können, ist die Belohnung groß. Und für diejenigen, deren Herzen noch nicht für Jesus Christus geöffnet sind, ist dieses Buch geschrieben worden. Es ist die tatsächliche Geschichte der Juden, und wenn man nach der Lektüre immer noch Christus leugnen kann, dann ist man wirklich verloren.

KAPITEL 2

DER BIOLOGISCHE JUDE

Wir haben bereits auf die Rolle des Juden in der Zivilisation und die Präsenz der Synagoge des Satans hingewiesen. Aber der Mensch, als philosophisches Wesen, als Geschöpf Gottes, wenn man so will, besitzt auf der Erde einen biologischen Körper. Wie ist die biologische Beziehung zwischen dem Nichtjuden und dem Juden? Wir haben ohne Furcht vor Widerspruch festgestellt, dass kein Autor dieses jüdische Problem jemals an der Wurzel angepackt hat. Warum ist das so? Die Antwort liegt auf der Hand. Kein Schriftsteller war jemals in der Lage, sich dem jüdischen Problem aufrichtig zu stellen, weil er eine emotionale oder biologische Reaktion für oder gegen die Juden hat. Logischerweise muss es eine Erklärung für den Konflikt zwischen Juden und Nichtjuden über Tausende von Jahren geben, und logischerweise sollte ein Schriftsteller in der Lage sein, darüber zu schreiben. Dennoch war kein nichtjüdischer Schriftsteller jemals in der Lage, sich mit diesem Problem zu befassen. Kein jüdischer Schriftsteller war jemals in der Lage, logisch über die Juden zu schreiben, aber das hat sie nicht daran gehindert, Hunderte von Büchern zu diesem Thema zu schreiben.

Interessanterweise kommt in jedem Buch, das ein Jude schreibt, um den Antisemitismus zu erklären, die gleiche Antwort: "Die Nichtjuden mögen uns wegen unserer Religion nicht. "Seit Anbeginn der Zeit ist dies die einzige Antwort, die die Juden jemals auf das Problem des Antisemitismus geben konnten. Ist es nicht seltsam, dass ein so kluges und einfallsreiches Volk, das es geschafft hat, Jahrtausende lang in einer feindlichen Umgebung zu überleben, eine so unlogische Antwort geben kann?

Nehmen wir an, wir könnten eintausend Nichtjuden versammeln, die Juden nicht mögen und die bereit wären, öffentlich zu erklären, dass sie Juden nicht mögen. Wir würden jeden von ihnen fragen: "Was wissen Sie über die jüdische Religion? Und jeder von ihnen müsste antworten: Ich weiß nichts über die jüdische Religion.

Das einzige, was Nichtjuden über die jüdische Religionsausübung wissen, ist, dass sie sich in Synagogen treffen. Wie könnte ein Nichtjude angesichts dieses Mangels an Wissen die Juden wegen ihrer Religion hassen? Wenn Nichtjuden das heilige Buch der Juden, ihren Talmud, lesen und etwas über die jüdische Religion herausfinden könnten, würden sie wirklich antisemitisch werden, denn dieses Buch ist voller abscheulicher Namen für Jesus Christus, Beschreibungen seltsamer sexueller Riten und Formeln zur Verfluchung der Nichtjuden. Daher haben die Juden seit Jahrhunderten die Regel, dass jeder Nichtjude, der den Inhalt des Talmuds herausfindet oder eine Kopie davon besitzt, auf der Stelle getötet werden muss.

Der wahre Grund für den Antijudaismus unter den Nichtjuden wird in der Bibel in zahlreichen Verweisen auf die Juden erklärt. So in Hesekiel, 36, Verse 31-32:

"Dann werdet ihr eurer bösen Wege und eurer nicht guten Taten gedenken und euch vor euch selbst schämen wegen eurer Missetaten und eurer Gräuel. Nicht um euretwillen tue ich *das,* spricht Gott der Herr, das sei euch kundgetan; schämt euch und schämt euch für eure eigenen Wege, ihr Haus Israel!"

Der Antisemitismus war also im Laufe der Geschichte die Reaktion der Nichtjuden auf die Taten der Juden in ihrer Mitte. Wer sind die Juden und was machen sie inmitten der Nichtjuden? Um dies herauszufinden, müssen wir wieder auf die biologischen Fakten zurückgreifen. Die Juden sind ein parasitäres Volk, dessen Mitglieder die zivilisierte Welt durchstreifen und jeden Ort suchen, an dem sie sich inmitten einer etablierten

Gemeinschaft niederlassen können, wo sie bleiben und auf Kosten anderer gedeihen können.

Als parasitäres Volk können die Juden nur überleben, indem sie von der Arbeit anderer leben... Sie bringen nichts mit, und sie existieren, indem sie sich das Eigentum ihrer Gastgeber aneignen. Vielleicht ist das Gedächtnis unserer Leser nicht zu kurz. Vielleicht erinnern sie sich an das Jahr 1948, als, wie es heißt, mutige jüdische Pioniere in die Wüste zogen und den Staat Israel gründeten. Zumindest wird das so erzählt. Aber sind die Juden nicht in Wirklichkeit in ein friedliches arabisches Land eingefallen und haben mit Hilfe von Waffen im Wert von Millionen von Dollar von jüdischen Bankiers in vielen Ländern die Städte, Bauernhöfe und Geschäfte einer hart arbeitenden arabischen Nation übernommen? Schon der Ursprung der einzigen jüdischen Nation in der Geschichte der Welt weist dieses Volk als einen Stamm von Banditen aus.

Wenn die Juden nichts mitbringen, wie kommt es dann, dass die Gastländer ihnen erlauben zu bleiben? Warum lassen sie zu, dass sich die Juden ihre Güter und sogar ihr Leben aneignen? In Wirklichkeit bringt der Jude doch etwas mit. Er bringt seinen Verstand mit, und er bringt seine Entschlossenheit mit, im Gastland zu bleiben, trotz aller Bemühungen, ihn zu vertreiben. Mit Hilfe seines Verstandes gibt der Jude vor, etwas anzubieten, was die Menschen im Gastland wollen oder brauchen. Der Jude bietet Handelsbeziehungen mit fremden Ländern, Informationen über Feinde oder potenzielle Feinde an; oder er tritt als Komödiant oder Zauberer auf, der Unterhaltung bietet; oder er tritt als okkultes Wesen auf, das neue Wege zum Himmel und garantierte Pässe zum Paradies anbietet. Wenn der Gastgeber Geld braucht, bietet er es an, oder er verspricht es. Wenn man dem Juden erlaubt zu bleiben, und sei es auch nur für kurze Zeit, versenkt er seine Tentakel in das Wirtsvolk, und es ist bald unmöglich, ihn wieder zu vertreiben.

Wenn das Wirtsvolk zur Besinnung kommt und erkennt, dass es zugelassen hat, dass ein gefährlicher Parasit in sein Wesen eindringt und seine Gesundheit und seinen Wohlstand bedroht, hält das Wirtsvolk dann inne, um das Problem in Ruhe zu analysieren? Nein, natürlich nicht. Das Wirtsvolk reagiert biologisch. Überall in der Natur sieht man Tiere und Fische, die unruhig umherschwimmen, sich in die Luft stürzen und wilde Bewegungen machen. In vielen Fällen handelt es sich dabei um Wirte, die versuchen, die Parasiten zu vertreiben.

Unter Menschen handelt der Gastgeber nicht weniger verzweifelt und unüberlegt. Die erste Reaktion der nichtjüdischen Gemeinschaft auf den Juden ist Panik. Dann folgt Zorn und schließlich Gewalt. Die Panik entsteht, wenn die Gemeinschaft entdeckt, dass sie eine gefährliche und unbekannte Größe beherbergt, die es offensichtlich nicht gut mit ihr meint. Es folgt Wut - die Gemeinschaft wird diesen Parasiten angreifen und vertreiben. Dann kommt es zur Gewalt, zum traditionellen Pogrom gegen den Juden. Wie der Jude sagt: "Oy, gewalt!" Das ist eine der ältesten jiddischen Redewendungen, die übersetzt heißt: "Oh, Gewalt!"

Der Jude weiß, wenn er die nichtjüdische Gemeinschaft betritt, dass seine Anwesenheit dort früher oder später Gewalt hervorrufen wird. Folglich ist er darauf vorbereitet. Die nichtjüdische Gemeinschaft greift die Juden an, richtet aber kaum wirklichen Schaden an. Ein paar Juden werden geteert und gefedert, einige ihrer Gebäude werden verbrannt. Den Juden ist das egal. Sie wissen, dass die Nichtjuden dafür büßen müssen.

Jetzt sagen die nichtjüdischen Führer ihrer Gemeinde, dass die Juden ihre Lektion gelernt haben. Sie werden sich benehmen. Die Nichtjuden richten sich wieder auf ein ruhiges Leben ein. Aber das Pogrom war für die Juden von großem Wert. Es hat ihnen gezeigt, wen sie unter den Nichtjuden fürchten müssen, nämlich die natürlichen Führer, die auf eine solche Bedrohung reagieren können. Die Juden sind durch den Aufstand gegen sie nicht im Geringsten erschüttert worden. Jetzt können sie die Gemeinschaft übernehmen. Der Parasit hat seine Tentakel zu tief in die Gemeinschaft gestreckt, als dass er durch einen wütenden Mob, ein paar verbrannte Gebäude oder einen verbrannten Hintern beseitigt werden könnte.

Der Parasit beginnt, die natürlichen Führer der nichtjüdischen Gemeinschaft, die das Pogrom angeführt haben, heimlich zu untergraben und zu zerstören. Diese Führer stellen plötzlich fest, dass ihr Vermögen verschwindet. Es werden Papiere entdeckt, die beweisen, dass ihr Eigentum jemand anderem gehört. Ihre Töchter sind verkommen und wandern in andere Städte ab. Ihr Ruf ist ruiniert, und die nichtjüdische Gemeinschaft wendet sich gegen sie. Nun tauchen unter den Nichtjuden einige neue Führer auf. Es sind ausnahmslos Männer, die plötzlich zu Reichtum gekommen sind, und ihr Reichtum ist ausnahmslos auf die Juden zurückzuführen.

Jeder, der es wagt, sich den neuen Führern zu widersetzen, teilt das Schicksal der Ruinierten. Ihr Eigentum wird beschlagnahmt, ihre Familien werden auseinandergerissen, die Gemeinschaft wird davon überzeugt, dass sie böse und gefährlich sind, und sie werden vertrieben. So findet sich das Wirtsvolk, das seiner loyalen einheimischen Führer beraubt wurde, nun unter der eisernen Kontrolle von Männern wieder, die sich ihrerseits vor den Juden verantworten müssen. So geschah es in einer Nation nach der anderen, durch die Jahrhunderte hindurch, und als es in Russland geschah, wurde der jüdischen Krankheit ein neuer Name gegeben, Kommunismus.

Sollten die neuen Führer irgendwann einen Sinneswandel durchmachen, hören ihre Herzen bald ganz auf, denn die Juden sind immer auf eine mögliche Abtrünnigkeit vorbereitet. Das passiert selten, denn die Juden lassen nie jemanden in eine Führungsposition unter den Nichtjuden aufsteigen, der keinen Panama hat. Nun bezieht sich ein Panama nicht auf einen Hut, sondern auf einen Kanal. Obwohl der Panamakanal im Allgemeinen nicht als Wendepunkt in der amerikanischen Geschichte angesehen wird, ist er es in Wirklichkeit, denn der Panamakanal markiert den endgültigen Erfolg der Juden bei der Erlangung der Herrschaft über die politischen Führer der Vereinigten Staaten. Mit Hilfe von Bestechungsgeldern in Höhe von vierzig Millionen Dollar, die natürlich aus der Staatskasse der Vereinigten Staaten gezahlt und an die Politiker in

Washington weitergeleitet wurden, hatten die Juden diese Männer und durch sie das amerikanische Volk in ihrer Gewalt.

Die Juden führten Buch über diese Bestechungsgelder, und seither konnten die Politiker ihnen nichts mehr abschlagen. Folglich soll jeder prominente amerikanische Politiker der letzten fünfzig Jahre sein Panama haben. Das heißt, dass kein Amerikaner in eine politische Führungsposition aufsteigen kann, wenn er nicht irgendeinen Finanzskandal, irgendein Panama, in seinem Hintergrund hat, das die Juden nutzen können, um ihn jederzeit zu Fall zu bringen. Aus diesem Grund waren die meisten amerikanischen Politiker der letzten fünf Jahrzehnte klassische Beispiele für das "Rags to Riches"-Thema. Weit davon entfernt, die Horatio-Alger-Legende von harter Arbeit und Integrität zu illustrieren, ist jedoch jede dieser Karrieren plötzlichen Reichtums auf die Plünderung der öffentlichen Kassen mit dem Einverständnis der Juden zurückzuführen.

Wir haben bereits darauf hingewiesen, dass das Wirtsvolk in rund fünftausend Jahren nie in der Lage war, die jüdischen Parasiten durch die üblichen biologischen Reaktionen wie Panik, Wut und Gewalt zu vertreiben. Aufgrund ihrer Unfähigkeit, die Parasiten zu verdrängen, hat die nichtjüdische Gemeinschaft in jedem Fall einen dunklen Weg in die Vergessenheit beschritten. Die Aufzeichnungen sind für jeden einsehbar. Trotz der Geschichtsfälschung in enormem Ausmaß, trotz der Verbrennung von Bibliotheken über Tausende von Jahren hinweg, ist es den Juden nicht gelungen, die Aufzeichnungen über ihre Untaten auszulöschen. Die meisten Aufzeichnungen, die überlebt haben, sind heute als "seltene Bücher" eingestuft und werden in speziellen Archiven vor der Öffentlichkeit versteckt. Diese Aufzeichnungen werden nur jüdischen Gelehrten zugänglich gemacht, die sich darauf verlassen können, dass sie nicht preisgeben, was sie herausfinden. Und doch kennen wir die Geschichte der Juden.

Wir wissen, dass Babylon eine große Zivilisation war, dass Babylon eine beträchtliche jüdische Gemeinde beherbergte und dass Babylon zerstört wurde. Wir wissen, dass Ägypten eine große Zivilisation war, dass Ägypten eine große jüdische Gemeinde beherbergte und dass Ägypten zerstört wurde. Wir wissen, dass Rom eine große Zivilisation war, dass Rom eine große jüdische Gemeinde beherbergte und dass Rom zerstört wurde. Wir wissen, dass England ein großes Reich hatte, dass England Gastgeber für eine große jüdische Gemeinde wurde und dass das britische Reich innerhalb weniger Jahrzehnte unterging. Unabhängig davon, ob es sich um einen Zufall handelt, der sich in der Geschichte der Menschheit wiederholt, sollten wir uns daran erinnern, dass es in den Vereinigten Staaten eine große jüdische Gemeinde gibt.

Warum zerstören die Juden eine nichtjüdische Nation, sobald sie die Kontrolle über sie erlangt haben? Auch dies ist ein natürlicher Prozess. Man kann nicht erwarten, dass der Parasit die Angelegenheiten des Wirts erfolgreich regeln kann, selbst wenn er das möchte. Der Jude will das nicht, denn seine erste Sorge gilt seiner eigenen Sicherheit. Er muss mit dem Wirt verbunden bleiben, und alles andere, einschließlich der Zukunft des Wirts, wird diesem Ziel geopfert. Auch wenn er den Wirt vollständig beherrscht, kann sich der jüdische Parasit niemals sicher fühlen.

Seine eigene Gesundheit hängt vollständig von der nichtjüdischen Schar ab, und aus diesem Grund entwickelt der Jude einen schrecklichen, irrationalen Hass auf die Schar. Das heilige Buch der Juden, der Talmud, ist voll von wilden Verwünschungen gegen die Nichtjuden und gegen den Christus, der sich anbot, sie zur Erlösung zu führen und sie vor den Juden zu retten. Diese Ausdrücke sind so abscheulich, dass die nichtjüdische Gemeinschaft, wenn sie davon erfährt, sich gegen die Juden erhebt.

Diese Ausdrucksformen des Hasses sind jedoch eher biologische Manifestationen als echter Hass. Der Jude hasst den Nichtjuden, weil der Wirt all das ist, was der Parasit niemals sein kann: sich selbst erhaltend, in der Lage, sich gegen physische Feinde durch Stärke statt durch List zu verteidigen, und in der Lage, die Rettung der Seele zu akzeptieren. Der Jude kann nichts von alledem sein. Deshalb wird in jeder jüdischen Versammlung die Verachtung für das nichtjüdische Vieh, die *Gojim, zum Ausdruck* gebracht. Der Jude betrachtet das nichtjüdische Volk als Vieh auf dem Feld, das zur Ernte geschlachtet werden soll. Und wenn sie Vieh auf dem Feld sind, was ist der Jude dann anderes als eine Mist fressende Fliege, die auf dem Rücken des Viehs hockt? Auch das weiß der Jude, und wenn er Verachtung und Hass für das nichtjüdische Vieh empfindet, so empfindet er noch größere Verachtung und Hass für seine eigene Art. Kein Nichtjude kann verstehen, was Unhöflichkeit ist, bis er hört, wie Juden miteinander reden. Als kürzlich ein Rabbiner in einem Tempel in Detroit erschossen wurde, war es kein antisemitischer Nichtjude, der die Tat beging, sondern ein anderer Jude, der den Anblick seiner eigenen Art nicht ertragen konnte.

Der Jude betrachtet also seinen nichtjüdischen Gastgeber mit schrecklich gemischten Gefühlen von Hass, Neid und Verachtung. Er fühlt so, und doch weiß er, dass sein eigenes Wohlergehen vom Gastgeber abhängt. Dies führt zu einem seltsamen Zwiespalt in der jüdischen Psyche, der oft zu einer heftigen Schizophrenie führt, d. h. zu einer gespaltenen Persönlichkeit und hoffnungslosem Wahnsinn. Einerseits will der Jude den verhassten nichtjüdischen Körper, von dem er abhängt, zerstören, andererseits weiß er, dass es für ihn selbstmörderisch ist, dies zu tun. Aufgrund dieser Schizophrenie des Juden, der Herr des nichtjüdischen Schicksals geworden ist, führt er die nichtjüdische Gemeinschaft in wilde Unternehmungen. Oft bringt er großen Wohlstand, aber nur für kurze Zeit und durch rücksichtslose Verschwendung, wie die mutwillige Zerstörung natürlicher Ressourcen, selbstmörderische Unternehmungen in fremden Kriegen und die Verdorbenheit der jungen Menschen, so dass sie nicht in der Lage sind, gesunde Familien zu gründen.

Und immer wieder treiben die Juden ihr Unwesen mit den Feinden des nichtjüdischen Heeres, wobei sie nie von ihrem Muster der Unterwanderung und des Verrats abweichen. Als Kyrus mit seinen Armeen vor den Toren Babylons ankam, waren es die Juden, die ihm die Tore öffneten. An einem einzigen Tag wurde er zu Kyrus dem Großen, und Persien wurde der Herr der Welt. Natürlich war Kyrus dankbar. Er gewährte den Juden alle Privilegien. Leider dauerte es nicht lange, bis die Spinne ihr Netz in den staubigen Ruinen von Cyrus' Palast spinnte.

Die Juden hatten in Babylon eine blühende und wohlhabende Gemeinschaft und lebten dort Hunderte von Jahren. Dennoch zerstörten sie Babylon eifrig, weil sie die Chance hatten, mit den Persern ein Geschäft zu machen. Und nicht nur das: In ihrem Bestreben, ihren Verrat zu vertuschen, zerstörten sie alle Bibliotheken in Babylon, und seither hetzten sie gegen die Babylonier mit all dem Hass, dessen sie fähig sind. Die Hure Babylon Wer hat diesen Satz nicht schon einmal gehört? Doch die Gelehrten des Altertums sagen uns, dass die Babylonier ein nüchternes und anständiges Volk waren, das sich den Künsten und einem anständigen Leben widmete. Dennoch ist es den Juden gelungen, der Welt ihre verzerrte Version eines Volkes aufzuzwingen, das nur für die Verderbtheit lebte.

In der gesamten aufgezeichneten Geschichte gab es nur eine einzige Zivilisation, die die Juden nicht zerstören konnten. Aus diesem Grund haben sie sie mit Schweigen übergangen. Nur wenige amerikanische Hochschulabsolventen mit einem Doktortitel können Ihnen sagen, was das Byzantinische Reich war. Es war das oströmische Reich, das von römischen Führern gegründet wurde, nachdem die Juden Rom zerstört hatten. Dieses Reich hatte seinen Sitz in Konstantinopel und bestand zwölfhundert Jahre lang, so lange wie kein anderes Reich in der Geschichte der Welt. Während der gesamten Geschichte von Byzanz, wie es genannt wurde, durfte kein Jude per kaiserlichem Edikt ein Amt im Reich bekleiden oder die Jugend unterrichten. Das Byzantinische Reich fiel schließlich nach zwölf Jahrhunderten des Wohlstands an die Türken, und die Juden haben versucht, alle Spuren seiner Geschichte zu verwischen.

Doch seine Edikte gegen die Juden waren nicht grausam; tatsächlich lebten die Juden während der gesamten Geschichte des Reiches unbehelligt und in Wohlstand, aber allein hier fand der Teufelskreis von Wirt und Parasit nicht statt. Es war eine christliche Zivilisation, und die Juden konnten keinen Einfluss ausüben. Auch die orthodoxen Priester verwirrten ihre Gemeinden nicht mit den bösartigen Lügen, Christus sei ein Jude. Kein Wunder, dass die Juden die Erinnerung an eine solche Kultur auslöschen wollen. Es war Ezra Pound, der eine Studie über die byzantinische Zivilisation begann und die Welt an dieses glücklicherweise nicht-jüdische Land erinnerte. Von den Byzantinern leitete Pound seine gewaltfreie Formel zur Kontrolle der Juden ab. "Die Antwort auf das jüdische Problem ist einfach", sagte er. "Halte sie aus dem Bankwesen, aus dem Bildungswesen und aus der Regierung heraus."

Und so einfach ist das. Es besteht keine Notwendigkeit, die Juden zu töten. In der Tat hat jedes Pogrom in der Geschichte ihnen in die Hände gespielt, und in vielen Fällen wurde es von ihnen geschickt angezettelt. Holt die Juden aus dem Bankwesen, und sie können das Wirtschaftsleben der Gemeinschaft nicht mehr kontrollieren. Schließe die Juden aus dem Bildungswesen aus, und sie können den Geist der Jugend nicht für ihre subversiven Doktrinen verdrehen. Holt die Juden aus der Regierung, und sie können die Nation nicht verraten.

KAPITEL 3

DIE HERKUNFT DER JUDEN

Trotz der Tausenden von wissenschaftlichen Werken, die über die Bibel und die alte Geschichte geschrieben wurden, bleibt die Herkunft der Juden ein Geheimnis. Wie wir sehen werden, ist dies kein Zufall. Reverend A. H. Sayce, ein führender Bibelwissenschaftler, schrieb 1897: "Der Historiker der Hebräer stößt gleich zu Beginn auf eine seltsame Schwierigkeit. Wer waren die Hebräer, deren Geschichte er zu schreiben beabsichtigt?"

Die Juden haben sich nie um die Unklarheit über das Geheimnis ihrer Herkunft gekümmert. Sie haben uns einfach darüber informiert, dass sie das auserwählte Volk Gottes sind, ein ganz besonderes Volk eben. Sie beanspruchen auch die längste geschichtliche Aufzeichnung aller Völker der Erde. Einige Historiker, wie z. B. Dubnow, stellen pauschale Behauptungen auf, wie z. B. "Die gesamte Geschichte ist jüdische Geschichte. "Diese modernen Historiker fordern uns auf, die großen Zivilisationen Chinas, Ägyptens, Indiens, Griechenlands und Roms zu ignorieren, weil diese Zivilisationen nicht wichtig waren. Nur die große Zivilisation der Juden ist wichtig, sagen diese Historiker.

Es wäre für uns einfacher, diese Behauptung zu akzeptieren, wenn es jemals eine jüdische Zivilisation gegeben hätte. Wir haben die Druckkunst aus China, die bildende Kunst und die Philosophie aus Griechenland, das Recht aus Rom. Was haben wir von den Juden bekommen? Sie haben alles getan, um zu verhindern, dass wir es herausfinden, aber wenn wir den wahren Ursprung der Juden kennen, wissen wir, was sie uns gebracht haben, und das ist kein Geheimnis mehr.

Obwohl die Juden fünftausend Jahre lang immer wieder in der Geschichte anderer Völker auftauchen, waren sie nie in der Lage oder willens, eine eigene Nation zu gründen. Das ist eine traurige Bilanz für eine so bedeutende Rasse und unglaublich, wenn man bedenkt, dass sie das Lieblingsvolk Gottes waren. In der Tat hat kein anderes Volk eine so erbärmliche Zivilisationsbilanz vorzuweisen. Selbst die afrikanischen Pygmäen haben eine eigene Zivilisation entwickelt.

Die meisten Aufzeichnungen über die Juden sind eine solche Mischung aus Fakten und Fiktion, dass es eine detektivische Arbeit ist, die Wahrheit herauszufinden. Josef Kasteins *Geschichte der Juden* gilt als die zuverlässigste Geschichte dieses Volkes, die von einem der Juden selbst geschrieben wurde. Kastein, ein deutscher Jude, verkürzte seinen Namen von Katzenstein und verbrachte einen Großteil seines Lebens als Bibelwissenschaftler. Dennoch schreibt er in seiner Geschichte der Juden, Seite 130,

"Die zehn Stämme, die erste große Gruppe von Juden, die in die Gefangenschaft verschleppt wurde, verschwanden, ohne eine Spur zu hinterlassen."

Historiker schreiben normalerweise nicht so sachlich über ein Volk, das spurlos verschwunden ist. Die meisten Historiker arbeiten mit Quellenmaterial, doch Kastein schleudert uns eine von vielen mündlichen Überlieferungen der Juden entgegen, die nur ohne jeglichen Beweis akzeptiert werden können.

Die Herkunft der Juden wird durch den Ursprung ihres Stammesnamens deutlich. Das Wort "Jude" war in der alten Geschichte unbekannt. Die Juden waren damals als Hebräer bekannt, und das Wort Hebräisch sagt uns alles über dieses Volk, was wir wissen müssen. Die Encyclopedia Britannica definiert Hebräisch als Ursprung des aramäischen Wortes *Ibhray,* gibt aber merkwürdigerweise keinen Hinweis darauf, was das Wort bedeutet. Die meisten Nachschlagewerke, wie z. B. Webster's International Dictionary, 1952, geben die anerkannte Definition von Hebräisch an. Webster sagt, dass Hebräisch sich vom aramäischen *Ebri* ableitet, das wiederum vom hebräischen Wort *Ibhri* abgeleitet ist, wörtlich. "einer, der von jenseits des Flusses ist". 1. Ein Angehöriger einer Gruppe von Stämmen des nördlichen Zweigs der Semiten, einschließlich der Israeliten."

Das ist deutlich genug. Hebräisch bedeutet "einer, der von jenseits des Flusses ist". "Flüsse waren oft die Grenzen der alten Nationen, und jemand von jenseits des Flusses bedeutete einfach ein Fremder. In jedem Land der alten Welt waren die Hebräer als Fremde bekannt. Im Volksmund bedeutete das Wort auch "jemand, dem man nicht trauen sollte, bis er sich zu erkennen gegeben hat". "Das Hebräische wurde in der gesamten antiken Literatur als "Habiru" geschrieben. Dieses Wort taucht häufig in der Bibel und in der ägyptischen Literatur auf. In der Bibel wird Habiru austauschbar mit "sagaz" verwendet, was "Halsabschneider" bedeutet. In der gesamten ägyptischen Literatur wird das Wort Habiru immer dann, wenn es auftaucht, mit dem Wort "sagaz" daneben geschrieben. So schrieben die Ägypter über die Juden immer als "die Halsabschneiderbanditen von jenseits des Flusses". Fünftausend Jahre lang identifizierten die ägyptischen Schriftgelehrten die Juden auf diese Weise. Bezeichnenderweise werden sie *nur* mit diesen beiden Buchstaben bezeichnet. Der große ägyptische Gelehrte C. J. Gadd schrieb in seinem Buch The Fall of Nineveh, London, 1923,

"Habiru wird mit einem Ideogramm geschrieben ... sa-gaz ... das 'Halsabschneider' bedeutet."

Wo immer in der Bibel das Wort Habiru, das für die Hebräer steht, auftaucht, wird es als Bezeichnung für Räuber oder Halsabschneider verwendet. So heißt es in Jesaja I,23: "Deine Fürsten sind abtrünnig und Gesellen von Dieben", und das Wort für Diebe ist hier Habiru. Sprüche XXVIII: 24: "Wer seinen Vater oder seine Mutter beraubt und sagt: 'Das *ist* kein Verbrechen', der ist der Gefährte eines Zerstörers", sa-gaz wird hier für Zerstörer verwendet, aber das Wort Zerstörer erscheint in der Bibel auch manchmal als Habiru. Hosea VI, 9: "Und wie eine Schar von Räubern einem Menschen auflauert, so mordet die Schar der Priester auf dem Weg mit Zustimmung; denn sie begehen Unzucht. "Das Wort für Räuber in diesem Vers ist Habiru.

In seiner *Geschichte der Juden* identifiziert Kastein viele der großen Namen der jüdischen Geschichte als Räuber. Er erwähnt Jepthah als einen der Retter des jüdischen Volkes und sagt auf Seite 21: "Jepthah war ein Räuberhauptmann von Gilead, dessen Stammesgenossen ihn vertrieben."

Wiederum Kastein, Seite 31: "Zum Zeitpunkt von Sauls Tod lebte David als Anführer einer Freischärlerbande in Ziklag. Als er hörte, dass der Thron vakant war, eilte David sofort nach Hebron in Juda. Niemand hatte ihn gerufen, aber er erhob seinen Anspruch auf das Königtum und erklärte, Samuel habe ihn heimlich ernannt. "So viel zu einem der großen Namen der jüdischen Geschichte, einem Usurpator, der den jüdischen Stamm in zwei Teile spaltete und den Weg für seinen Untergang ebnete. Kastein erzählt uns auf Seite 34 auch, dass "Shelmo, Salomo der Friedfertige, seine Herrschaft mit drei Morden einleitete, die ihm den Weg ebneten und ihn seines einzigen Bruders entledigten, und er tat dies ohne die geringsten Gewissensbisse."

Tatsache ist, dass sowohl Salomon als auch David, die blutrünstige Banditen waren, typische jüdische Führer waren. Die Juden sind seit Anbeginn der Zivilisation Teil der Geschichte, einfach weil das Verbrechen seit Anbeginn der Zivilisation Teil der Geschichte ist. Es ist kein Zufall, dass man in Palästina zum ersten Mal von den Juden hörte, denn hier kreuzten sich alle Handelswege der antiken Welt, sowohl zu Wasser als auch zu Land. Die reichen Karawanen wurden zwangsläufig von Piraten und Banditen heimgesucht, die sich in eine der vielen Buchten am Meer oder in die undurchdringlichen Berge flüchten konnten, indem sie sich die natürlichen Verstecke in dem Gebiet zunutze machten, das als „das physische Zentrum der geschichtlichen Bewegungen, aus denen die Welt erwachsen ist" bezeichnet wurde."

Die Aufzeichnungen der Hebräer stehen in großem Widerspruch zu den jüdischen Behauptungen über "eine große Kultur". Aber alle jüdischen Behauptungen über Kultur entbehren jeglicher Grundlage. Das Horizon Book of Christianity, ein Standardwerk, sagt auf Seite 10,

"Die Juden begannen als eine Ansammlung kleiner Stämme, die später nur im Zwischenspiel zwischen dem Aufstieg und Fall großer Reiche Unabhängigkeit erlangten. Sie haben keine Denkmäler hinterlassen, die von Großartigkeit zeugen. Es gibt keine Gräber hebräischer Könige mit Goldkränzen und mit Juwelen besetzten Wagen. Die palästinensische Archäologie hat keine Statuen von David oder Salomo ausgegraben, sondern nur Wasserkrüge wie den, aus dem Rebekka die Kamele von Abrahams Dienern tränkte."

Das Oriental Institute of Chicago beherbergt eine der weltweit bedeutendsten Sammlungen der bildenden Kunst, die sich auf die ägyptische, syrische und andere Kulturen des Nahen Ostens spezialisiert hat, also auf das Gebiet, das die Juden als ihren Ursprung beanspruchen. Man würde erwarten, dass der jüdische Beitrag zur Zivilisation hier gut vertreten ist. Nachdem wir durch riesige Säle mit großen Kunstwerken, prächtigen Statuen, erlesenen Juwelen und anderen Artefakten aus den Gräbern der ägyptischen und assyrischen Eroberer gegangen sind, kommen wir zu der jüdischen Ausstellung. Hier befindet sich eine Glasvitrine, die mit zerbrochenen Tongefäßen, rohen, unverzierten und unglasierten Utensilien gefüllt ist, die aus der Steinzeit überliefert sein könnten. Das ist die große jüdische Kultur, von der wir schon so viel gehört haben. Das ist alles, was sie zu bieten haben.

Tatsache ist, dass die Juden in der antiken Welt nur als Zerstörer bekannt waren. Sie brachten keine Kunst hervor, gründeten keine Dynastien, bauten keine großen Städte und hatten als einziges der antiken Völker kein Talent für die feineren Dinge des zivilisierten Lebens. Steht dies nicht im Widerspruch zu dem jüdischen Anspruch, dass sie, und nur sie, die einzigen Fackelträger der Zivilisation sind?

Tatsache ist auch, dass die Juden, die nicht immer erfolgreiche Räuber waren, in Palästina ein prekäres Dasein fristeten und oft am Rande des Hungertodes standen. Sie ernährten sich hauptsächlich von groben Gerstenkuchen, und die Geschichte von Esau, der sein Erstgeburtsrecht für einen Topf Topf verkauft, ist typisch für ihre Armut. Das Pottage war lediglich eine Schüssel Linsensuppe, doch Esau war bereit, sein Erstgeburtsrecht dafür zu verkaufen.

Der Historiker Arnold Toynbee hat die Juden vor einigen Jahren für alle Zeiten definiert, als er sie als ein „fossiles" Volk bezeichnete. Er meinte damit, dass sie ein Volk waren, das sich seit der Steinzeit nicht weiterentwickelt hat, wie uns ihre primitiven Tontöpfe beweisen. Sie waren nicht in der Lage, Ackerbau, Viehzucht, Architektur oder irgendeine der zivilisierten Künste zu beherrschen.

sagt Kastein über sein Volk, Seite 7,

"Sie (die Juden) traten zuerst am Unterlauf des Euphrat in Erscheinung, zogen dann nach Norden in das Zweistromland und folgten dem Weg, den alle Menschengruppen zu jener Zeit und in jenem Teil der Welt benutzten... dem Weg über Syrien nach Kanaan und in die Wüste dahinter; wenn der Hunger sie trieb, drangen sie sogar bis nach Ägypten vor. Die Völker, denen sie begegneten, nannten sie das Volk von jenseits des Flusses". Das hebräische Wort für "jenseits" lautet *"eber"*. Diejenigen, die von der anderen Seite stammten, waren "Ibrim", oder, auf Englisch, Hebräer.

„Einige (der Juden) blieben innerhalb der Grenzen Kanaans, andere ließen sich entlang der großen Heerstraße des Ostens und in den benachbarten Wüsten und Wildnissen nieder, wo sie ein Nomadendasein führten, während ein kleinerer Teil, vom Hunger getrieben, schließlich nach Ägypten gelangte, wo die Pharaonen sie unter ihren Schutz nahmen."

Es mag einigen Lesern seltsam vorkommen, dass die Juden in den Wüsten und Wildnissen bleiben, oder dass sie es vorziehen, dies zu tun, aber solche Gebiete sind der natürliche Lebensraum von Banditen. Wir müssen uns nur daran erinnern, dass die Gesetzlosen des amerikanischen Westens immer in die Wüste oder in die unerforschten Gebiete der Berge geflohen sind. Um mit Kastein fortzufahren: "Alles war darauf berechnet, dass diese nach Ägypten ausgewanderten Banden in diesem Land zerfallen oder von anderen Zweigen der semitischen Rasse, die ebenfalls dorthin ausgewandert waren, verschluckt werden würden... Doch es fand keine Auflösung statt."

Obwohl die Rassenunterschiede in Ägypten nicht aufrechterhalten wurden, hielten sich nur die Juden abseits. Sie stiegen bald zu hohen Positionen im Land der Pharaonen auf, und gleichzeitig begann das Reich, wie in so vielen anderen Ländern auch, zu zerfallen. Die Banditenbanden in den Außenposten des Reiches wurden immer dreister; sie schienen genau zu wissen, wann sie zuschlagen mussten und welche der Städte schlecht bewacht waren. Gleichzeitig begann das Reich von innen heraus zu zerfallen. Die Führung wurde apathisch, und die Moral des Volkes wurde untergraben.

Eine der wichtigsten Quellen für die Geschichte dieser Periode sind die Tell El Amarna-Briefe, die vom Gouverneur einer abgelegenen Provinz verfasst wurden. Die Entdeckung und Übersetzung dieser Briefe eröffnete eine völlig neue Ära der Ägyptologie. Sie offenbarte auch die zerstörerische Wirkung der Juden. Die Briefe sind voller Bitten um Hilfe und an einen scheinbar tauben Pharao gerichtet. Sie beschreiben die Überfälle der Habiru und die Unmöglichkeit, die Grenzstädte weiter zu verteidigen. Vielleicht hat der Pharao die Briefe nie erhalten; vielleicht war er zu sehr damit beschäftigt, seinem jüdischen Premierminister zuzuhören, der ihm seine Träume deutete. Wir wissen nicht genau, was geschah, aber wir wissen, dass das Reich fiel. In Brief Nr. 76 sagt der Gouverneur: „Seht, er (Abdi-Ashirta, ein Habiru-Banditenhäuptling) hat jetzt alle *amelut gaz* gegen Sigata und Ambi versammelt."

Der Gouverneur meinte, dass eine große Allianz von Banditen und Halsabschneidern das Reich bedrohte. Amelut gaz war im alten Ägypten ein Synonym für amu und sa-gaz, und amu war das Wort, mit dem die Ägypter oft die Hebräer bezeichneten. Amelut gaz bedeutete "die jüdischen Banditen". Sayce sagt uns, dass "das ägyptische Äquivalent des hebräischen Wortes amu ist."

Ein beträchtlicher Teil der ägyptischen Literatur befasst sich mit der sozialen Not dieser Zeit, als die Juden die größte Zivilisation, die der Menschheit bis dahin bekannt war, unterminierten. So haben wir "Admonitions of an Egyptian Sage from a Hieratic Papyrus in Leiden", übersetzt und veröffentlicht von Alan H. Gardiner im Jahr 1909. Gardiner übersetzt:

„Ägypten befand sich in einer Notlage; das soziale System war aus den Fugen geraten; Gewalt erfüllte das Land. Eindringlinge fielen über die wehrlose Bevölkerung her; die Reichen wurden ausgeplündert und schliefen unter freiem Himmel, und die Armen nahmen ihre Besitztümer mit. Hier wird nicht nur ein lokaler Aufruhr beschrieben, sondern eine große und überwältigende nationale Katastrophe. Der Pharao war seltsam untätig."

In einer anderen Quelle, dem berühmten Papyrus von Ipuwer, heißt es: "Die Städte sind zerstört... Jahre des Lärms. Es gibt kein Ende des Lärms. Die Fische in den Seen und Flüssen sterben, und Würmer, Insekten und Reptilien vermehren sich massenhaft."

Was für ein seltsames Ereignis! Es werden keine Schlachten beschrieben; das Reich wurde nicht von außen angegriffen. Die Beschreibung ähnelt auf seltsame Weise den kommunistischen Revolutionen in Frankreich und Russland... die Reichen wurden von allem beraubt und schliefen im Freien. Es gibt auch Parallelen zum modernen Amerika... die Fische in den Seen und Flüssen sterben... der Lärm nimmt kein Ende.

Eine der wichtigsten Quellen der Ägyptologie ist die Geschichte Ägyptens von Manetho. Er beschreibt den Untergang des Reiches wie folgt:

„Ein Volk von schändlicher Herkunft aus dem Osten, das die Dreistigkeit besaß, in das Land einzudringen, das es mit seiner Hauptmacht ohne Schwierigkeiten oder gar eine Schlacht beherrschte."

Obwohl unglaublich, geschah dies in der antiken Welt immer wieder. Wie konnte das dem mächtigsten Reich aller Zeiten passieren? Es ist bereits in Babylon geschehen. Die Juden ebneten den Weg für die Eroberer. Diese Eroberer Ägyptens waren die Hyksos, die Hirtenkönige, die Ägypten ohne eine Schlacht eroberten und 511 Jahre lang eine eiserne Diktatur über das Volk ausübten. Einige Gelehrte glauben, dass die Hyksos die Juden waren, denn das ägyptische Wort amu wird gelegentlich für die Hyksos verwendet, obwohl es sich in den meisten Papyri auf die Juden bezieht. Diese Verwechslung gab es sogar bei einigen der späteren ägyptischen Historiker der Hyksoszeit, und sie kam zustande, weil die Juden, die den Eroberern die Tore des Landes geöffnet hatten, während ihrer Herrschaft zu einer bevorzugten Minderheit wurden. Manetho sagt: „Die Hyksos waren als die Beschützer der Juden bekannt."

Während dieses Zeitraums von 511 Jahren waren die Juden Fürsten in Ägypten, nahmen sich von den versklavten Ägyptern, was sie wollten, und zogen sich durch ihre bösartige Arroganz gegenüber der betrogenen Bevölkerung deren Feindschaft zu. Schließlich führten die einheimischen Führer der Ägypter einen erfolgreichen Aufstand an und vertrieben die Hyksos für immer. Manetho schreibt, dass die Ägypter nach der Vertreibung der Hyksos die Juden für ihren Verrat bestraften und sie zu lebenslanger Zwangsarbeit versklavten.

Damit sind wir in der Zeit des Mose angelangt, als sich die Juden über ihr schweres Los in Ägypten beklagten. Bevor sie das Volk an die Hyksos verrieten, hatten sie in Ägypten alle Freiheiten genossen, und es war nur natürlich, dass sie für ihren Verrat bestraft wurden. Anstatt diese Sklaverei zu ertragen, baten sie den Pharao, sie nach Palästina zurückkehren zu lassen und ihr Leben als nomadische Banditen fortzusetzen. Doch das empörte ägyptische Volk verlangte, dass sie ihre Strafe absitzen sollten, und der Pharao war gezwungen, dem zuzustimmen. Nun setzten die Juden alle Mittel ein, um ihre Freiheit zu erlangen, indem sie das ägyptische Volk mit Giften plagten und das Wasser verseuchten. Schließlich durften sie aus Ägypten ausziehen.

Obwohl dies die Tatsachen des jüdischen Aufenthalts in Ägypten sind, ein schmutziger Bericht über Verrat und Zerstörung, werden diese Tatsachen hier zum ersten Mal auf Englisch erzählt, obwohl diese Quellen seit Jahrhunderten bekannt sind. Der wahre Ursprung der Juden und die Definition von Habiru und sa-gaz, die das Wesen dieses Volkes beschreibt, sind den Bibelwissenschaftlern seit langem bekannt. Warum haben sie die Tatsache, dass die Juden in der ganzen antiken Welt als Halsabschneider und Banditen bekannt und gefürchtet waren, absichtlich verschwiegen? Zunächst einmal glaubten sie die jüdische Lüge, Christus sei ein Jude gewesen. Würden sie ihre Erkenntnisse über die Herkunft der Juden veröffentlichen, würden sie Christus als Nachkommen blutrünstiger Banditen ausweisen. Das konnte natürlich nicht wahr sein. Daher ließen sie alle Hinweise auf Habiru und sa-gaz aus ihren Werken verschwinden. Buchstäblich Tausende von Gelehrten haben diese wichtige Information in den Tausenden von Büchern, die in den vergangenen Jahrhunderten über die alte Geschichte veröffentlicht wurden, zurückgehalten. Jetzt müssen wir die gesamte Geschichte der frühen Zivilisationen im Lichte dessen, was wir über die Juden wissen, neu bewerten.

Ein weiterer Bereich, in dem die Gelehrten und die Universitäten sehr nachlässig waren, ist ihre unglaubliche Verherrlichung der hebräischen Sprache. Man hat uns gesagt, dass Hebräisch eine der großen Sprachen aller Zeiten ist, dass ein Großteil der großen Weltliteratur in ihr geschrieben wurde und dass es eine Sprache ist, die die edelsten Gefühle zum Ausdruck bringt. Doch man braucht nur die Encyclopaedia Britannica aufzuschlagen, um festzustellen, dass Hebräisch eine sehr begrenzte Sprache mit nur etwa 500 Grundwörtern ist, ähnlich wie das Basic English, das während des Zweiten Weltkriegs propagiert wurde. Außerdem ist Hebräisch der Britannica zufolge eigentlich gar keine Sprache, sondern eine Mischung aus anderen nahöstlichen Sprachen. Die Britannica sagt,

> "Eine zusammengesetzte Sprache der semitischen Völker, bestehend aus Aramäisch, Kanaanitisch, Arkadisch und Assyro-Babylonisch."

Im Klartext: Hebräisch war einfach das Jiddisch der alten Welt, ein polyglotter Jargon, den die Juden bei ihren Unterweltaktivitäten verwendeten. So wird eine weitere jüdische Lüge entlarvt. Und die große Literatur, die angeblich in dieser Sprache verfasst wurde, ist ein weiterer Mythos, der keine Grundlage in den Tatsachen hat. Die Evangelien des Neuen Testaments, so sagen uns die meisten Bibelwissenschaftler, wurden auf Griechisch und nicht auf Hebräisch geschrieben. Jüdische Autoren geben zu, dass die meisten "hebräischen" Schriften lediglich frei aus babylonischen und ägyptischen Quellen übernommen wurden. Die Psalmen, angeblich eine Reihe großer hebräischer Gedichte, wurden Wort für Wort aus Echnatons Sonnengesängen übernommen, die 600 Jahre zuvor in Ägypten entstanden waren. Horace Meyer Kallen, Professor an der jüdischen New School of Social Research, behauptet, das Buch Hiob sei einem frühen und obskuren griechischen Theaterstück entnommen worden. Velikovsky räumt ein, dass es "viele Parallelen" zwischen den vedischen Hymnen und den Büchern Joel und Jesaja gibt. Der Dekalog wurde vollständig aus dem ägyptischen Totenbuch übernommen. Und so weiter, durch die gesamte Liste der "großen jüdischen Schriften". "Doch die Studenten an unseren Universitäten wissen von all dem nichts. Sie akzeptieren ohne zu fragen die Aussagen ihrer Professoren (die heutzutage meist Juden sind), den Mythos der großen hebräischen Sprache und der großen hebräischen Literatur. Tatsache ist, dass die Juden, denen jegliches schöpferische Talent fehlt, die Literatur gestohlen haben, wie sie auch alles andere von den Völkern gestohlen haben, die sie tolerierten.

KAPITEL 4

DIE JUDEN IN DER ALTEN GESCHICHTE

Wir haben bereits gesehen, wie die Juden die ägyptische Zivilisation schwächten und zerstörten, aber was war der Prozess? Es war die biologische Folge einer parasitären Wucherung, des jüdischen Fremden, der sich in der ägyptischen Nation festgesetzt hatte und alles tat, was er konnte, um seinen Wirt zu zerstören, obwohl er seinen gesamten Lebensunterhalt von seinem Wirt bezog. Dieser Prozess wurde von den Juden in jeder der alten Zivilisationen wiederholt.

Im Alten Testament versuchen die Juden ihren heimatlosen Zustand zu rechtfertigen, indem sie darauf verweisen, dass Gott über sie verärgert war und sie dann wegen ihrer eigenen Schlechtigkeit in die Fremde geschickt hat. Dieses Thema wird in der Bibel immer wieder aufgegriffen. (griechisch biblos, oder Buch). Die Verse von Hesekiel XXXVI: 17-20 sind typisch:

„Menschensohn, als das Haus Israel in seinem Land wohnte, verunreinigten sie es durch ihren eigenen Weg und ihre Taten; ihr Weg war vor mir wie die Unreinheit einer entkleideten Frau. Darum ließ ich meinen Zorn über sie kommen wegen des Blutes, das sie im Land vergossen hatten, und wegen ihrer Götzen, mit denen sie es verunreinigt hatten. Und ich zerstreute sie unter die Heiden, und sie wurden in alle Länder zerstreut; ich richtete sie nach ihrem Weg und nach ihren Taten. Und als sie zu den Heiden kamen, wohin sie zogen, lästerten sie meinen heiligen Namen, indem sie zu ihnen sagten: "Das *ist* das Volk des Herrn, das aus seinem Lande ausgezogen ist."

So erklärt Gott, dass es Blasphemie ist, wenn die Juden behaupten, "das Volk des Herrn" zu sein, und wenn man ihre Geschichte betrachtet, ist das eine fantastische Behauptung. Er erklärt auch, dass sie wegen der Blutbeschuldigung, des Blutvergießens vor den verunreinigten Götzen, des uralten Brauchs, der als "Ritualmord" bekannt ist, vertrieben wurden. "Obwohl hier Gottes Zorn als Grund für die jüdische Zerstreuung angegeben wird, ist es bemerkenswert, dass auch die Blutanklage, die immer erhoben wurde, wenn sie aus einem Volk vertrieben wurden, verwendet wird. In diesem Zusammenhang sollten wir die jüdische Vorliebe nicht ignorieren, ihrem innersten Drang zu folgen, sich über die zivilisierte Welt auszubreiten, und es ist umso merkwürdiger, dass kein Historiker oder Philosoph der Neuzeit es für angebracht gehalten hat, dieses weltweite Phänomen zu kommentieren, das eine verheerende Wirkung auf jede Kultur hatte, die von ihnen vergiftet wurde. Ein führender Geschäftsmann, J. J. Cavanagh, hat die Zerstreuung der Juden mit den physiologischen Auswirkungen von Krebs verglichen.

"Die Juden", so erklärte er in einer Rede vor einer Chicagoer Wirtschaftsgruppe, kann man am besten als eine Zivilisationskrankheit verstehen. Sie können mit der Ausbreitung von Krebs im menschlichen System verglichen werden. So wie die Juden sich über die zivilisierte Welt ausbreiten und den Handelsrouten folgen, so breiten sich Krebszellen im Körper aus und wandern entlang der Arterien und Venen zu jedem Teil des Systems. Und so wie die Juden sich in kritischen Gebieten der Welt sammeln und sich zu vermehren beginnen und ganze Gemeinschaften und Nationen erwürgen und vergiften, so sammeln und vermehren sich Krebszellen und zerstören die Organe des Körpers und schließlich den Körper selbst. "Viele Historiker der antiken Welt haben das jüdische Phänomen bemerkt und kommentiert, aber die meisten dieser Werke sind inzwischen vernichtet worden. Zu den wenigen Kommentaren über die Juden, die die Zerstörung der jüdischen

Bibliotheken überstanden haben, gehören die von Philo und Strabo. Philo, ein bedeutender Historiker, schrieb, dass „jüdische Gemeinden sich über alle Kontinente und Inseln ausgebreitet haben."

Strabos Kommentare zu den Juden, die zur Zeit des römischen Kaisers Augustus verfasst wurden, sind sogar noch aufschlussreicher. Er schrieb: "Im Staat Kyrene gab es vier Klassen. Die erste bestand aus Bürgern, die zweite aus Bauern, die dritte aus ansässigen Ausländern und die vierte aus Juden. Dieses Volk ist bereits in jede Stadt eingedrungen, und es ist nicht leicht, irgendeinen Ort in der bewohnbaren Welt zu finden, der dieses Volk nicht aufgenommen hat und in dem es seine Macht nicht spürbar gemacht hat. "

Strabos Beobachtung ist wahrscheinlich der aufschlussreichste Kommentar zum jüdischen Problem in der antiken Welt. Er weist darauf hin, dass die Juden einen niedrigeren Status hatten als die ansässigen Ausländer - mit anderen Worten, sie waren eine Gruppe ansässiger Ausländer, die als so gefährlich angesehen wurden, dass man sie als eine Gruppe für sich betrachtete. Die Juden waren bereits als Zerstörer von Völkern bekannt geworden, und sie durften nur wenig oder gar keine politische Macht ausüben, aber sie schafften es dennoch, ihre Macht spürbar zu machen, wie Strabo hervorhebt. Sie taten dies durch ihren Handel mit Edelsteinen und Gold, durch ihre internationalen Verbindungen als Bankiers und als Hehler für gestohlene Waren. Das Verleihen von Geld war ein grundlegendes Unternehmen dieses Volkes, denn es gab ihnen Macht über verschwenderische Aristokraten, die dann dazu benutzt werden konnten, das Volk für jüdische Zwecke zu versklaven.

Obwohl sich die Juden eher in den größeren Städten niederließen, waren sie auch in den entlegensten Außenposten des Reiches zu finden. Der Rev. Chas. H. H. Wright, sagt in seinem Buch "Light from Egyptian Papyri", London 1908, Seite 3,

"Nicht viele Jahre nach der Zerstörung Jerusalems durch Nebukadnezar zog eine jüdische Kolonie nach Assuan, an die Südgrenze Ägyptens. Dort erwarben sie für sich Häuser und Felder. Einige von ihnen betätigten sich als Geldverleiher, man könnte sogar sagen, als Bankiers. Das beweist der mit L bezeichnete Papyrus, in dem ein regelmäßiges Geschäft über ein Gelddarlehen festgehalten ist. Es wurde sorgfältig festgelegt, dass für das geliehene Geld monatlich Zinsen gezahlt werden sollten. Fünf Zeugen haben das Dokument unterschrieben. In diesen Papyri wird das Haus Jahus (Jehovas) erwähnt und ein Altar, auf dem täglich Opfer dargebracht wurden."

So waren die Juden vor Tausenden von Jahren in der abgelegenen Provinz Aesuan im Geldverleih tätig, und diese Aktivitäten waren ein wesentlicher Bestandteil des wirtschaftlichen und religiösen Lebens der jüdischen Gemeinschaft. Damals verehrten die Juden offen Baal, ihren Gott aus Gold, aber die Orgien, die sie vor seinem Altar veranstalteten, waren so abscheulich und obszön, dass die jüdische Religion aufgrund des Unmuts der Bevölkerung in den Untergrund gehen musste. Die Götzen des Baal wurden eingeschmolzen, und die Juden benannten ihn in Jahu oder Jehova um, und sie verbargen viele ihrer religiösen Beobachtungen zu seinen Ehren.

Trotz der Behauptung, die Juden seien "die wichtigste Zivilisation der antiken Welt" gewesen, wurde der jüdische Stamm in Palästina in den alten Aufzeichnungen kaum erwähnt. Auf Seite 54 sagt Kastein in The History of Jews:

"Der unbedeutende Kleinstaat Palästina war ein Vasall Assyriens und aufgrund seiner Winzigkeit auf sich allein gestellt. Um ihn herum waren kolossale Mächte aufgetaucht, die nach einem Reich strebten."

Wie lässt sich der Historiker der Juden, Kastein, mit seiner Definition Palästinas als "ein unbedeutender kleiner Staat" mit den Gelehrten und Professoren an unseren modernen Universitäten vereinbaren, die ihren Studenten erzählen, dass die

Juden die größte Zivilisation hatten, die der Menschheit je bekannt war? Tatsache ist, dass es nie eine jüdische Zivilisation gegeben hat. Es hat nur Infektionen gesunder Zivilisationen durch jüdische Parasiten gegeben, die sich für ihre Wirte immer als tödlich erwiesen haben.

Typisch war das Schicksal von Babylon. Nebukadnezar, der mächtigste Herrscher der alten Welt, hatte so viele Beschwerden über die jüdischen Banditen in Palästina erhalten, dass er gegen sie vorging. Die babylonischen Heere verfolgten die Juden unerbittlich in die Wüsten und Wildnis, bis sie sie alle getötet oder gefangen genommen hatten. Dies geschah im Jahr 586 v. Chr. Wie damals üblich, nahm Nebukadnezar die Überlebenden als Sklaven mit nach Hause. Diese 30.000 jüdischen Gefangenen wurden im Babylonischen Reich angesiedelt und durften eigene Siedlungen gründen. Der jüdische Historiker Gerson Cohen schreibt, dass "viele Orte in Babylon eine ausschließlich jüdische Bevölkerung hatten."

Innerhalb von weniger als fünf Jahrzehnten war Babylon nicht mehr existent. Trotz der Freiheit, die sie genossen, begannen die Juden, den Umsturz des Reiches zu planen. Zu dieser Zeit wollte Kyros, der Anführer der Perser, Babylon angreifen und seine Reichtümer an sich reißen, aber er wusste, dass seine Armee nicht stark genug war. Jüdische Abgesandte kamen zu ihm und erklärten, dass sie bereit seien, ihm die Tore zu öffnen. Zunächst vermutete Kyros eine Falle und soll den ersten jüdischen Gesandten getötet haben, doch die Juden überzeugten ihn später von ihrer Aufrichtigkeit. Sie verlangten im Gegenzug, dass er ihnen ihr Land in Palästina zurückgab.

Im Jahr 539 v. Chr. erschien das Heer des Kyros vor Babylon. Auf Seite 65 der *"Geschichte der Juden"* sagt Kastein: "Die Eroberung Babylons gelang ohne Schwierigkeiten; die Stadt fiel kampflos. "Was für ein Zufall! Das ist genau das, was Manetho über den Fall Ägyptens durch die Hyksos-Invasoren schrieb. Es gab keine Schlacht. Obwohl die antike Geschichte voll von Berichten über lange und verzweifelte Schlachten zwischen Nationen und Belagerungen von Städten ist, die viele Jahre dauerten, scheinen diese Schlachten nicht stattgefunden zu haben, wenn eine Stadt eine bedeutende jüdische Gemeinde hatte. Zweifellos wollten die Juden nicht, dass ihre Häuser und Geschäfte durch einen Angriff beschädigt wurden.

Kastein fährt auf Seite 65, *Die Geschichte der Juden*, fort: „Die Juden empfingen Kyrus mit offenen Armen." Dies ist ein weiteres Thema, das sich durch die gesamte Geschichte der Juden zieht. In jeder Nation, die kampflos untergeht, eilen die Juden hinaus, um die Eindringlinge zu begrüßen. Kastein erzählt uns, dass Kyrus den Juden erlaubte, in ihr eigenes Land zurückzukehren, aber viele von ihnen zogen es vor, in Babylon zu bleiben. Unter dem Schutz von Cyrus durften die Juden die Einwohner Babylons ausplündern, und was Cyrus nicht nach Persien verschleppte, ging in den Besitz der Juden über. Infolgedessen bildeten die Juden eine reiche und mächtige Führungsschicht in Babylon, und sie widmeten ihre Zeit und ihr Geld der Formulierung einer jüdischen Ethik, die als babylonischer Talmud niedergeschrieben wurde. In der englischen Ausgabe, die 1935 in London als Soncino Talmud veröffentlicht wurde, sagt Rabbi Hertz auf Seite XXI,

> "Wenn wir zur babylonischen Gemara kommen, haben wir es mit dem zu tun, was die meisten Menschen verstehen, wenn sie vom Talmud sprechen oder schreiben. Sein Geburtsort, Babylonien, war länger als jedes andere Land ein autonomes jüdisches Zentrum, nämlich von kurz nach 586 vor der christlichen Zeitrechnung bis zum Jahr 1040 nach der christlichen Zeitrechnung - 1626 Jahre. "

Man beachte, dass Rabbi Hertz stolz darauf hinweist, dass Babylonien nach der Eroberung durch Kyrus ein autonomes oder selbstverwaltetes jüdisches Zentrum wurde! Keine Aussage könnte aufschlussreicher über die Rolle sein, die die Juden beim Verrat der Nation an Kyrus gespielt haben.

Die Juden übernahmen nicht nur das babylonische Reich, sie kehrten auch mit Kyros nach Hause zurück und gründeten große

Kolonien in Persien. Max Radin, in "*Die Juden unter den Griechen und Römern*", sagt Seite 61,

"Die faktische Autonomie der persischen Periode ermöglichte die Entwicklung einer gut organisierten herrschenden Klasse von Priestern, den Soferim oder Schriftgelehrten, Männern, die im Gesetz gelehrt waren, aber keine eindeutigen priesterlichen Funktionen hatten. "

Was Radin uns nicht sagt, ist, dass diese Schriftgelehrten keine Priester waren, sondern die Vorsteher der autonomen jüdischen Gemeinde. Es waren Schriftgelehrte dieser Art, die zusammenkamen, um Jesus Christus zur Kreuzigung zu verurteilen.

Der Einfluss der Juden im persischen Reich führte dazu, dass es bald den Weg früherer Zivilisationen einschlug. Eines der kürzesten Bücher der Bibel ist das Buch Esther, das jüdischste aller Bücher und das einzige, in dem Gott nicht erwähnt wird. Die Geschichte von Esther gab den Anstoß für die wichtigste religiöse Zeremonie der Juden, das Purimfest, mit dem der Sieg der Juden über die Nichtjuden gefeiert wird, als es Esther gelang, Haman hinrichten zu lassen. Zu dieser Zeit war Ahasveros König von Persien, und sein Premierminister war ein gewissenhafter, fleißiger Nichtjude namens Haman. Haman war über die wachsende Macht und die Anmaßung der persischen Juden beunruhigt gewesen. So Esther III; 8-9:

"Haman sprach zum König Ahasveros: Es gibt ein Volk, das in allen Provinzen deines Reiches zerstreut und verstreut ist; und ihre Gesetze sind anders als die aller anderen Völker, und sie halten sich auch nicht an die Gesetze des Königs; darum ist es nicht gut für den König, sie zu dulden. Wenn es dem König gefällt, so soll geschrieben werden, dass sie vernichtet werden. "

Diese Bitte erschien König Ahasverus vernünftig genug, und er beauftragte Haman, sich auf einen Tag in der nahen Zukunft vorzubereiten, an dem das jüdische Problem gelöst werden könnte. Die Lieblingsfrau des Königs, Esther, war eine geheime

Jüdin namens Hadassa, ohne dass sie davon wussten. Sie war die Nichte eines jüdischen Führers namens Mordechai, der sie in den Palast geschmuggelt hatte, um dem König ihre Reize zu schenken, und so wurde die jüdische Hure zur Königin.

Die Juden erfuhren bald von dem Plan des Königs Ahasveros, und Mardochai eilte zum Palast, wo er Esther von der Gefahr für die Juden berichtete. Esther ging mutig zum König, erklärte, dass sie Jüdin sei, und forderte ihn auf, Hamans Wunsch zu erfüllen. Der König konnte ihrem Charme nicht widerstehen und willigte ein, alles zu tun, was sie verlangte. Esther verlangte nur, dass der Galgen, den Haman bauen wollte, um Mordechai und die anderen jüdischen Verschwörer zu hängen, fertiggestellt werden sollte, und dass der König Haman stattdessen dort hängen lassen sollte.

Der König stimmte zu, und nachdem Haman gehängt worden war, zwang Esther den König, eine Schreckensherrschaft gegen seine nichtjüdischen Untertanen zu errichten. Esther VIII,7: "Da sprach der König Ahasveros zu Esther, der Königin, und zu Mardochai, dem Juden: Siehe, ich habe Esther das Haus Hamans gegeben, und ihn haben sie an den Galgen gehängt, weil er seine Hände an die Juden gelegt hat. "

Die Juden stellten weitere Forderungen, und wieder stimmte der König zu, weil er Esther nichts verweigern konnte. Esther VIII; 11: "Da gab der König den Juden, die in allen Städten *waren*, die Erlaubnis, sich zu versammeln und für ihr Leben einzustehen und alle Kräfte des Volkes und der Provinz, die sie angreifen wollten, zu vernichten, zu erschlagen und umkommen zu lassen, *sowohl* Kinder als auch Frauen, und ihre Beute als Beute *zu nehmen*. "

Dieser Vers offenbart die angeborene Blutrünstigkeit der Juden in ihrer Forderung, Frauen und Kinder massakrieren zu dürfen, die ihnen keinen Schaden zugefügt hatten. Hamans Vorgehen gegen sie war als Regierungsprogramm geplant gewesen, aber der jüdische Gegenangriff wurde zu einem wilden Gemetzel an Unschuldigen. Das Massaker beginnt, wie in Esther

VIII, 17 beschrieben: "Und in allen Provinzen und in allen Städten, wohin des Königs Gebot und sein Befehl kamen, hatten die Juden Freude und Wonne, ein Fest und *einen* guten Tag. Und viele aus dem Volk des Landes wurden Juden; denn die Furcht vor den Juden fiel auf sie. "

Auf Esthers Bitte hin ließ König Ahasveros nun alle zehn Söhne Hamans hängen, deren einziges Verbrechen darin bestand, dass Haman ihr Vater gewesen war, und sein Haus und seine Güter wurden Esthers Verwandten übergeben. Die Massaker an den Nichtjuden wurden im gesamten persischen Reich verübt, und der Aderlass an den einheimischen Führern schwächte die Nation so sehr, dass das Reich bald darauf von Alexander dem Großen leicht erobert werden konnte. Da Haman das Los (Pur) geworfen hatte, um die Juden anzugreifen, nannten die siegreichen Juden ihren Sieg über die Nichtjuden Purim oder Tag des Loses. Der letzte Vers von Esther beschreibt ihre glückliche jüdische Gemeinschaft; Esther X: 3, "Denn Mardochai, der Jude, *war dem* König Ahasveros am nächsten und groß unter den Juden und angenommen von der Menge seiner Brüder, suchte den Reichtum seines Volkes und sprach Frieden zu allen seinen Nachkommen. "

Die Zivilisationen Ägyptens, Babylons und Persiens waren nun aufgrund jüdischer Subversion untergegangen. Das nächste Land, das die Last des jüdischen Parasitismus zu tragen hatte, war Griechenland. In der Geschichte gab es keine zwei Völker, die sich so diametral gegenüberstanden wie die Juden und die Griechen, und die Juden hegten stets einen großen Hass auf die griechische Kultur. Die Griechen verkörperten die Verfeinerung des zivilisierten Gentleman und Individuums, während der Jude weiterhin ein verrohtes, erdgebundenes, unkreatives, unkünstlerisches und namenloses Mitglied eines Banditenstammes war.

Ralph Marcus schreibt in *Great Ideas of the Jewish People*, Seite 103,

"Aus jüngsten architektonischen Entdeckungen wissen wir, dass die hellenistischen Städte an der Grenze zu Judäa reich an griechischer Architektur und Kunst waren. "

Die griechische Kultur reichte bis an den Rand der Wüste und hörte dort auf, wo die jüdischen Banditen begannen.

In seiner *Geschichte der Juden* sagt Kastein, Seite 92,

"Die Griechen hatten große Erfahrung in dieser Welt, ihre Phantasie war fruchtbar und sie hatten viel geschaffen... dass sie unter diesen Umständen auf ein Volk stießen, das von einer ruhigen und manchmal stumpfen und bukolischen Gewissheit geprägt war, was seine geistigen Besitztümer anging, Barbaren ohne Skulptur und Erziehung, färbte ihre Verachtung notwendigerweise mit ohnmächtigem Zorn. Die zwangsläufig logische Folge dieser Haltung der Griechen war das Anwachsen des Antisemitismus, des Hasses auf die Juden. "

So schreibt Kastein den Juden den Antisemitismus zu, sagt aber nichts über den jüdischen Hass auf die griechische Kultur. Auf Seite 88 seiner *Geschichte der Juden* gibt er einen plausibleren Grund für den Antisemitismus an:

"*Judäa lähmte den griechischen Angriff, während die alexandrinischen Juden den Zerfall der hellenischen Zivilisation herbeiführten.* "

Dies ist das verblüffendste Eingeständnis, das ein jüdischer Historiker jemals über den zerstörerischen Einfluss der Juden gemacht hat. Alexandria war das intellektuelle Zentrum des späten griechischen Reiches, und seine Bibliothek war die größte der Welt. Hier brachten die Juden, wie Kastein sagt, den Zerfall der hellenischen Zivilisation herbei. Später verbrannten sie die große Bibliothek, weil sie Hunderte von historischen Hinweisen auf die zerstörerischen Aktivitäten der Juden enthielt.

Während die griechische Zivilisation im Niedergang begriffen war, begannen die Juden nun, Rom zu infizieren. Schon zu Beginn des jüdischen Einflusses im Reich waren sich die Römer der Gefahr bewusst, aber sie schienen machtlos, der heimtückischen Wirkung der Juden entgegenzuwirken. Der römische Geschichtsschreiber Diodorus schrieb: "Die Juden weigern sich als einziges aller Völker, mit irgendeinem anderen Volk zu verkehren, und betrachten alle Menschen als Feinde. "

Das war nicht ganz richtig. Die Juden betrachteten alle anderen Menschen als eine andere Spezies als sich selbst, womit sie anscheinend Recht hatten. Sie betrachteten andere Menschen auch als unwissende Bestien, die wie Vieh benutzt und für den Profit der Juden geschlachtet werden konnten. Der römische Gelehrte Williamson bemerkt dazu: "Die Trennung erfolgte nicht zwischen den Rassen, sondern zwischen denen, die dem Gesetz des Mose die Treue hielten, und denen, die es ablehnten... ein Mann jeder Rasse konnte (von den Juden) akzeptiert werden. Die einzige Voraussetzung war die Annahme der Beschneidung, für die sie von den Römern verachtet wurden. "

Die Juden schlossen also niemanden aus ihrer Bande aus, der das barbarische Gesetz des Moses, Auge um Auge und Zahn um Zahn, akzeptieren konnte. Als internationale Unterwelt brauchte der Jude ein unumstößliches Erkennungszeichen, ein physisches Passwort, mit dem er seine Mitläufer sofort identifizieren konnte. Dieses Erkennungszeichen, auf das die Juden aus genau diesem Grund immer bestanden haben, war die Beschneidung. Sie identifizierte nicht nur diejenigen, die aktive Juden waren, sondern auch die Nichtjuden, die die Juden versklavt hatten; sie war das Abzeichen des Judentums.

Als die Juden im Römischen Reich an Macht gewannen und begannen, viele Sklaven zu besitzen, ließen sie als erstes ihre nichtjüdischen Sklaven beschneiden, als Zeichen ihres Besitzes. Diese Beschneidung der Nichtjuden erregte die Römer gegen sie. Im Jahr 315 n. Chr. erließ Kaiser Konstantin das erste Edikt gegen die Juden, die er als "diese schändliche Sekte" bezeichnete. Dieses Edikt verbot den Juden, ihre nichtjüdischen Sklaven zu beschneiden, und es schränkte auch die jüdische Selbstbestimmung ein, indem es ihnen verbot, Angehörige ihrer eigenen Rasse zu bestrafen. Bis zu diesem Zeitpunkt hatten sich die Juden als über dem römischen Gesetz stehend betrachtet und ihre eigenen Gerichte abgehalten. Juden, die sich gegen die Herrschaft der Ältesten auflehnten, wurden hart bestraft. Wegen dieser Einmischung in ihre Regierung wandten sich die Juden gegen Konstantin und zwangen ihn, Rom zu verlassen. Er ging nach Konstantinopel, wo er das Byzantinische Reich gründete.

Einer der größten Historiker des alten Roms war Tacitus.

Er schrieb über die Juden,

"Die Sitten der Juden sind niederträchtig und abscheulich und verdanken ihr Fortbestehen ihrer Verderbtheit. Die Juden sind untereinander äußerst loyal und immer bereit, Mitgefühl zu zeigen, aber gegenüber jedem anderen Volk empfinden sie nur Hass und Feindschaft. Als Rasse neigen sie zur Wollust; unter ihnen ist nichts ungesetzlich. "

Wie die Kommentare von Tacitus zeigen, waren sich die Römer der Natur der Juden als einer kriminellen und unmoralischen Gruppe durchaus bewusst. Warum also waren die Römer, ein stolzes und ehrgeiziges Volk, nicht in der Lage, der heimtückischen Wirkung der Juden zu widerstehen? Die Antwort liegt merkwürdigerweise in der Natur der Römer. Die Römer waren ein starkes Volk und hatten die ganze Welt erobert, auch die Wüste Palästinas. Aber gegen die Juden, die im Herzen Roms ihre übliche parasitäre Gemeinschaft gebildet hatten, hatte Rom keine Abwehr. Die Römer versuchten immer wieder, sie loszuwerden. Doch jedes Mal kamen die Juden zurück. Rom war das Zentrum des Reichtums in der Welt. Es war unmöglich, die Juden von diesem Reichtum fernzuhalten. Historiker bezeichnen die Vertreibung der Juden durch Kaiser Tiberius als das "erste bekannte Beispiel religiöser Intoleranz in internationalen Angelegenheiten". Dies ist auch das erste bekannte Beispiel dafür, dass die Juden ihre Lieblingsausrede für sich selbst, die "religiöse Intoleranz", angepasst haben.

Der römische Historiker Valerius Maximus schrieb 139 v. Chr., dass der Prätor von Rom die Juden zwang, in ihre Heimat zurückzukehren, weil sie versucht hatten, die römische Moral zu verderben. Der römische Geschichtsschreiber Marcus berichtet, dass Kaiserrajan eine jüdische Delegation in Rom sehr herzlich empfing, "nachdem er bereits von der Kaiserin Poltina auf ihre Seite gezogen worden war". Ist das nicht wieder einmal die Geschichte von Esther? Wie bei den meisten Geschichten über Juden tauchen in der fünftausendjährigen Geschichte immer wieder die gleichen Themen auf.

In einem Papyrus, der im ägyptischen Oxyhynchus gefunden wurde, wird ein Römer namens Hermaiscus wegen Hochverrats angeklagt, offenbar weil er, wie Haman im Perserreich, gegen die wachsende Macht der Juden protestierte. In dem Papyrus heißt es, dass Hermaiscus zu seiner Verteidigung zu Kaiser Trajan sagte: "Es betrübt mich, dass dein Kabinett und dein Geheimrat mit Juden besetzt sind. "Natürlich wurde er hingerichtet, nachdem er mit dieser gewagten Aussage sein eigenes Todesurteil ausgesprochen hatte. Wie viele andere Nichtjuden sind in den vergangenen Jahrhunderten wegen ähnlicher Vergehen gestorben?-

Gelehrte und Historiker haben viele Gründe für den Untergang des Römischen Reiches genannt. Eine führende Theorie besagt, dass "der Untergang Roms auf eine allmähliche Auflösung der alten Werte zurückzuführen ist". In dieser Theorie wird nicht gesagt, wer diese Werte aufgelöst hat, aber die Aufzeichnungen sprechen für sich. Eine andere Theorie besagt, dass die Barbaren über Rom hergefallen sind. Das stimmt, aber warum? Warum verlor die beste Armee der Welt ihren Kampfeswillen und ließ zu, dass nackte Stammesangehörige Rom kampflos einnahmen? Es ist dieselbe Geschichte, die wir beim Fall Ägyptens, beim Fall Babylons und beim Fall Persiens finden.

Und auch hier, wie im Fall der früheren Zivilisationen, stellen wir fest, dass die parasitäre Gemeinschaft der Juden einen schrecklichen pathologischen Hass auf ihren nichtjüdischen Wirt entwickelt hatte. In seiner "*Geschichte der Juden*", sagt Kastein, Seite 192;

> "Für die Juden war Rom der Inbegriff all dessen, was abscheulich war und vom Erdboden vertilgt werden sollte. Sie hassten Rom und sein Gerät, seine Waffen und Gesetze, mit einem unmenschlichen Hass. Gewiss, Rom hatte leges, Gesetze, wie die Juden. Aber gerade in der Ähnlichkeit lag der Unterschied; denn die römischen Gesetze waren nur die praktische Anwendung der Waffen, die Waffen aber ohne die Waffen, die leges waren leere Formeln. "

In diesem außergewöhnlichen Absatz gesteht Kastein das Gefühl ein, das der jüdische Parasit immer für den nichtjüdischen Wirt empfindet, "einen unmenschlichen Hass". Dieser Hass ist so schrecklich, dass es für den Juden das Wichtigste ist, seine Gefühle zu verbergen. Deshalb tritt er immer mit einem Olivenzweig in der Hand auf. Sein erstes Wort ist "Shalom *oder* Frieden". Es ist diese Notwendigkeit, seine wahren Gefühle zu verbergen, die den Juden dazu bringt, seine Angelegenheiten und seine Treffen im Geheimen zu führen.

Wir haben bereits gesehen, wie der Jude weiterhin das Volk hasst, das er zerstört hat. Jahrhunderte, nachdem es Babylon nicht mehr gibt, schimpft der Jude wieder "die Hure Babylon". Aber von allen Völkern hat der Jude Rom am meisten gehasst, und noch heute ist das Lieblingswort des Juden für seinen Gegner "Faschist". Was bedeutet das Wort "Faschist"? Es bezieht sich auf die fasces, die zusammengebundenen Ruten, die der römische Jurist bei sich trug, um die Bestrafung des Übeltäters durchzuführen. Es bedeutet einfach die Herrschaft des Rechts, d.h. des nichtjüdischen Rechts, im Gegensatz zum blutrünstigen jüdischen Gesetz des Moses. Dennoch gibt es heute keine einzige Universität in der Welt, an der die Studenten diese einfache und genaue Definition des Faschismus lernen können. Die jüdischen Professoren sagen den Studenten, dass eine "faschistische Bestie" das Schrecklichste und Böseste ist, was jemand sein kann, aber sie erklären es nie weiter.

Nur wenige Historiker erwähnen die Rolle der Juden beim Untergang Roms, und noch weniger geben einen Hinweis auf die Macht, die die Juden im Reich erlangten. Nur in Büchern, die von den Juden selbst herausgegeben wurden, findet man diese wenig bekannten Tatsachen. Und hier findet man auch die Fakten über die Ermordung von Julius Cäsar. Wie kam es zu dieser Ermordung? Zunächst einmal hatten die Römer einen Versuch nach dem anderen unternommen, die Juden aus Rom zu vertreiben, aber sie kamen immer wieder zurück. In seinem Buch "Jews of Ancient Rome" sagt Harry J. Leon von der University of Texas auf Seite 3

"Der Prätor Hispanus zwang die Juden, die versuchten, die Römer zu verunreinigen, in ihre eigenen Häuser zurückzukehren. "Dieses Buch, herausgegeben von der Jewish Publication Society, fährt fort, Seite 5,

"Philo (Legatio 23.155) zufolge bestand der Kern der jüdischen Gemeinde in Rom hauptsächlich aus versklavten Kriegsgefangenen. Sie wurden von jüdischen Mitbürgern freigekauft oder von ihren Besitzern freigelassen, die sie als Sklaven nicht akzeptieren konnten, weil sie darauf bestanden, ihre Speisegesetze einzuhalten, am Sabbat nicht zu arbeiten und ihre exotischen religiösen Riten zu praktizieren... Im Jahr 59 n. Chr. waren die Juden der Stadt bereits ein wichtiger Bestandteil der römischen Politik. "

Der politisch ehrgeizige Julius Cäsar erkannte die Macht der Juden, die auf einer unbestreitbaren Tatsache beruhte: Rom bestand aus vielen gegensätzlichen politischen Gruppen und Sekten. Um zu gewinnen, brauchte der Politiker die Unterstützung einer Gruppe, die unerschütterlich zu ihm hielt und so die anderen Gruppen dazu brachte, ihn zu unterstützen. Genau wie in unseren heutigen Demokratien waren diese Gruppe die Juden. Sie würden jedem Politiker ihre Unterstützung zusichern, der im Gegenzug das tut, was sie verlangen.

Als Caesar diese einfache Wahrheit entdeckte, suchte er die Juden auf und gewann ihre Unterstützung. Auf Seite 8 von "Jews of Ancient Rome" sagt Leon,

"Die Juden in den 'Populares', der liberal-demokratischen oder Volkspartei, unterstützten Cäsar und er erließ Urteile zu ihren Gunsten. "

Die Dinge haben sich in zweitausend Jahren nicht sehr verändert. Wir haben immer noch in jedem Land die liberaldemokratische Partei, und sie vertritt immer die Ambitionen der Juden.

Mit den Juden im Rücken wurde Caesar bald zum Diktator Roms und zum unangefochtenen Herrscher der Welt. Alarmiert durch seine zunehmende Unterwerfung unter die Juden, beschloss eine Gruppe loyaler Senatoren, angeführt von Brutus, einem ehemaligen Freund Caesars aus seiner vorjüdischen Zeit, ihn zu ermorden. Auf Seite 9 sagt Leon,

"Als Gegenleistung für die Unterstützung, die er von den Juden erhalten hatte, erwies Caesar ihnen seine Gunst in auffälliger Weise, und seine Dekrete zu ihren Gunsten, die glücklicherweise von Josephus aufgezeichnet wurden, sind als die Magna Carta der Juden bezeichnet worden. Caesar befreite sie von der Wehrpflicht, erlaubte ihnen, Goldsendungen an den Tempel in Jerusalem zu schicken, und erkannte die Autorität der jüdischen Sondergerichte an. "

Cäsar machte also die Juden zu einer privilegierten Gruppe, die über den Gesetzen Roms stand. Der Goldhandel zwischen den Nationen war vor zweitausend Jahren der Eckpfeiler der jüdischen internationalen Macht, genau wie heute. Er wurde unter dem Deckmantel einer "religiösen" Beschäftigung betrieben, und wenn wir verstehen, dass die Religion der Juden Gold war und ist, war dies eine zutreffende Beschreibung. Der jüdische Tempel in Jerusalem war immer noch das Hauptquartier von Baal, dem Goldenen Kalb, auch wenn er sich jetzt Jehova nannte. Mehrere römische Senatoren versuchten, den Handel mit

Gold zu verbieten, wurden aber von der jüdischen Macht gestürzt,

Auf Seite 10 von "Jews of Ancient Rome" sagt Leon: "Viele Nächte nach Caesars Ermordung kamen Gruppen von Juden, um an der Stelle seines Scheiterhaufens zu weinen. "

Auch hier hat sich nichts geändert. Wir haben die Juden bei der Beerdigung von Roosevelt, bei der Beerdigung von Kennedy, bei der Beerdigung von Churchill weinen sehen. Sie werden immer weinen, wenn ein Politiker, der sich den Machenschaften des Weltjudentums verschrieben hat, sein Ende findet.

Leon erklärt, dass Kaiser Augustus, der das Reich erbte, nachdem sich Caesars Generäle untereinander zerstritten hatten, die besonderen Privilegien der Juden wiederherstellte. Dies erklärt wahrscheinlich, warum er stärker war als die anderen Fraktionen, die Rom nach Caesars Tod spalteten. Als der jüdische Verfall weiterging, wurde das Reich rasch geschwächt. Nach dem Tod Domitians im Jahr 96 n. Chr. waren die römischen Kaiser nicht mehr römischer Abstammung; von nun an waren sie alle Ausländer.

Die Macht der Juden war so groß, dass kein römischer Politiker es wagte, sie anzugreifen. Leon zitiert die Rede von Cicero im Oktober 59 vor einer römischen Jury. Cicero verteidigte Lucius Valerius Flaccus, einen römischen Aristokraten und ehemaligen Statthalter von Asien. Flaccus hatte versucht, das Verbot jüdischer Goldtransporte durchzusetzen, was dazu führte, dass die Juden Roms ihn seines Amtes enthoben und unter dem Vorwurf der Veruntreuung vor Gericht stellten. Cicero sagte,

"Wir kommen nun zu der Verleumdung des Goldes, des jüdischen Goldes. Das ist natürlich der Grund, warum dieser Fall in der Nähe der Aurelianischen Treppe verhandelt wird. Gerade wegen dieser Anklage haben Sie diesen Ort, Laelius (den Ankläger) und diesen Pöbel (er bezieht sich auf die lärmende Menge von Juden, die Laelius versammelt hatte, um während des Prozesses für Aufruhr zu sorgen) aufgesucht. Ihr wisst, wie groß diese Gruppe (die Juden) ist und wie einflussreich sie in der Politik ist. Ich werde meine Stimme senken und gerade so laut sprechen, dass die Geschworenen mich hören können; denn es gibt genug Leute, die diese Juden gegen mich und gegen jeden guten Römer aufhetzen, und ich habe nicht die Absicht, ihnen das zu erleichtern. Da jedes Jahr regelmäßig Gold im Namen der Juden aus Italien und allen unseren Provinzen nach Jerusalem ausgeführt wurde, erließ Flaccus ein Edikt, das die Ausfuhr aus Asien verbot. Wer, meine Herren Geschworenen, kann dieses Vorgehen nicht aufrichtig empfehlen? Die Ausfuhr von Gold war vom Senat schon bei vielen früheren Gelegenheiten verboten worden, und am strengsten während meines Konsulats. Dass Flaccus sich diesem barbarischen jüdischen Aberglauben widersetzte, war ein Beweis seines starken Charakters, dass er die Republik verteidigte, indem er die Aggressivität des jüdischen Pöbels bei politischen Versammlungen häufig zurückwies, ein Beweis für sein hohes Verantwortungsbewusstsein. "

Diese Rede Ciceros ist eine der wenigen Enthüllungen über jüdischen Umsturz, die die Verbrennung von Bibliotheken überlebt haben. Der große Konsul von Rom, Cicero, musste seine Stimme senken, um die Juden nicht zu verärgern. Ein römischer Aristokrat, Flaccus, wurde seines Amtes enthoben und zurück nach Rom geschleppt, um sich einer falschen Anklage zu stellen. Und warum? Weil er versucht hatte, das römische Gesetz zum Verbot des jüdischen Goldhandels durchzusetzen. Das Ergebnis dieses Prozesses war, dass Flaccus vom Vorwurf der Unterschlagung freigesprochen wurde, aber das Verbot des Senats für den Goldtransport wurde aufgehoben. Damit hatten die Juden ihr Ziel erreicht, und Flaccus hatte Glück, dass er mit dem Leben davonkam, nachdem er sich ihnen widersetzt hatte.

Angesichts dieser Macht der Juden waren die römischen Aristokraten nicht mehr in der Lage, die Ordnung im Reich aufrechtzuerhalten, und Rom fiel an die Barbaren.

KAPITEL 5

DIE JUDEN UND DAS LEIDEN VON JESUS CHRISTUS

Jetzt, da viele Zivilisationen den Juden zum Opfer gefallen waren, was blieb der Menschheit da noch übrig? Es gab nur eine Antwort, und diese Antwort war und ist Jesus Christus. Es war Christi Mission, eine vollständige geistige Wiedergeburt aller Völker zu bewirken, und nur ein Volk auf der Erde erwies sich als taub für seine Botschaft. Dieses Volk sind die Juden.

Die Propheten der antiken Welt waren sich der zerstörerischen Wirkung der jüdischen Schmarotzergemeinschaften wohl bewusst. Johannes prangerte die Pharisäer als "ein Geschlecht von Schlangen" an (Matthäus III, 17). Jesus nannte die Juden "die Synagoge des Satans" und sagte ihnen, er wisse sehr wohl, dass sie aus dem Teufel geboren seien. Die Passion Jesu Christi ist der größte Moment in der Geschichte der Menschheit. Heute, im Angesicht der Zerstörung der Welt durch die jüdische Bombe, erkennen wir, dass dies der einzige Weg zur Erlösung ist, genau wie vor zweitausend Jahren. Und was ist diese Leidenschaft? Es ist erstens die Bereitschaft im eigenen Herzen, dem Bösen in sich selbst zu entsagen; zweitens, das Böse in anderen zu kritisieren; und drittens, anderen Menschen die Botschaft Jesu Christi so zu bringen, wie er sie in die Welt gebracht hat, unverfälscht durch die Verzerrungen, die jüdische Propagandisten ihr hinzugefügt haben, um ihren eigenen Zwecken zu dienen.

In seiner physischen Gegenwart war Jesus Christus ein blonder, blauäugiger Galiläer, geboren von Josef und Maria. Der

Bibelwissenschaftler Williamson stellt fest, dass die Juden nur einen winzigen Teil der galiläischen Bevölkerung ausmachten und nur selten in der Provinz zu sehen waren. Williamson sagt auch, dass "die Region ganz und gar hellenistisch geprägt war", was bedeutet, dass die Bewohner Galiläas, die Familie und Freunde Jesu, die griechische Kultur bevorzugten und die jüdische Barbarei ablehnten. Jesus sprach mit den Menschen Aramäisch mit einem galiläischen Akzent. All diese Tatsachen sind den christlichen Gelehrten bekannt, und doch bestehen sie darauf, die Menschen mit der schrecklichen jüdischen Lüge und Blasphemie zu verwirren, dass "Christus ein Jude war". Warum tun diese selbsternannten "Christen" das? Solche Männer glauben in Wirklichkeit an nichts, aber sie finden, dass Religion ein gutes Geschäft ist, und dass das Hausieren mit jüdischen Lügen das profitabelste Geschäft von allen ist.

Sie haben sogar ein neues Wort erfunden, um die gesamte westliche Kultur zu beschreiben. Sie nennen sie "jüdisch-christliche" Zivilisation, und kein Wissenschaftler kann heute eine Universitätsstelle erhalten, wenn er nicht Artikel schreibt, die die pluralistische "jüdisch-christliche" Kultur loben.

Was bedeutet die "jüdisch-christliche" Kultur? Es bedeutet zwei diametral entgegengesetzte Kräfte. Es ist so, als würde man "schwarz-weiße" Kultur oder "asiatisch-europäische" Kultur sagen. Und vor allem bedeutet es "böse-gute" Kultur, wobei das Judäische für das Böse steht und das Christliche, das an zweiter Stelle kommt, für das Gute. Dies ist das Codewort, mit dem sich die professionellen jüdischen Propagandisten in unseren Kirchen und Universitäten gegenseitig identifizieren. Sie erwähnen selten, wenn überhaupt, den Namen Jesus Christus, außer in einer spöttischen Bemerkung über einen "zerlumpten Prediger" oder einen "Wanderrevolutionär".

Warum hassen diese selbsternannten Christen Jesus Christus so sehr? Weil er sie kannte und sie für alle Zeiten benannt hat.

Er sagte, Matthäus VI: 24-25,

"Niemand kann zwei Herren dienen; denn entweder wird er den einen hassen und den anderen lieben, oder er wird an dem einen festhalten und den anderen verachten. Ihr könnt nicht Gott dienen und dem Mammon. "

Diese so genannten "christlichen" Geistlichen in ihren Limousinen mit Chauffeur können nur einem Herrn dienen, und sie dienen ihm bereitwillig. Der Name ihres Meisters ist Mammon. Sie erzählen ihren Gemeinden, dass Christus ein Jude war und dass wir in einer jüdisch-christlichen Kultur leben, aber die Worte Jesu Christi kommen ihnen nicht über die Lippen.

Als Jesus beschloss, hinauszugehen und den Juden zu predigen, beeilte sich der Teufel, ihn von seiner Mission abzubringen. Matthäus IV: 8-11,

"Und der Teufel nahm ihn mit auf einen hohen Berg und zeigte ihm alle Reiche der Welt und ihre Herrlichkeit und sprach zu ihm: Das alles will ich dir geben, wenn du niederfällst und mich anbetest. Da spricht Jesus zu ihm: Geh weg, Satan; denn es steht geschrieben: "Du sollst den Herrn, deinen Gott, anbeten, und ihm allein sollst du dienen. Da ließ der Teufel von ihm ab, und siehe, da kamen Engel und dienten ihm. "

Nachdem er den Teufel verschmäht hatte, ging Jesus nun in die Städte und predigte gegen die Synagoge des Satans, die Pharisäer und Schriftgelehrten, die zu den Ältesten von Zion gehörten und deren Leben dem Bösen gewidmet war. Er sagte, Matthäus XXIII: 13,

"Aber wehe euch, Schriftgelehrte und Pharisäer, ihr Heuchler, ihr verschließt das Himmelreich vor den Menschen; denn ihr geht weder *selbst* hinein, noch lasst ihr die, die hineingehen, hineingehen. "

Jesus fuhr mit seiner Kritik an der jüdischen Heuchelei fort und sagte: Matthäus XXIII: 27-28,

"Weh euch, Schriftgelehrte und Pharisäer, ihr Heuchler! Denn ihr seid gleich den übertünchten Gräbern, die zwar äußerlich schön scheinen, inwendig aber voll Totengebeine und aller Unreinigkeit sind. So erscheint ihr auch äußerlich den Menschen gerecht, seid aber innerlich voll Heuchelei und Ungerechtigkeit. "

Als die Ältesten von Zion hörten, dass Jesus diese Worte zu den Menschenmengen predigte, trafen sie sich und planten, ihn zu töten. Johannes VII, 1: "Danach ging Jesus in Galiläa umher; denn er wollte nicht in Judenland umhergehen, weil die Juden ihn zu töten suchten. "Die Juden wollten ihn töten! "Wie kann jemand glauben, dass Christus ein Jude war, nachdem er diese Worte in der Bibel gelesen hat?

Jesus ging in den Tempel der Juden und stieß ihre Geldtische um, denn der Tempel war nur ihre Börse, und ihre Religion war Gold. Sie handelten vor dem Götzen Baal, dem Goldenen Kalb. Jesus ging in den Tempel und predigte zu den Schriftgelehrten und Pharisäern, die über seinen Mut erstaunt waren. Schließlich konnten die Ältesten von Zion das nicht mehr ertragen und schmiedeten im Geheimen einen Plan: Sie wollten beim römischen Herrscher eine Beschwerde einreichen und Jesus hinrichten lassen.

Jesus wusste, dass all dies geschah, und er betete im Garten Gethsemane, als die Soldaten kamen, um ihn abzuholen. Als er vor die Ältesten von Zion gebracht wurde, sagte er: Lukas XXII: 53,

"Als ich täglich bei euch im Tempel war, habt ihr nicht die Hand gegen mich ausgestreckt; dies aber ist eure Stunde und die Macht der Finsternis. "

Mit diesen Worten beginnt die Passion Jesu Christi, die größten Momente in der Seele des Menschen. *Dies ist eure Stunde und die Macht der Finsternis,* sagte er zu den Juden, und so kann jeder von uns in dieser schrecklichen Zeit der Krise und der jüdischen Macht sagen: Dies ist eure Stunde und die Macht der Finsternis. Aber das Licht Christi wird wieder aufleuchten, und die Finsternis wird vergehen.

Jesus wurde dreimal verurteilt, weil es in Palästina drei weltliche Mächte gab. Obwohl die Römer über König Herodes, den Kastein auf Seite 114 als "eine bestialische und tragische jüdische Halbkaste" beschreibt, und über einen römischen Statthalter, Pontius Pilatus, herrschten, wurde die wahre Macht in Palästina von zwei rivalisierenden Gruppen jüdischer Rabbiner ausgeübt. Die eine Gruppe, angeführt von Ananias, wurde von den Römern unterstützt, die andere, angeführt von Kaiphas, von den Juden. Jesus wurde vor beide Gruppen gestellt, damit sowohl die Römer als auch die Juden zufrieden waren.

Das Neue Testament beschreibt das Erscheinen Jesu vor Kaiphas, dem Oberhaupt des jüdischen Sanhedrins oder Priestergerichts. Markus XIV:56,

"Und die Hohenpriester und der ganze Rat suchten Zeugen gegen Jesus, um ihn zu töten, und fanden keine. Denn viele legten falsches Zeugnis gegen ihn ab, aber ihr Zeugnis stimmte nicht überein."

Die Juden waren so phantastische Lügner, dass sich ihre Lügen gegenseitig widersprachen, so dass keiner von ihnen als Zeuge in Frage kam. Daher beschlossen die jüdischen Ältesten von Zion, Jesus zu überreden, gegen sich selbst zu zeugen. Markus XIV: 61-65,

"Wiederum fragte ihn der Hohepriester und sprach zu ihm: Bist du der Christus, der Sohn des Gesegneten? Und Jesus sprach: Ich bin's; und ihr werdet sehen des Menschen Sohn sitzen zur Rechten der Kraft und kommen in den Wolken des Himmels. Da zerriß der Hohepriester seine Kleider und sprach: Was bedürfen wir noch weiterer Zeugen? Ihr habt die Lästerung gehört; was meint ihr? Und sie verdammten ihn alle des Todes schuldig. Und einige fingen an, ihn zu bespucken und sein Angesicht zu verhüllen und ihn zu schlagen und zu ihm zu sagen: Weissage! und die Diener schlugen ihn mit den Händen.

So sehen wir, wie die Juden Christus anspucken und verhöhnen, weil sie überglücklich sind, dass sie ihn nun töten lassen können. Als er vor Pontius Pilatus angeklagt wurde - eine Formalität, da die Verfahren des jüdischen Gerichts keine Rechtskraft besaßen -, ignorierte Pilatus die ersten beiden Anklagen, die Aufwiegelung des Volkes und das Verbot, dem Cäsar Tribut zu zahlen. Die dritte Anklage, Christus habe sich als König ausgegeben, hielt er für unbedenklich, da Christus keinen Anspruch auf das Königtum im römischen Sinne erhoben habe. Daher befand er Christus für unschuldig, aber um sich nicht den Zorn der jüdischen Führer zuzuziehen, schickte er seinen Gefangenen zu Herodes. Herodes schickte ihn zurück, und Pilatus erklärte Jesus zum dritten Mal für unschuldig und wusch seine Hände in Unschuld. Die Juden verlangten, dass Christus gekreuzigt werden sollte, und Pilatus war gezwungen, ihren Forderungen nachzugeben. Diese Szene ist in Matthäus XXVII: 20 26 beschrieben,

"Aber die Hohenpriester und die Ältesten überredeten die Menge, dass sie Barabbas fordern und Jesus töten sollten. Der Landpfleger antwortete und sprach zu ihnen: Welchen von beiden wollt ihr, dass ich euch freilasse? Sie sprachen: Barabbas. Pilatus spricht zu ihnen: Was soll ich mit Jesus, der Christus genannt wird, tun? *Sie sprachen alle* zu ihm: Laßt ihn kreuzigen! Der Landpfleger aber sprach: Was hat er denn Böses getan? Aber sie schrien noch mehr und sagten: Lasst ihn kreuzigen! Als Pilatus sah, dass er nichts ausrichten konnte, sondern *dass* vielmehr ein Getümmel entstand, nahm er Wasser und wusch *seine* Hände vor dem Volk und sprach: Ich bin unschuldig an dem Blut dieses Gerechten; seht *zu.* Da antwortete das ganze Volk und sprach: Sein Blut *komme* über uns und über unsere Kinder. Da gab er ihnen Barabbas frei; und als er Jesus gegeißelt hatte, übergab er *ihn*, um ihn zu kreuzigen. "

Die schreiende Menge der Juden, angestachelt von den Ältesten von Zion, war entschlossen, dass Jesus sterben sollte, obwohl er unschuldig war. Und die Juden übernahmen gerne die Blutschuld an der Kreuzigung Christi. Obwohl die Juden in den letzten Jahren Millionen von Dollar ausgegeben haben, um christliche Führer zu bestechen, die Bibel als Lüge zu bezeichnen und sich für dreißig Silberstücke zu verkaufen, bleiben diese Worte wahr. Es ist eine traurige Tatsache, dass ein großer Teil der christlichen Kirche heute in die Hände dieser modernen Juden gefallen ist.

Nach der Kreuzigung, als Jesus auferstanden war, taten die Juden auch alles, um zu leugnen, dass er auferstanden war. Matthäus XXVIII: 11-16,

"Als sie aber hingingen, siehe, da kamen einige von der Wache in die Stadt und verkündeten den Hohenpriestern alles, was geschehen war. Und als sie mit den Ältesten versammelt waren und sich beraten hatten, gaben sie den Kriegsknechten viel Geld und sprachen: Sagt: Seine Jünger sind bei Nacht gekommen und haben ihn gestohlen, als wir schliefen. Und wenn das dem Landpfleger zu Ohren kommt, so wollen wir ihn überreden und euch sichern. Da nahmen sie das Geld und taten, wie sie gelehrt worden waren; und dieser Ausspruch ist unter den Juden bis auf den heutigen Tag allgemein bekannt. "

In Schaffs Commentaries on the New Testament, einem Standardwerk, Scribner's, 1879, heißt es zu dieser Stelle,

"Hatte sich beraten" bezieht sich auf eine Sitzung des Sanhedrins, um diese alarmierende Entwicklung zu besprechen. "gab viel Geld", d.h. mehr als sie Judas für den Verrat an Christus bezahlt hatten. Dies ist der tiefste Punkt ihrer (der Juden) Bosheit. "

Schaff weist auch darauf hin, dass die Soldaten ein Todesurteil riskierten, wenn sie erklärten, sie hätten auf ihrem Posten geschlafen. Um diese Gefahr auszugleichen, versprachen die Juden, Pilatus zu bestechen, falls er versuchen sollte, die Sache zu klären.

Nach der Auferstehung setzten die Juden ihr böses Werk fort, aber die Vergeltung ließ nicht lange auf sich warten. Jüdische Banditen überfielen einen Sklaven Caesars auf der Hauptstraße, etwa elf Meilen von Jerusalem entfernt, und raubten ihm sein gesamtes Gepäck. Die Römer beschlossen, diesem Banditentum ein Ende zu setzen, und begannen einen Feldzug gegen die Juden, der mit der Zerstörung des Tempels durch Titus im Jahr 70 n. Chr. endete. Josephus beschreibt die Juden jener Zeit in seinem Buch *Der jüdische Krieg*,

> "Auf der einen Seite stand eine kleine Minderheit von Revolutionären, Aufständischen, Banditen und Mördern, angeführt von niederträchtigen Tyrannen und skrupellosen Gangstern, auf der anderen Seite die Grundbesitzer und das Bürgertum."

So waren die Juden zur Zeit Jesu, Banditen und Mörder, angeführt von skrupellosen Gangstern. Josephus behauptet, dass der jüdische Krieg als Bürgerkrieg unter den Juden begann und dass die Römer, die versuchten, die Ordnung wiederherzustellen, dies für unmöglich hielten und sie alle auslöschen mussten. Als Agrippas Palast von den Banditen niedergebrannt wurde und alle Steuerunterlagen vernichtet waren, gab der römische Kaiser den Befehl, die Juden in Palästina zu vernichten.

KAPITEL 6

JUDEN UND RITUALMORD

Zeit den Anfängen der Zivilisation war der Blutritus, bei dem menschliches Blut aus dem Körper eines noch lebenden Opfers getrunken wird, vielen Stämmen bekannt. Doch nur ein Volk, das nie über die Steinzeit hinausgekommen ist, hat den Blutritus und den Ritualmord weiterhin praktiziert. Dieses Volk sind die Juden. Wir haben bereits festgestellt, dass Arnold Toynbee, ein bekannter Gelehrter, die Juden als "ein fossiles Volk" bezeichnet hat. Dabei muss er sich der Tatsache bewusst gewesen sein, dass sie immer noch Ritualmord und das Trinken von Menschenblut praktizieren. Als Gelehrter konnte er nicht umhin, die vielen bezeugten Vorfälle dieser Praxis der Juden zur Kenntnis zu nehmen, denn Hunderte von Beispielen für Ritualmord durch die Juden werden in offiziellen katholischen Büchern, in jeder europäischen Literatur und in den Gerichtsakten aller europäischen Nationen angeführt.

Es ist der offizielle Historiker der Juden, Kastein, der in seiner *"Geschichte der Juden"* den eigentlichen Grund für diesen barbarischen Brauch nennt. Auf Seite 173 sagt er,

"Nach der urjüdischen Auffassung war das Blut der Sitz der Seele."

Nach Ansicht der steinzeitlichen Juden war also nicht das Herz der Sitz der Seele, sondern das Blut selbst. Sie glaubten, dass sie durch das Trinken des Blutes eines christlichen Opfers, das in jeder Hinsicht perfekt war, ihre körperlichen Unzulänglichkeiten überwinden und so mächtig werden könnten wie die intelligenten zivilisierten Wesen, unter denen sie ihre parasitären Gemeinschaften gebildet hatten. Aufgrund dieses Glaubens ist bekannt, dass die Juden seit ihrem ersten Auftreten in der Geschichte Blut getrunken haben. Zivilisierte Menschen finden diese Praxis so abscheulich, dass sie sie nicht glauben können, trotz der Hunderte von Seiten an Beweisen gegen die Juden, die in Gerichtsakten zu finden sind. Historische Aufzeichnungen aus fünftausend Jahren haben unwiderlegbare Beweise für die Blutschuld der Juden geliefert.

Als andere Völker zivilisierter wurden, wurde der Blutritus zu einem symbolischen Ritus, bei dem eine symbolische Form von Blut, in der Regel Wein, getrunken wurde, während die barbarische Praxis des Tötens eines Opfers ganz aufgegeben wurde. Nur eine Gruppe, der jüdische Kult, hat den Blutritus in der Neuzeit weiter praktiziert. Autoritäten auf dem Gebiet des Blutrituals, wie der bekannte katholische Gelehrte James D. Bulger, erklären, dass die Juden das Bluttrinkritual praktizieren, weil sie ein parasitäres Volk sind, das am Blut des nichtjüdischen Wirts teilhaben muss, wenn es weiter überleben will. Bulger erklärt auch, dass das Bluttrinken ein Ritus der schwarzen Magie ist, der es den jüdischen Rabbinern ermöglicht, die Zukunft vorherzusagen, wenn das Blut ihres nichtjüdischen Opfers durch ihre Adern fließt.

Daher werben die jüdischen Führer von Zeit zu Zeit ein nichtjüdisches Kind an, das vorzugsweise männlich und zwischen sechs und acht Jahre alt ist. Nach dem jüdischen Ritual muss das nichtjüdische Kind perfekt geformt, intelligent und ohne Makel sein. Es muss auch jünger als das Alter der Pubertät sein, denn die Juden glauben, dass das Blut nach Beginn der Pubertät unrein wird. Wenn das Kind in die Synagoge oder, wenn die Juden unter Beobachtung stehen, in einen geheimeren Versammlungsort gelockt wird, wird das entführte Kind auf einen Tisch gebunden, ausgezogen und sein Körper mit scharfen rituellen Messern an denselben Stellen durchbohrt, an denen die Nägel in den Körper Christi am Kreuz eingedrungen sind.

Während das Blut in Becher geleert wird, erheben die jüdischen Führer die Becher und trinken daraus, während das nichtjüdische Kind in einer Atmosphäre des ungelösten Schreckens langsam stirbt. Die Juden rufen Flüche auf Christus und alle Nichtjuden herab und feiern ihren symbolischen Sieg über die Nichtjuden, während sie weiterhin das Blut des sterbenden Kindes trinken. Nur durch die Durchführung dieses Ritus, so glauben die Juden, können sie weiterhin überleben und inmitten der nichtjüdischen Schar gedeihen.

Obwohl alle Juden den Blutritus und seine Bedeutung für den jüdischen Kult kennen, ist es nur den wichtigsten jüdischen Führern, den Rabbinern und den wohlhabendsten Mitgliedern der jüdischen Gemeinschaft, erlaubt, am Bluttrinkritual teilzunehmen. Kastein erklärt auf Seite. 173, dass es den gewöhnlichen Juden verboten ist, an dem Ritus teilzunehmen. Ein Grund dafür ist die Tatsache, dass die Praxis des Ritualmordes für die gesamte jüdische Gemeinschaft mit Gefahren verbunden ist. Die meisten Aufstände gegen die Juden in den letzten zweitausend Jahren rührten von der Entdeckung dieser Praxis und den daraus resultierenden Versuchen der Nichtjuden her, die Juden für die Ermordung nichtjüdischer Kinder zu bestrafen.

Der Hauptgrund dafür, dass dieses Verbrechen so oft aufgedeckt wird, ist, dass der nackte, durchbohrte Körper des nichtjüdischen Kindes, nachdem das Blut abgelassen wurde, auf einen Müllhaufen geworfen werden muss. Der jüdische Ritus verbietet es, die Leiche zu begraben, auch wenn dadurch alle Beweise für das Verbrechen verschwinden würden. Der Talmud, das heilige Buch der Juden, definiert alle Nichtjuden als Bestien, und nach jüdischem Recht ist die Bestattung von Bestien verboten. Daher versuchen die Juden, ihr Verbrechen zu verbergen, indem sie die Leiche des ermordeten Kindes in einen verlassenen Brunnen werfen, wo sie nicht entdeckt werden kann, oder indem sie sie auf eine Weise verstecken, die nicht als Bestattung gilt. In vielen Fällen wird die Leiche entdeckt, und dann werden die Juden entweder von den Nichtjuden angegriffen, oder sie geben Tausende von Dollar aus, um Zeugen und Beamte zu bestechen und zu versuchen, einen Nichtjuden als "Sexualmörder" hinzustellen. Die Bestechung und

Einschüchterung von Beamten und Zeitungsleuten ist immer der erste Schritt in dieser Kampagne. In den Vereinigten Staaten, wo viele von ihnen Juden sind, ist keine Bestechung notwendig, da jeder Jude weiß, dass es seine erste Pflicht ist, die Beweise für Ritualmord zu verbergen. Es ist auch üblich, dass die Juden die Eltern des ermordeten Kindes mit einer hohen Geldsumme entschädigen, was in vielen Fällen dazu führt, dass sie keine Anzeige erstatten.

Es gibt so viele tausend gut belegte Beispiele für jüdische Kindermorde, dass wir nur einige wenige anführen müssen. In "Excavations at Gezer" (Ausgrabungen in Gezer) stellt der Archäologe R. A. S. Macalister fest, dass die Leichen von geopferten kleinen Kindern in jeder Schicht jüdischer Überreste aus frühester Zeit gefunden werden. Fotos der Kinderleichen sind in Macalisters Buch veröffentlicht, obwohl das Buch selbst, wie die meisten Werke, die die verbrecherische Natur der Juden belegen, heute kaum noch zu bekommen ist. Es ist als seltenes Buch eingestuft, und die meisten Händler seltener Bücher sind Juden.

In der Bibel, Jesaja LVII, 3-5 sagt der Prophet,

"Aber kommt herbei, ihr Söhne der Zauberin, ihr Samen des Ehebrechers und der Hure. Gegen wen macht ihr euch lustig? Gegen wen macht ihr einen weiten Mund und streckt die Zunge heraus? Seid ihr nicht Kinder des Frevels, ein Same der Falschheit? Die ihr euch unter jedem grünen Baum mit Götzen vergnügt und die Kinder in den Tälern unter den Klüften der Felsen erschlägt?"

Mit der Formulierung "ihr Söhne der Zauberin" macht Jesaja darauf aufmerksam, dass der jüdische Ritualmord ein schwarzmagischer Ritus ist.

Es ist üblich, dass der Rabbiner beim Bluttrinken die Anwesenheit Satans beschwört, der dann vermutlich die Wünsche der Juden erfüllen wird. Die Bluttrinker schwören dem Satan während des Blutrituals ewigen Gehorsam.

Jesaja macht auch darauf aufmerksam, dass die Kinder hier "unter einer Felsspalte" erschlagen werden. Dies bezieht sich auf das jüdische Verbot, das getötete nichtjüdische Kind zu begraben, und darauf, den Leichnam in den Felsen zu verstecken, in der Hoffnung, dass die Nichtjuden ihr Verbrechen nicht entdecken.

In der Cyclopaedia of Biblical Literature, veröffentlicht 1895, sagt Rev. J. Kitto über die Juden,

"Ihre Altäre rauchten mit Menschenblut von der Zeit Abrahams bis zum Untergang der Königreiche Juda und Israel.

In der Jüdischen Enzyklopädie, Band VIII, Seite 653, veröffentlicht im Jahr 1904, heißt es,

"Die Tatsache, die heute von den kritischen Gelehrten allgemein anerkannt wird, ist, dass in den letzten Tagen des Königreichs Jhwh (Jahu oder Jehova) als König oder Ratgeber der Nation Menschenopfer dargebracht wurden und dass die Propheten dies missbilligten. "

Jahu ist auch austauschbar mit Baal, dem goldenen Götzen, und Satan, von dem man annimmt, dass er ein Nebengott der Juden und ein Werkzeug Baals war. Die beiden Themen der jüdischen Geschichte sind Blut und Gold, und jede Praxis der Juden ist untrennbar mit diesen beiden Faktoren verbunden.

Jesus prangerte die Juden als Ritualmörder an und setzte sich auch dafür ein, kleine Kinder vor ihnen zu schützen. "Lasset die Kindlein zu mir kommen", um sie vor den Juden zu retten. Er sagt auch, St. Johannes VIII: ",

"Ihr seid von eurem Vater, dem Teufel, und die Begierden eures Vaters werdet ihr tun; er war ein Mörder von Anfang an. "

Diese Passage bezieht sich auf die Blutgier des Satans und der Juden. Wie in der gesamten jüdischen Geschichte üblich, beschließen die Juden, wann immer ein Nichtjude sie wegen ihrer Ritualmordpraxis kritisiert, ihn offiziell zu töten, und in Abänderung dieser Anschuldigung trafen sich die Eider vom Zion und beschlossen, Jesus zu kreuzigen.

Bei den Juden selbst ist der Blutritus ein fester Bestandteil der Zeremonie der Beschneidung jüdischer Männer. Laut der Jüdischen Enzyklopädie, Band VI, Seite 99, nimmt der Mohel oder Beschneider bei der Durchführung der Beschneidung "etwas Wein in den Mund und setzt seine Lippen auf den Teil, der von der Operation betroffen ist, und übt einen Sog aus, wonach er die Mischung aus Wein und Blut in ein dafür vorgesehenes Gefäß ausstößt."

Was uns die jüdische Enzyklopädie nicht sagt, ist, dass diese Mischung aus Wein und Blut anschließend vom Rabbi als große Delikatesse getrunken wird. Kein anderes Volk auf der Welt vollzieht heute einen solch seltsamen Blutritus, außer vielleicht einige steinzeitliche Eingeborene in den tiefsten Dschungeln des Kongo oder Neuguineas.

Der Zusammenhang zwischen jüdischen Ritualmorden und der Ausübung schwarzer Magie wird von Bernard Lazare angesprochen. Der Jude Bernard Lazare schrieb in Frankreich ein Buch mit dem Titel "Antisemitismus", in dem er versucht, dieses Phänomen zu untersuchen. In der Ausgabe von 1934, Band II, Seite 215, sagt er über Ritualmord,

"Zu diesem allgemeinen Glauben gesellt sich der oft berechtigte Verdacht gegen die Juden, die magischen Praktiken anhängen. Tatsächlich wurde der Jude im Mittelalter vom Volk als der Magier *schlechthin* angesehen; man findet im Talmud viele Formeln des Exorzismus, und die talmudische und kabbalistische Dämonologie ist sehr kompliziert. Nun weiß man, welche Stellung das Blut bei der Zauberei immer einnimmt. In der chaldäischen Magie hatte es eine sehr große Bedeutung... Nun ist es sehr wahrscheinlich, ja sogar sicher, dass jüdische Magier Kinder geopfert haben müssen; daher der Ursprung der Legende von den rituellen Opfern. "

So versucht Lazare, die Juden vom Vorwurf des Ritualmordes freizusprechen, indem er sagt, dass sie zwar schuldig waren, aber dass dies aus Motiven der Zauberei geschah und nicht als Schlüsselelement der jüdischen Religionsausübung. Offenbar hat er die Bibel nicht gelesen und auch nicht zur Kenntnis genommen, dass Jesaja die Juden als Zauberer und Kindermörder anprangert. Natürlich töteten die Juden bei ihren Zaubereiritualen Kinder, wie Lazare zugibt, aber diese Gräueltaten wurden als wesentliche Rituale der jüdischen Religion begangen.

Dr. Eric Bischoff, ein berühmter deutscher Gelehrter, hat die ausdrückliche Genehmigung der Praxis des jüdischen Ritualmordes im *Thikunne Zohar*, Edition Berdiwetsch, 88b, einem Buch des kabbalistischen Rituals, wie folgt gefunden,

"Außerdem gibt es ein Gebot, das sich auf die Tötung von Fremden bezieht, die wie Tiere sind. Diese Tötung muss nach der gesetzlichen (jüdischen) Methode erfolgen. Diejenigen, die sich nicht an das jüdische Religionsgesetz halten, müssen dem Hohen Gott als Opfer dargebracht werden. "

Die Ermordung christlicher Kinder durch die Juden erfolgt in der Regel an den wichtigen Festtagen Purim, einen Monat vor Ostern, und Pessach, an Ostern. Das jüdische Gesetz schreibt vor, dass das nichtjüdische Opfer an Purim, einem jüdischen Feiertag, der in einem früheren Kapitel als der jüdische Sieg über die Nichtjuden beschrieben wurde, ein Erwachsener sein darf. Auch wenn kein nichtjüdisches Opfer gefunden werden kann, darf getrocknetes Blut eines früheren Opfers verwendet werden. Das jüdische Gesetz schreibt jedoch ausdrücklich vor, dass das Opfer an Pessach ein weißes Kind unter sieben Jahren sein muss, das ausgeblutet, mit einer Dornenkrone gekrönt, gefoltert, geschlagen und erstochen werden muss und dem schließlich der letzte Schlag versetzt wird, indem es in der Seite verwundet wird, wobei der Dolch in den Bändern eines Rabbiners stecken muss, in einer vollständigen Nachstellung der Kreuzigung Christi. Diese rachsüchtige Zeremonie gibt den Juden die Gewissheit, dass, selbst wenn einige Nichtjuden auf das Wesen dieses Volkes aufmerksam werden, da Christus gegen sie gesprochen hat, die Juden immer siegen werden, indem sie den Kritiker ermorden. Folglich werden viele Kritiker der Juden in diesen schrecklichen Zeremonien getötet. In den Vereinigten Staaten war das vielleicht berühmteste Opfer eines jüdischen Ritualmordes der Sohn von Charles Lindbergh, der am 1. März 1932 während der jährlichen jüdischen Feierlichkeiten ermordet wurde.

Lindberghs Sohn wurde ausgewählt, weil Lindbergh selbst die logischste Person war, um die Nichtjuden gegen die Juden anzuführen. Sein Sohn wurde ermordet, um ihn zu warnen, diesen Dienst abzulehnen. Lindberghs Vater, ein Kongressabgeordneter, hatte den Kampf gegen Paul Warburg von Kuhn, Loeb Co. angeführt, als es Warburg gelang, einen unterwürfigen Kongress zur Verabschiedung des Federal Reserve Act zu bewegen. Der ältere Lindbergh hatte ein Buch veröffentlicht, das während des Ersten Weltkriegs von Bundesagenten verbrannt wurde, obwohl er zu dieser Zeit Kongressabgeordneter war. Er war sich der Natur des jüdischen Problems durchaus bewusst. Jetzt, da sein Sohn nach seinem Kunststück, allein über den Atlantik zu fliegen, weltberühmt war, befürchteten die Juden, dass er dazu gebracht werden könnte, eine nichtjüdische Revolte gegen ihre Macht anzuführen. Sie planten bereits den Zweiten Weltkrieg, in dem Deutschland das Opfer sein sollte, und nun brachten sie einen fast analphabetischen Deutschen, Gerhart Hauptmann, ins Spiel und überführten ihn des Mordes. Symbolischerweise war Hauptmann wie Christus auch Zimmermann, ein Beruf, der ihn für die Juden zu einem logischen Opfer machte. Hauptmann verteidigte sich damit, dass ein Jude namens Isidor Fisch ihn mit Zimmermannsarbeiten beauftragt und ihn mit den Scheinen bezahlt hatte, die nachweislich aus dem Lösegeld für Lindbergh stammten. Obwohl die Existenz von Fisch bewiesen war, konnte er während des Prozesses nicht ausfindig gemacht werden. Dieses Gericht war wie das, das Jesus verurteilt hatte, denn es akzeptierte nur Beweise, die die Juden vorlegen durften. In Wirklichkeit kann man natürlich nichts glauben, was vor einem amerikanischen Gericht als Beweis akzeptiert wird, weil die Juden Beweise fabrizieren können und weil jüdische Anwälte und Richter in allen amerikanischen Gerichtssälen vorherrschen.

Obwohl man Tausende von Seiten anführen könnte, die berühmte Ritualmorde an Kindern durch die Juden belegen, wollen wir nur zwei erwähnen. In Lincoln, England, steht eine der prächtigsten gotischen Kathedralen der Welt, deren hoch aufragende Bögen ein Wunderwerk der Technik und Kunst sind. Touristen erfahren, dass die Kathedrale zum Gedenken an ein Kind aus der Gegend namens Hugh of Lincoln erbaut wurde, aber sie erfahren nicht, warum oder von wem er gemartert wurde. Die Geschichte ist jedoch sehr bekannt und wurde von vielen bedeutenden Schriftstellern erzählt, darunter der große Dichter Chaucer, der die Geschichte von Hugh O'Lincoln in seinem Gedicht The Prioress' Tale erzählte.

Der heilige Hugo wurde im Jahr 1255 von den Juden in Lincoln ermordet, und die Stadtbewohner beschlossen, eine große Kathedrale zu errichten, die allen nichtjüdischen Eltern als Warnung dienen sollte, ihre Kinder vor den Juden zu schützen. Die Leiche von Hugh war in einem Brunnen auf dem Grundstück eines Juden namens Copinus gefunden worden. König Heinrich III. selbst leitete die Untersuchung, was ein Beweis für ihre Fairness war. Er weigerte sich, Copinus Gnade zu gewähren, nachdem die Beweise gegen ihn gesammelt worden waren, und Copinus wurde hingerichtet, aber die anderen an der Tat beteiligten Juden entgingen der Strafe. Den Touristen wird heute gesagt, dass es ein solches Kind wie Hugh nie gegeben hat, und die Geschichte wurde aus den Reiseführern über die Kathedrale gestrichen.

Auch viele Englischprofessoren haben Chaucer aus ihren Lehrveranstaltungen gestrichen, weil er dieses jüdische Verbrechen aufgedeckt hat.

Viele andere europäische Kirchen wurden zum Gedenken an die Opfer des jüdischen Ritualmordes errichtet, etwa vierhundert allein in Europa. Viele dieser Kinder wurden aufgrund ihrer Leiden durch die Juden zu Heiligen erhoben. Einer von ihnen war der heilige Simon von Trient. Wir zitieren seine Geschichte aus einem offiziellen katholischen Kirchenbuch, Pater Alban Butlers *Lives of the Saints,*

"Im Jahr 1472, als die Juden von Trient am Dienstag der Karwoche in ihrer Synagoge zusammenkamen, um über die Vorbereitungen für das bevorstehende Pessachfest zu beraten, das in diesem Jahr auf den darauffolgenden Donnerstag fiel, kamen sie zu dem Entschluss, ihrem unverbesserlichen Hass auf den christlichen Namen am darauffolgenden Freitag, dem Karfreitag, ein christliches Kind zu opfern. Ein jüdischer Arzt unternahm es, ein solches Kind für diesen schrecklichen Zweck zu beschaffen. Und während die Christen am Mittwochabend das Amt des Tenebrae ausübten, fand er ein Kind namens Simon, etwa zwei Jahre alt, das er durch Liebkosungen und das Zeigen eines Geldstücks aus der Tür eines Hauses lockte, dessen Herr und Herrin in die Kirche gegangen waren, und trug es fort. Am Donnerstagabend schlossen sich die wichtigsten Juden in einer an ihre Synagoge angrenzenden Kammer ein und begannen *um Mitternacht mit dem* grausamen Gemetzel an diesem unschuldigen Opfer. (Anm. d. Red.: Sagte nicht Christus zu den Juden: "Dies ist eure Stunde und die Macht der Finsternis"). Nachdem sie ihm den Mund mit einer Schürze verschlossen hatten, damit er nicht schreien konnte, machten sie mehrere Einschnitte in seinen Körper und sammelten sein Blut in einem Becken. Währenddessen hielten die einen seine Arme in Form eines Kreuzes, die anderen seine Beine. Als das Kind halb tot war, hoben sie es auf seine Füße, und während zwei von ihnen es an den Armen festhielten, durchbohrten die anderen seinen Körper von allen Seiten mit ihren Ahlen und Fellen. Als sie sahen, dass das Kind tot war, sangen sie um es herum: "So haben wir auch Jesus, den Gott der Christen, behandelt; so mögen unsere Feinde für immer verflucht sein. Die Richter und die Eltern suchten das verlorene Kind, und die Juden versteckten es zuerst in einer Scheune mit Heu, dann in einem Keller und warfen es schließlich in einen Fluss. Aber Gott vereitelte alle ihre Bemühungen, die Entdeckung der Tatsache zu verhindern, die ihnen mit ihren verschiedenen Umständen nachgewiesen wurde, und sie wurden hingerichtet, wobei die Hauptakteure der Tragödie auf dem Rad zerbrochen und verbrannt wurden. Die Synagoge wurde zerstört und eine Kapelle an der Stelle errichtet, an der das Kind den Märtyrertod erlitt. Gott ehrte dieses unschuldige Opfer mit vielen Wundern. Die Reliquien liegen in einem prächtigen Grab in der Kirche St. Peter in Trient, und der Name wird im Martyrologium erwähnt. "

Während dieser Zeremonie identifizieren die Juden Christus als den Gott der Christen; sie beanspruchen ihn nicht als Juden, wie es so viele unserer sogenannten christlichen Religionsführer tun. Außerdem konnten sie den Leichnam nicht verstecken und ihr Verbrechen verheimlichen, denn der Talmud verbietet die Bestattung eines nichtjüdischen "Tieres". Wie in vielen solchen Fällen von Ritualmord holte sich ein jüdischer Arzt das nichtjüdische Opfer, denn jüdische Ärzte haben viele Möglichkeiten, nichtjüdische Kinder zu stehlen. In den Vereinigten Staaten gibt es heute viele jüdische Krankenhäuser, die jüdischen Ärzten und Krankenschwestern gehören und von ihnen betrieben werden. Eltern, die ihre Kinder wegen kleinerer Beschwerden in diese Einrichtungen bringen, sind fassungslos, wenn sie einen oder zwei Tage später erfahren, dass das Kind plötzlich verstorben ist. In vielen dieser Fälle wurde das Kind in eine Synagoge gebracht und nach dem vorgeschriebenen Ritual ermordet. Die blutleere Leiche des Opfers wird dann den Eltern ausgehändigt. Dieses Vorgehen entspricht auch dem jüdischen Verbot, einen Nichtjuden zu bestatten, denn die Juden überlassen die Bestattung einfach den Eltern.

Amerikanische Eltern sollten daher vermeiden, ihre Kinder in Anwesenheit eines jüdischen Arztes unbewacht zu lassen oder das Kind in einem von Juden geführten Krankenhaus unterzubringen. Jeder Elternteil sollte es sich zweimal überlegen, ob er sein hilfloses Kind einem Volk überlässt, das seit fünftausend Jahren Kinder unter so schrecklichen Umständen ermordet. Und jedes Elternteil sollte in der Lage sein, sich das Grauen vorzustellen, wenn der hübsche, perfekt geformte Körper des Kindes, dem sie so viel Liebe geschenkt haben, ausgezogen und als Clown auf einen Tisch gelegt wird, während Juden, deren Augen von Blutrünstigkeit und Hass auf die Nichtjuden erfüllt sind, sich um das Kind scharen und sein Fleisch durchstechen und sein Blut trinken und den Namen Jesu Christi verfluchen. Kann ein Elternteil wirklich wünschen, sein Kind einer solchen Gefahr auszusetzen und es unter solch schrecklichen Umständen sterben zu lassen?

In den Vereinigten Staaten konnten Juden ungestraft Ritualmorde an nichtjüdischen Kindern begehen, weil sie die Presse kontrollieren und weil sie so viele hohe öffentliche Ämter innehaben. Ein führender Polizeibeamter schätzt, dass in den Vereinigten Staaten jedes Jahr viertausend Kinder verschwinden. Es steht außer Frage, dass die meisten von ihnen Opfer von jüdischen Ritualmorden sind. Dieser Brauch ist in diesem Land so weit verbreitet, dass die Juden große Mengen von Kinderblut nach Israel verschiffen können, um es dort für ihre Zeremonien zu verwenden. Eines der Probleme des jüdischen Heimatlandes in Israel war der Mangel an nichtjüdischen Kindern, die für die rituellen Zeremonien verwendet werden konnten, und die Vereinigten Staaten, die auch das meiste Geld nach Israel geliefert haben, haben auch einen Großteil des benötigten Kinderblutes bereitgestellt.

Da die meisten dieser Kinder aus armen Familien entführt werden, wird ihr Verschwinden in der Presse nie erwähnt. Nur in seltenen Fällen wagen es die Juden, das Kind einer bekannten Persönlichkeit des öffentlichen Lebens zu entführen, wie im Fall Lindbergh, und dann geschieht dies zu einem bestimmten politischen Zweck und als Teil einer größeren Politik.

Wegen des Entsetzens, das die jüdische Gemeinschaft befällt, wenn die Leiche eines nichtjüdischen Kindes rituell ermordet aufgefunden wird, und wegen des öffentlichen Aufschreis der Nichtjuden haben viele Nichtjuden Ruhm und plötzliches Glück gefunden, indem sie sich in diesen Fällen mit den Juden verbündeten. Typisch war der Fall von Jan Masaryk, dem Präsidenten der Tschechoslowakei. Masaryk war ein unbekannter Anwalt, als 1899 in Böhmen die Leiche von Agnez Hruza gefunden wurde. Ein Jude namens Hilsner gestand den Mord und belastete zwei weitere Juden. Dennoch wurde ein neuer Prozess angeordnet. Dr. Bua, der Anwalt der Mutter des ermordeten Mädchens, der sich um Gerechtigkeit in diesem Fall bemühte, hielt am 28. Dezember 1899 im böhmischen Landtag eine Rede, in der er die Regierung beschuldigte, in diesem Fall den Juden gegenüber extreme Parteilichkeit gezeigt zu haben. Es wurde eine zweite Leiche gefunden, die von Maria Klima, die ebenfalls mit einem Ritualmesser ermordet worden war, das in Hilsners Besitz gefunden wurde.

Hilsners Verteidiger in diesem Prozess war Jan Masaryk. Auf der Friedenskonferenz von Versailles, zwanzig Jahre später, zeigten die Juden ihre Dankbarkeit, indem sie eine neue Nation, die Tschechoslowakei, gründeten und Masaryk zum Präsidenten ernannten, mit dem Titel "Gründer der Tschechoslowakei". Zeit seines Lebens war Masaryk ein eifriges und williges Werkzeug der jüdischen Führer.

In den Vereinigten Staaten haben viele Nichtjuden plötzlich große Geldsummen für Wahlkampfzwecke zur Verfügung, nachdem sie dazu beigetragen haben, einen neuen Skandal um jüdische Ritualmorde zu vertuschen. Der Weg zum Gouverneurssitz, zum Senat und zum Weißen Haus wird auf magische Weise erleichtert, wenn der Kandidat beweist, dass er bereit ist, die Juden bei ihren Morden an nichtjüdischen Kindern zu decken.

Der Direktor des Federal Bureau of Investigation, J. Edgar Hoover, führt jedes Jahr eine Panikkampagne durch, in der er die Kinder in den Vereinigten Staaten davor warnt, mit Fremden zu sprechen oder in ein fremdes Auto einzusteigen. Es ist nicht allgemein bekannt, dass Hoover dies tun muss, weil jüdische Ritualmorde weit verbreitet sind. Hoovers Kampagne richtet sich angeblich gegen Kinderschänder, obwohl im ganzen Land jährlich nur ein Dutzend solcher Fälle gemeldet werden.

Der wahre Grund für Hoovers Kampagne ist, dass die jüdischen Führer die Rücksichtslosigkeit einiger kleinerer Juden fürchten, die versuchen, nichtjüdische Kinder zu rituellen Zwecken zu entführen, ohne ihre Spuren zu verwischen. Deshalb gibt J. Edgar Hoover jährlich Hunderttausende von Dollar an Steuergeldern aus, um Kinder vor allen Fremden zu warnen, obwohl er sie nur vor Juden warnen sollte. Er wagt es nicht, den wahren Zweck dieser Kampagne zu enthüllen, der einzig und allein darin besteht, zu verhindern, dass Kinder in die Hände von unbefugten jüdischen Mördern fallen. Dies führt nicht nur dazu, dass das amerikanische Kind in einer Atmosphäre der Angst und des Schreckens aufwächst, so dass es lernt, allen Erwachsenen zu misstrauen, und verursacht viele Neurosen im späteren Leben, sondern es weigert sich auch, sich dem wahren Problem zu stellen, dem Geschmack der Juden an nichtjüdischem Blut...

Einige Journalisten vermuten, dass J. Edgar Hoover diese jährliche Aufgabe und viele andere Gefallen für die Juden erledigt, weil er der Anti-Defamation League dafür dankbar ist, dass sie für ihn ein Buch mit dem Titel *Masters of Deceit* geschrieben und Hunderttausende von Exemplaren für ihn verkauft hat. Das Buch wurde von einem jüdischen Kommunisten namens Jay Liebstein geschrieben, der behauptet, schockierende persönliche Informationen über den Großen Täuscher selbst zu haben.

Der wahre Grund, warum Hoover das FBI einsetzt, um alle Nichtjuden zu schikanieren, die die Wahrheit über die Juden kennen, könnte in Liebsteins Einfluss auf ihn liegen.

Da die Stadt Chicago ein Zentrum der jüdischen Finanzmacht ist und vollständig von den Juden kontrolliert wird, haben sich dort in den letzten Jahren einige der eklatantesten Fälle von Ritualmord an nichtjüdischen Kindern ereignet. Chicago soll zu einem der weltweiten Zentren für die Lieferung von Kinderblut geworden sein, das in jüdischen Ritualen verwendet wird. Der

Polizeichef hat kürzlich zugegeben, dass in Chicago jeden *Monat* dreihundert nichtjüdische Kinder verschwinden, aber er behauptet, dass es sich dabei um "Ausreißer" handelt. Es ist merkwürdig, dass diese Ausreißer nie auftauchen, weder in Chicago noch anderswo. Im Oktober 1955 erreichte die Zahl der Ritualmorde ihren Höhepunkt, als die Leichen von zwei Schüßler-Jungen, einem Peterson-Jungen und den beiden Grimes-Mädchen entdeckt wurden.

Die Polizeibeamten bezeichneten diese Morde sofort als "Sexualverbrechen", wie es ihnen die Juden beigebracht hatten. Es wurden verzweifelte Anstrengungen unternommen, mehrere verarmte und schlecht ausgebildete Nichtjuden auf den elektrischen Stuhl zu bringen, aber es konnten keine Beweise gegen sie erbracht werden, die vor Gericht Bestand gehabt hätten, und sie wurden freigelassen. Wie beim Prozess gegen Christus standen die Lügen der Juden im Widerspruch zueinander.

Obwohl sich diese Morde im Herzen einer großen Stadt ereigneten, wurde in diesen Fällen NICHT EIN EINZIGER HINWEIS AUFGEFUNDEN! Oder besser gesagt, kein einziger Hinweis wurde jemals der Öffentlichkeit mitgeteilt. Obwohl Hunderte von Polizisten und Detektiven Tag und Nacht arbeiteten, wurde aufgrund des öffentlichen Entsetzens über diese Verbrechen niemals zugegeben, dass etwas gefunden wurde. Es gab viele Anschuldigungen, dass es eine Vertuschung gegeben habe und dass die Beamten in Chicago alle Beweise, die aufgedeckt wurden, vernichtet oder verheimlicht hätten.

Aufgrund dieses öffentlichen Interesses veröffentlichte die Chicagoer Presse viele Berichte über diese Morde, die sofort als typische jüdische Ritualmorde angesehen wurden. In diesen Fällen waren die Leichen entkleidet und auf Müllhaufen geworfen worden. Die Pathologen waren sich einig, dass keine einzige von ihnen sexuell missbraucht worden war. Allerdings wiesen die Leichen viele seltsame Einstiche auf, die nicht erklärt werden konnten. Die Daily News veröffentlichte am frühen Nachmittag eine Ausgabe, in der ein Diagramm des Körpers des

Peterson-Jungen Einstichstellen an allen Stellen zeigte, an denen der Körper Christi am Kreuz verwundet worden war. Innerhalb von zehn Minuten wurde die Ausgabe von den Zeitungsständen genommen und in das Gebäude der News zurückgebracht, wo sie verbrannt wurde. Acht Exemplare dieser Ausgabe wurden jedoch von Mrs. Lyrl Clark Van Hyning, der mutigen Herausgeberin einer patriotischen Zeitschrift namens *Women's Voice,* erworben. Als sie bei der Redaktion der News anrief, um sich zu erkundigen, warum die Ausgabe aus dem Handel genommen worden war, wurde ihr gesagt, dass es Beschwerden darüber gegeben habe und dass die Ausgabe "Rassenunruhen" auslösen könnte. Während dieser ganzen Episode druckte Frau Van Hyning die Wahrheit über die Morde. Aus den Polizeiberichten ging hervor, dass die Leichen der Grimes-Mädchen rätselhafte Wunden auf der Brust aufwiesen, die zu oberflächlich waren, um den Tod zu verursachen. Auch über die Todesursache konnte man sich nicht einigen. Es wurde sogar behauptet, sie seien vor Schreck gestorben! Wie Frau Van Hyning in ihrer Zeitung feststellte, starben sie in Wirklichkeit an einer sehr einfachen Ursache, nämlich an Blutverlust, denn die News hatte bereits die merkwürdige Tatsache veröffentlicht, dass sich kein Blut in ihren Körpern befand, als sie gefunden wurden.

Arnold Schuessler, dem Vater der ermordeten Jungen, wurde ein Exemplar von Arnold Leeses Standardwerk "*Jüdischer Ritualmord*" zugesandt. Er las es und begann, Fragen an die Polizei zu stellen. Der jüdische Sheriff von Chicago, Lohman, hatte einen jüdischen Hilfssheriff, Horowitz, beauftragt, Tag und Nacht bei den Schüßlers zu bleiben, für den Fall, dass sie die Frage des Ritualmordes stellen würden. Als Herr Schüßler Horowitz fragte, ob seine Jungen wegen ihres Blutes in einer jüdischen religiösen Zeremonie getötet worden seien, beschuldigte der Jude ihn sofort, seine eigenen Söhne ermordet zu haben! Er wurde zum Polizeipräsidium gebracht und einem Lügendetektortest unterzogen, der ihn völlig entlastete. Anstatt ihn freizulassen, übergab ihn die Polizei einem Juden namens Dr. Steinfeld. Er wurde in ein von Steinfeld betriebenes "Sanatorium" in der nahegelegenen Stadt Des Plaines, Illinois, verschleppt. Herr Schüßler wurde mit Elektroschocks *behandelt* und starb noch am selben Nachmittag.

Es wurde eine Untersuchung durchgeführt, und Dr. Steinfeld wurde gezwungen, auszusagen. Er behauptete, Herr Schüßler habe unter "Halluzinationen" gelitten, weigerte sich aber, diese Visionen zu beschreiben. Er weigerte sich auch, weitere Informationen zu geben, und für Dr. Thomas McCarron, den Gerichtsmediziner der Stadt Chicago, war es offensichtlich, dass Steinfeld die Wahrheit verbarg. McCarron prangerte Steinfeld an und erklärte den Zeitungen, dass der Fall sehr seltsam sei. Patienten erhielten niemals unmittelbar nach ihrer Einlieferung in ein Sanatorium eine Schockbehandlung. McCarron wusste, dass Schüßler ermordet worden war, aber er konnte nichts dagegen tun, und die Stadtverwaltung wies ihn an, nichts weiter über den Fall zu sagen. Einige Tage lang bestand die reale Gefahr, dass auch er ermordet werden würde. Seitdem hat er sich geweigert, mit irgendjemandem über den Fall zu sprechen.

Dr. McCarron kannte Steinfelds düstere Vergangenheit. Während des Zweiten Weltkriegs war Dr. Steinfeld verurteilt worden, weil er jüdischen Jungen in der Gegend von Chicago spezielle Medikamente verabreicht hatte, die ihre Herzen zum Flattern brachten. Sie wurden als 4-F vom Militärdienst befreit. Steinfeld erhielt für jeden dieser Fälle 2000 Dollar Honorar. Nach dem Krieg eröffnete Steinfeld sein Sanatorium in Des Plaines, das zum Produktionszentrum für jüdische Ritualmorde im Mittleren Westen wurde. Es war eine Ironie des Schicksals, dass Herr Schüßler, der angeblich von der Polizei beschützt wurde, an demselben Ort ermordet wurde, an dem auch seine Söhne getötet wurden, und dass sein Mord, wie der seiner Söhne, ungerächt blieb, bis auf eine spätere Entwicklung. Mehrere Patrioten fuhren am nächsten Nachmittag nach Des Plaines und verteilten fünfhundert Exemplare eines Flugblatts, in dem Dr. Steinfeld des Mordes an Herrn Schüßler beschuldigt wurde und ihm vorgeworfen wurde, ein jüdisches Ritualmordzentrum zu betreiben. Eines dieser Flugblätter wurde dem Polizeipräsidenten übergeben, doch es wurde nichts unternommen. Die Verteiler dieser Flugblätter hätten verhaftet und wegen strafbarer

Verleumdung angeklagt werden können, worauf eine Strafe von bis zu zehn Jahren drohte; Steinfeld weigerte sich jedoch, Anzeige gegen sie zu erstatten. Einige Tage später flog er in die Schweiz und es wurde angekündigt, dass er eine "Erholungskur" machen würde. Am nächsten Tag wurde seine Leiche in einem Schrank seines Hotelzimmers eingeklemmt aufgefunden. Das Urteil lautete "Selbstmord", obwohl er sich vielleicht nur widerwillig umgebracht hat. Seltsamerweise brachte keine Zeitung in Chicago die Nachricht vom Tod dieser bekannten lokalen Persönlichkeit.

Einige Wochen später starb Arnold Leese, der ein Buch über den Fall Schüßler als klassisches Beispiel für jüdischen Ritualmord vorbereitet hatte, plötzlich. Man hatte ihm per Luftpost Kopien aller Zeitungsberichte über den Fall während der langen Ermittlungen geschickt, etwa hundert Seiten Zeitungsausschnitte, aber diese wurden nach seinem Tod nicht in seinen Sachen gefunden. In der Zwischenzeit sammelte ein jüdischer Kolumnist der *Sun-Times*, Irv Kupcinet, dessen Tochter als Drogenabhängige in einer Hollywood-Bude starb, 100.000 Dollar in der jüdischen Gemeinde und überreichte sie Frau Schuessler. Der jüdische Abgeordnete wohnte weiterhin bei ihr, und einige Tage später offenbarte Frau Schuessler einem Reporter, dass er das gesamte Geld genommen hatte und nach Las Vegas gegangen war. Auch Sheriff Lohman verließ Chicago und erhielt eine 20.000 Dollar teure Anstellung als beratender Kriminologe an der Universität von Kalifornien.[1] Die Stelle war von einem prominenten jüdischen Bankier gestiftet worden. Die Fälle Schuessler und Grimes sind in Chicago immer noch als "ungelöst" gekennzeichnet.

---

[1] Wenige Wochen, nachdem eine frühere Ausgabe dieses Buches in Kalifornien in Umlauf gebracht worden war, in der die Geschichte der Schüßler-Morde in vollem Umfang erzählt wurde, kam ein weiterer Name auf der Liste der Verstorbenen hinzu. Joeseph Lohman starb plötzlich in Los Angeles aus unbekannter Ursache. Die Todesanzeige erwähnte seltsamerweise nicht Lohmans Amtszeit als Sheriff von Cook County, sondern bezeichnete ihn fälschlicherweise als "ehemaligen Schatzmeister des Staates Illinois"!

Es ist die Pflicht eines jeden amerikanischen Elternteils, dessen Kind verschwindet, alles zu tun, um es zu finden. Viele arme Familien, die zu viele Kinder zu ernähren haben, nehmen es jedoch als selbstverständlich hin, dass ein Kind in die Welt hinausgegangen ist, um seinen eigenen Weg zu gehen, und sie sind sich der Wahrscheinlichkeit nicht bewusst, dass das Kind von den Juden wegen seines Blutes ermordet wurde. Folglich werden keine Anstrengungen unternommen, um diese jüdischen Verbrechen zu untersuchen, obwohl sie seit vielen Jahrhunderten andauern. Wir müssen uns mit allen Mitteln gegen die Juden wappnen und uns an die Göttlichkeit unseres Herrn und Erlösers Jesus Christus halten, in dessen Namen uns die Rettung erwartet.

Eine weitere schreckliche Verwicklung einer offiziellen amerikanischen Behörde in die weit verbreitete Praxis des jüdischen Ritualmords wurde kürzlich vertuscht. Ein stellvertretender Leiter der Central Intelligence Agency beging in Washington Selbstmord. Das Urteil lautete "Arbeitsüberlastung", womit eine schreckliche Tragödie verschleiert wurde. Dieser Beamte war nach einem Nervenzusammenbruch drei Monate lang von der Arbeit freigestellt worden. Er hatte einen Anfall von Reue erlitten, weil er entdeckt hatte, dass er versehentlich für die Ermordung zahlreicher nichtjüdischer Kinder im Rahmen der jüdischen religiösen Zeremonien verantwortlich war. Dieser Mann, ein Nichtjude, war in einer Agentur, die zu sechzig Prozent aus Juden bestand, für ein besonderes Talent bekannt geworden. Die meisten der jüdischen Agenten reisten mit unbegrenzten Spesenkonten um die Welt und wohnten in den besten Hotels à la James Bond, während sie Spionagemissionen für Israel ausführten, wobei der amerikanische Steuerzahler die Rechnung bezahlte.

Das besondere Talent des Nichtjuden war die Gabe, Jungen aufzuspüren, die als Homosexuelle zum Vergnügen ausländischer Beamter eingesetzt werden konnten. Zumindest hatte man ihm das gesagt, und er sah keinen Grund, etwas anderes zu vermuten, denn der Einsatz von Jungen in der internationalen Spionage war eine alte Geschichte, und die meisten Regierungen setzten sie irgendwann einmal ein, um hochrangige Beamte anderer Regierungen zu erpressen. In den frühen Abendstunden schlenderte dieser CIA-Beamte durch die Innenstadt, bis er einen hübschen Jungen sah. Er begann ein Gespräch, und wenn der Junge nicht anderweitig beschäftigt war, brachte er ihn in ein Hotelzimmer, wo er ihn einem anderen Agenten übergab. Dieser CIA-Beamte ging dann, nachdem er dem Jungen eine Geldsumme versprochen hatte, in der Regel etwa zwanzig Dollar.

In der Zeit von 1947 bis 1952 hat dieser CIA-Beamte sechsundachtzig Jungen auf den Straßen von Paris und Wien auf diese Weise aufgegriffen. Er hörte nichts mehr von ihnen, obwohl es ihm seltsam vorkommen muss, dass er keinen von ihnen wiedersah, nachdem er sie im Hotelzimmer zurückgelassen hatte. 1963 fragte ihn ein jüdischer Agent im CIA-Hauptquartier in Washington, der von der früheren Spezialität dieses Beamten erfahren hatte, ob er einen Jungen für ihn abholen würde. Zu diesem Zeitpunkt war der Nichtjude in der CIA-Hierarchie bereits weit aufgestiegen, und er lehnte mit der Begründung ab, dass er sich mit solchen Aktivitäten nicht mehr zu befassen brauche. Der Jude verblüffte ihn daraufhin mit der Aussage, dass er bereits sechsundachtzig Morde auf dem Gewissen habe und ein weiterer ihm nicht schaden würde. Er konnte nicht glauben, dass der Nichtjude nicht wusste, dass jeder dieser Jungen als Opfer eines jüdischen Ritualmordes benutzt worden war, und beschrieb ihm die gesamte Zeremonie. Der Jude drohte ihm schließlich, dass er auffliegen würde, wenn der Nichtjude ihm nicht einen Jungen für eine Zeremonie besorgen würde, die für das bevorstehende Pessachfest geplant war. Der Nichtjude ging an diesem Abend nach Hause und brach mit einem völligen Nervenzusammenbruch zusammen, von dem er sich nie mehr erholte. Einige Monate später beging er Selbstmord.

Die meisten Nichtjuden, die den Juden bei der Begehung von Ritualmorden helfen und sie bei der Polizei, in Zeitungen und in Regierungsämtern decken, sind jedoch nicht so zimperlich. Man schätzt, dass mindestens ein Drittel aller Amtsinhaber in den

Vereinigten Staaten sich der Verbreitung jüdischer Ritualmorde an Kindern bewusst sind und dass ihr Verbleiben im Amt davon abhängt, dass sie die Juden bei der Ausübung dieser Verbrechen unterstützen.

In einem Gespräch mit Pater Bulger im Jahr 1956 erfuhr der Autor, dass er sein ganzes Leben lang an einem Buch gearbeitet hatte, das das endgültige Werk über den jüdischen Ritualmord werden sollte. Pater Bulger lieferte einen Großteil der hierin enthaltenen Informationen. Seine Vorgesetzten hatten ihm jedoch untersagt, sein eigenes Buch zu veröffentlichen. In früheren Jahren waren die meisten Informationen über diese Art von Verbrechen in katholischen Enzyklopädien und offiziellen kirchlichen Werken veröffentlicht worden, aber weitere Schriften zum Thema jüdischer Ritualmord waren aufgrund des jüdischen Drucks auf den Vatikan verboten worden.

Pater Bulger sagte diesem Autor, dass nach seinen Schätzungen seit der Kreuzigung Christi sechs Millionen nichtjüdische Kinder von Juden rituell zu Tode geklont wurden. Diese sechs Millionen Opfer sind nicht nur ungerächt geblieben, sondern jedes einzelne von ihnen, das es verdient hätte, für seine Leiden durch die Juden in den Stand der Heiligkeit erhoben zu werden, ist gestorben, ohne dass die nichtjüdische Gesellschaft auch nur die geringsten Anstrengungen unternommen hätte, um andere nichtjüdische Kinder davor zu schützen, auf die gleiche Weise zu Opfern zu werden. Pater James E. Bulger sagte: "Die Blutgier der Juden und ihr Hass auf Jesus Christus vereinen sich in dieser schrecklichen Zeremonie. Die Juden haben nicht nur sechs Millionen unschuldige Seelen rituell ermordet, sondern jeder von uns muss sich fragen: Was für ein Christ, was für ein Mensch bin ich, wenn ich nichts unternehme, um Kinder in einer angeblich christlichen und modernen Gesellschaft vor solch schrecklichen Opfern zu schützen?

KAPITEL 7

JUDEN IN EUROPA

Nach dem Fall Roms zerstreuten sich die Juden über die zivilisierte Welt und schwärmten entlang der Handelswege aus, die die römischen Armeen für sie eröffnet hatten. In jeder Stadt, die mit dem Rest der Welt in Berührung kam, gab es eine jüdische Einheit, die sich als parasitäres Gewächs fest einnistete, das der nichtjüdische Gastgeber hasste und fürchtete und häufig versuchte, es in einer charakteristischen biologischen Reaktion zu vertreiben.

Diese Bemühungen erwiesen sich als nutzlos, da die Juden immer wieder zurückkamen. Aus Gründen der kollektiven Sicherheit wurden die Juden in enge kleine Wohngebiete gepfercht, die Ghettos genannt wurden. In den letzten Jahren haben die Juden mit der für sie typischen Unverfrorenheit behauptet, dass sie gezwungen waren, in den Ghettos zu leben, weil ihre Gastgeber ihnen gegenüber Vorurteile hegten, aber alle angesehenen jüdischen Gelehrten sind sich einig, dass es die Juden selbst waren, die darauf bestanden, in einem separaten Bereich zu leben, wahrscheinlich um ihre schlechten Sitten vor den Nichtjuden zu verbergen.

Da Europa das Zentrum des Reichtums der Welt war, kamen die Juden in großer Zahl dorthin. Jede europäische Nation unternahm wiederholt Anstrengungen, sie zu vertreiben, und die Geschichte des Mittelalters ist eine Chronik der Proteste der Nichtjuden gegen die Juden. Der Gelehrte Williamson schrieb über dieses Problem,

"Warum gab es diesen bitteren Hass? Warum wurden die Juden in einem Land nach dem anderen, in einem Zeitalter nach dem anderen gehasst und verachtet, in Ghettos, Konzentrationslagern und Folterkammern zusammengepfercht, monströser Verbrechen beschuldigt und mit der Verantwortung für die Verwirrungen der Nationen belastet? Haben sie das verdient, oder sind sie Opfer von Missverständnissen, Vorurteilen oder Neid geworden? Eine solche Frage würde den Rahmen dieses Buches sprengen, aber sie verlangt nach einer Antwort. "

Diese Frage verlangt in der Tat nach einer Antwort, doch kein nichtjüdischer Gelehrter wagt es, sie zu beantworten. Wie wir gesehen haben, ist die einzige Antwort, die die Juden geben können, dass die Nichtjuden sie wegen ihrer Religion nicht mögen. Was sind die Fakten?

Die Juden haben die Behauptung aufgestellt, dass die Herrscher Europas im Mittelalter die bösartige Praxis übernommen haben, den Juden zu erlauben, große Reichtümer anzuhäufen, und dann Pogrome gegen sie anzuzetteln, damit die Herrscher diese Reichtümer an sich reißen konnten. Selbst wenn diese Behauptung wahr wäre, stellt sich immer noch die Frage, wie es den Juden gelang, in kürzester Zeit in einem Land nach dem anderen ein großes Vermögen anzuhäufen. Natürlich wollen die Juden diesen Aspekt des Problems nicht diskutieren.

Die Fakten sind ganz anders. Es stimmt, dass die jüdische Gemeinschaft in einem Land nach dem anderen in kurzer Zeit in den Besitz des größten Teils des Geldvermögens kam. Gold, Juwelen und andere Gegenstände von großem Wert schienen wie von einem unsichtbaren Magneten in die kleinen jüdischen Ghettos gezogen zu werden, während die Nichtjuden bald feststellten, dass sie nicht genug Geld hatten, um ihren täglichen Aktivitäten nachzugehen. In jedem Fall war es nicht der Herrscher, der gegen die jüdischen Unterdrücker protestierte, sondern das arbeitende Volk.

Der Herrscher fand die Juden in vielerlei Hinsicht nützlich für sich. Er benutzte sie, um Kredite zu vermitteln, um in fremden Ländern zu spionieren, um Geschäfte mit anderen Nationen zu machen, und vor allem, um Steuern einzutreiben. Aufgrund seines Geizes, seiner Rücksichtslosigkeit und seines Mangels an jeglichem menschlichen Mitgefühl war der Jude der ideale Steuereintreiber. Zu allen Zeiten war es der Jude, der das Pfund Fleisch für die Regierung einforderte, natürlich mit ein paar Unzen für den Juden. Da sich die Vereinigten Staaten immer mehr zu einer jüdischen Diktatur entwickelt haben, waren die letzten Finanzbeamten Juden, Morris Caplin und Sheldon Cohen. Der Herrscher hatte also viele Gründe, die Juden zu schützen und ihnen zu erlauben, in seinem Land zu bleiben. Aber in jedem Fall stand das Volk am Rande einer Revolution, da die Juden es unterdrückten und seine Kinder ermordeten, und der Herrscher musste ihrer Ausweisung zustimmen. Sobald die Juden vertrieben waren, begannen sie, sich zu verschwören, um zurückzukehren. Sie trafen sich mit Agenten des Herrschers in anderen Ländern oder schickten ihre eigenen Agenten zurück, um dem Herrscher oder seinen Erben fantastische Versprechen zu machen. Warum dieser verzweifelte Drang, dorthin zurückzukehren, wo man sie hasste und verachtete? Der jüdische Parasit konnte nur existieren, wenn er sich von dem nichtjüdischen Wirt ernährte, sowohl symbolisch, im täglichen Leben, als auch real, indem er das Blut der nichtjüdischen Kinder trank.

Der europäische Herrscher freute sich immer über die Rückkehr seiner Juden und nahm sie wieder auf. Wieder einmal begann der Teufelskreis von Wirt und Parasit, denn die jüdischen Steuereintreiber unterdrückten das Volk rücksichtslos, und die Rabbiner ergriffen die nichtjüdischen Kinder und ermordeten sie, um ihr Blut zu gewinnen. Wie immer würden sich die Juden in ihrer Synagoge des Teufels treffen und sich gegen das arbeitende Volk verschwören, während sie den Namen Jesu Christi verfluchen würden. Als Handlanger der Aristokraten waren die Juden stets Feinde der Demokratie. Der bedeutende Historiker Charles Beard schätzt, dass die Demokratie ohne die Juden schon dreihundert Jahre früher nach Europa gekommen wäre. Die Aristokraten waren zu inzüchtig und mit erblichem Irrsinn behaftet, um ohne ihre bösartigen jüdischen Aufpasser zu regieren.

Die Verwandtschaft zwischen den Juden und den Aristokraten ist einfach zu erklären. Wie die Juden waren auch die europäischen Aristokraten eine kleine, internationale Gemeinschaft, die über Jahrhunderte hinweg eng miteinander verwandt war und enge Beziehungen über geografische Grenzen hinweg unterhielt. Im Jahr 1914 waren der König von England, der Zar von Russland und der Kaiser von Deutschland alle drei Cousins. Die Aristokraten und die Juden haben immer dasselbe Ziel verfolgt: die brutale Unterdrückung und Ausbeutung des arbeitenden Volkes. In der Tat wurde der amerikanische Kontinent nur deshalb besiedelt, weil die europäischen Arbeiter der weiteren Ausbeutung durch die Juden entkommen wollten.

Die Jahrhunderte, in denen die Allianz aus Juden und Aristokraten Europa in Knechtschaft hielt, werden von Historikern als "Dunkles Zeitalter" bezeichnet. Aufgrund jüdischer Intrigen wurden die Nationen regelmäßig in sinnlose Kriege verwickelt, die zu großen Verlusten an Menschenleben und großen Gewinnen für die Juden führten. Friedrich der Große, der als der aufgeklärteste Monarch gilt, der jemals in Europa regiert hat, schrieb über diese Ära,

"Das Studium der Geschichte führt zu dem Schluss, dass von Konstantin bis zur Reformation die ganze Welt verrückt war."

Und so war es auch: Es wurde von wahnsinnigen Aristokraten und schizophrenen Juden regiert. Nicht nur die Juden waren schizophren aufgrund ihrer unnatürlichen Lebensweise, die auf dem nichtjüdischen Wirt existierte, sondern auch die Aristokraten wiesen eine starke Ausprägung des erblichen Wahnsinns auf. Dies könnte auf eine rassische Kontaminierung zurückzuführen sein, da die Aristokraten in einem Prozess der Selbstzerstörung, der mit dem Untergang des Römischen Reiches begann, Mischehen mit Juden und Negern eingingen.

Das Ergebnis zeigte sich nur allzu deutlich in den vielen europäischen Aristokraten, die breite Fellnasen, krauses Haar und stumpfe graue Haut hatten. Sie waren auch für ihre sinnlose Grausamkeit bekannt.

Viele europäische Aristokraten hatten ein jüdischeres Aussehen als die Juden. Als gebürtiger Deutscher war Friedrich der Große frei von diesem rassischen Makel, und er war angewidert von der Tatsache, dass so viele seiner Mitmonarchen starke Spuren jüdischen und negerischen Blutes aufwiesen. Die Aristokratie Spaniens, Italiens und Frankreichs war in ihrer Physiognomie besonders jüdisch. In den letzten fünfzig Jahren hat sich in der englischen Monarchie ein starker jüdischer Einfluss gezeigt, so dass Elizabeth, die Königin, der jiddischen Filmkönigin Elizabeth Taylor sehr ähnlich sieht.

Immer wieder sahen sich die englischen Könige, denen im Falle einer Weigerung eine Revolution drohte, gezwungen, die Juden auszuweisen, um den Forderungen des arbeitenden Volkes nachzukommen. Im Oktober 1290 verließen sechzehntausend Juden England auf Schiffen, um mit ihren Mitparasiten in Frankreich, Flandern, Deutschland und Spanien zu leben. Dreihundert Jahre lang wurden sie aus England ferngehalten, und während dieser Zeit wurde England zur größten Nation der Welt.

Den Juden gelang schließlich die Rückkehr, indem sie einem Fanatiker namens Oliver Cromwell eine Revolution finanzierten. Mit unbegrenzten Mitteln ausgestattet, heuerte Cromwell Truppen an und eroberte das Land. Er enthauptete König Karl I. und begann einen Feldzug der rücksichtslosen Erpressung und Kriminalität gegen das englische Volk. Angeblich war die Cromwell-Partei christlich und nannte sich Puritaner, aber in Wirklichkeit war sie von Anfang an jüdisch und wurde mit jüdischem Geld finanziert, um in England wieder Fuß zu fassen. Alle ihre Gebote waren jüdisch, und ihre Anhänger verehrten die Juden als das auserwählte Volk Gottes. Cromwells Leutnant, ein Major Gordon, brachte im Parlament eine Resolution ein, wonach die englische Sprache verboten und Hebräisch fortan die Landessprache sein sollte. Die Resolution scheiterte mit nur vier Stimmen, da vier Mitglieder, die der Maßnahme zuvor zugestimmt hatten, Gewissensbisse bekamen und dagegen stimmten. Infolgedessen wird dieses Buch auf Englisch statt auf Hebräisch geschrieben. Die Unterdrückung der Christen durch Cromwell und seine jüdische Gruppe war so grausam, dass das englische Volk rebellierte und König Karl II. wieder auf den Thron setzte. Das erste, was sie verlangten, war, dass er die Juden, die Cromwell ins Land zurückgebracht hatte, vertrieb. Karl II. war ein ausschweifender Wüstling, der sich nur für die Gesellschaft von Prostituierten interessierte. Er brauchte Geld für seine Sexorgien, und er brauchte die Juden, um das Geld aufzutreiben. Er weigerte sich, die Juden zu vertreiben, und sie blieben in England und festigten ihre Macht, obwohl sie von jedem anständigen Engländer gehasst und gefürchtet wurden.

Während des gesamten Mittelalters reagierten die nichtjüdischen Gastgeber biologisch auf die Juden, indem sie sich in regelmäßigen Abständen erhoben und sie aus Wut und Angst vertrieben. In keinem Fall versuchten die Nichtjuden, das Problem auf intelligente Weise zu untersuchen oder ein Programm zur Kontrolle der Juden aufzustellen. Wie wir gesehen haben, hatte das Byzantinische Reich in dieser Zeit kein jüdisches Problem, weil es keinem Juden erlaubt war, ein Regierungsamt zu bekleiden oder die Jugend zu unterrichten. Die Nation war sicher vor jüdischem Verrat und Unterwanderung des Volkes geschützt. Da sie nicht in der Lage waren, dem byzantinischen Volk wirklich zu schaden, lebten die Juden friedlich und waren nur eine weitere Minderheit in einem riesigen Reich.

In Europa wurde das jüdische Problem jedoch nur unter religiösen Gesichtspunkten betrachtet. Es wurde nie biologisch untersucht. Die Juden trugen die Blutschuld für die physische Hinrichtung Christi, und das war der Haupteinwand gegen sie. Infolgedessen kam es zur Vertreibung der Juden aus einem Land nach dem anderen, ohne dass man wirklich verstand, was da vor sich ging. Es war eine Reaktion auf einen besonders grausamen Ritualmord, wie den des heiligen Hugo von Lincoln, oder auf ein anderes vorübergehendes Problem. Die zerstörerische Wirkung, die die Juden auf die nichtjüdische Gemeinschaft hatten, wurde nicht untersucht.

Die Juden waren auch wegen ihrer Ausübung der Medizin gefürchtet. Im Jahr 833 verboten die Mohammedaner den Juden die Ausübung des Arztberufs, und 1335 erklärte die Heilige Synode von Salamanca, dass jüdische Ärzte diesen Beruf nur deshalb ausübten, weil er ihnen die Möglichkeit bot, Christen zu töten.

Eine der größten Katastrophen, die die Menschheit heimsuchte, war die Beulenpest oder der Schwarze Tod, wie sie im Mittelalter genannt wurde. Es war bekannt, dass die Juden diese Seuche nach Europa brachten und ein Viertel der Bevölkerung auslöschten, aber die Nichtjuden glaubten, dass die Juden dies aus Bosheit getan hatten. In diesem Fall kam der jüdische Parasit der Vernichtung seines nichtjüdischen Wirts gefährlich nahe, aber das geschah nicht absichtlich. Die Geschichte, wie die Pest nach Europa kam, wurde von dem Gelehrten Jacques Nohl erforscht. Er schreibt, dass eine Gruppe jüdischer Händler aus Genua und Venedig eine Siedlung auf der Krim, in einem Ort namens Kaffa, gegründet hatte. Hier lagerten die Juden Pelze, Juwelen und andere Wertgegenstände, die sie im Handel erworben hatten, bis genuesische Handelsschiffe sie nach Europa zurückbringen konnten.

Da sie von den Reichtümern in Kaffa wussten, überfielen nomadische Stammesangehörige die Stadt häufig. Aus diesem Grund wurde Kaffa stark befestigt. Im Jahr 1346 griff ein Heer tatarischer Stämme die Stadt an, um sie einzunehmen und ihre Reichtümer zu erbeuten. Die Juden hatten sich jedoch gut verschanzt, und es vergingen Wochen, ohne dass die Tataren ihr Ziel erreichen konnten. Die Beulenpest brach unter den Asiaten in den überfüllten Städten aus, in denen es keine sanitären Einrichtungen gab, und nun trat diese Krankheit auch bei den Belagerern auf. Ihr Befehlshaber ersann einen besonders teuflischen Plan, um die Juden auszuräuchern. Er bestückte seine Katapulte mit den Leichen der kranken Soldaten und schleuderte sie über die Mauern nach Kaffa. Die Pest brach bald unter den Verteidigern aus, und mehr als die Hälfte der Juden starb. Die Überlebenden zogen sich auf ein Schiff zurück und segelten nach Hause, wobei sie den Pestbazillus mit sich führten.

Ihr erster Anlaufhafen war Konstantinopel. Diese Millionenstadt wurde bald von der Pest heimgesucht, und ein Drittel der Einwohner starb innerhalb von zwei Monaten. Als nächstes landete das jüdische Todesschiff in Sizilien, wo seine schreckliche Fracht den Tod unter den Nichtjuden verbreitete. Dann ging es weiter nach Sardinien und Genua; schließlich legte das jüdische Todesschiff in Marseille an. Die jüdischen Überlebenden machten sich auf den Weg zu ihren Siedlungen in vielen europäischen Städten, und wo immer sie hinkamen, wurde die Bevölkerung von der Pest dezimiert.

Die Nichtjuden erkannten bald, dass die Pest nur dort auftrat, wo es Juden gab, aber sie hatten keine Ahnung, dass die Juden die Krankheit aus Kleinasien mitgebracht hatten. Ihre erste Reaktion war, dass die Juden ihre Brunnen vergiftet hatten, denn die Pest wirkte auf ihre Opfer wie die Symptome der bekannten Gifte jener Zeit. Das Opfer wurde von entsetzlichen Schmerzen geplagt, erbrach Blut und starb innerhalb von zwei Tagen. Der Leichnam färbte sich sofort schwarz, was auf das Vorhandensein eines virulenten Giftes hindeutet.

Unter den Nichtjuden kursierte das Gerücht, dass der Sanhedrin, ein geheimer Rat der herrschenden Juden, in Toledo, Spanien, zusammengekommen sei und den Befehl gegeben habe, die Nichtjuden zu vernichten, indem er ihre Brunnen vergiftete. An diesem Gerücht war etwas dran, denn die Juden entsorgten die jüdischen Pestopfer schnell, indem sie die Leichen in einen Brunnen warfen, um nicht der Verbreitung der Pest beschuldigt zu werden. Dadurch wurden natürlich Hunderte von Menschen infiziert, die dieses Wasser nutzten. Da viele Gemeinden gegen die Juden vorgingen, begannen diese, von Land zu Land zu fliehen, wodurch sich die Pest noch schneller verbreitete. In Neapel wurde eine Horde Juden ins Meer getrieben und von den wütenden Nichtjuden ertränkt. Ihre Leichen wurden kilometerweit an der italienischen Küste angespült und steckten die Menschen weiter an. Schiffsladungen von Juden fuhren an den Küsten Europas entlang und durften nicht an Land gehen, da alle Länder gewarnt worden waren, dass die Juden Träger dieser Krankheit waren. Als die Juden an Bord starben, wurden ihre

Leichen ins Wasser geworfen, und auch sie wurden an die Küste gespült, wo sie genau die Städte infizierten, die ihnen die Landung verweigert hatten. Die Juden wanderten weiter durch Europa, und die Pest wütete fünfzig Jahre lang ungebremst. Fünfundzwanzig Millionen Menschen, ein Viertel der europäischen Bevölkerung, starben den grausamen Tod der Seuche. Es war die furchtbarste Katastrophe, die je eine Zivilisation erdulden musste, und in diesem Fall gelang es den Juden fast, ihren Wirt auszurotten.

Die Pest war jedoch nur ein Ereignis in der jüdischen Geschichte des Mittelalters. Viele schockierende Ereignisse dieser Epoche haben nachweislich einen jüdischen Ursprung. Das Muster, dem die Juden folgten, war einheitlich. Sie lebten vielleicht hundert Jahre lang in einem Land, wurden dann von den wütenden Nichtjuden vertrieben und konnten sich durch Bestechung ihren Weg zurückerobern. Im Jahr 1066 wurden die Juden aus Granada in Spanien vertrieben, weil sie einen Jungen ermordet, sein Blut getrunken und sein Herz gegessen hatten. Im Jahr 1254 vertrieben die Franzosen die Juden. Im Jahr 1290 wurden sie von den Engländern vertrieben. Die Deutschen vertrieben die Juden in den Jahren 1283 und 1298. Im Jahr 1306 vertrieb König Philipp IV. die Juden aus Frankreich. Im Jahr 1394 ordnete der französische König erneut an, dass alle Juden "für immer" aus Frankreich vertrieben werden sollten. Einige Jahrhunderte später hatten die Juden die vollständige Kontrolle über Frankreich erlangt. Die Spanier vertrieben die Juden im Jahr 1492, und Portugal vertrieb sie 1496. Der Gelehrte John William Draper erklärt, dass Skandale über die Praktiken jüdischer Ärzte 1306 zur Ausweisung aller Juden aus Frankreich geführt hatten.

In der gesamten aufgezeichneten Geschichte gibt es nichts, was auch nur im Entferntesten mit dieser Liste von Judenvertreibungen vergleichbar wäre. Keine andere rassische oder politische Gruppe hat jemals einen solchen Hass hervorgerufen. Wie haben die Juden dann überlebt? Die Juden haben überlebt, weil das Überleben ihre Sache ist, und es ist auch ihre Religion. Da sie wussten, dass sie früher oder später vertrieben werden würden, begannen sie, sobald sie ein Land betraten, sich durch Geschenke und Bestechung und später durch Erpressung mit den Nichtjuden zu verbünden. Egal, wo sie sich aufhielten, die Juden hatten immer nichtjüdische Unterstützer, die sie bei Pogromen versteckten.

Wenn die Juden aus einem Land vertrieben wurden, gingen sie zu jüdischen Gemeinden in anderen Ländern, oder sie kamen in ein Land, das sich ihrer zerstörerischen Gewohnheiten nicht bewusst war. Während des Mittelalters wurde Amsterdam zu einem ständigen Zufluchtsort für jüdische Flüchtlinge aus anderen Ländern, und es wurde auch zur Bank für ihren Reichtum. Der größte Teil des Geldes für die Ausrüstung von Cromwells Armeen stammte aus Amsterdam und wurde von den Amsterdamer Juden aufgebracht.

Die Juden überlebten, weil sie eine eiserne Disziplin über ihr eigenes Volk aufrechterhielten. In den großen europäischen Städten auf engstem Raum zusammengepfercht, wurde jeder Jude zu einem Fagin, einem konzentrierten Instrument des Bösen. Ihr Ruf als Abgesandte des Teufels war so schrecklich, dass gute Christen sich schützend bekreuzigten, wenn sie auf der Straße einem Juden begegneten. Nur wenige Nichtjuden trauten sich, einem Juden ins Gesicht zu sehen, denn sie wurden stets mit dem hasserfüllten Blick des Bösen Auges bedacht.

Das seit Jahrtausenden bekannte Gebot der jüdischen Disziplin wurde nur selten schriftlich festgehalten. Schließlich fanden die Nichtjuden ihr Handbuch und veröffentlichten es nach der Entdeckung der Schriftrollen vom Toten Meer, sehr zum Unmut der Juden. Das Handbuch der Disziplin, wie es in den Schriftrollen vom Toten Meer aufgezeichnet ist, sagt,

> "Wenn der Geist eines Menschen von den Institutionen der Gemeinschaft abweicht, so dass er zum Verräter an der Wahrheit wird und in der Verstocktheit seines Herzens wandelt, soll er, wenn er bereut, zwei Jahre bestraft werden. Während des ersten Jahres soll er die heilige Speise der Herren nicht anrühren, und während des zweiten Jahres soll er den Trank der Herren nicht anrühren."

Wir können feststellen, dass das Handbuch diese Strafe vorschreibt, wenn das Mitglied der jüdischen Gemeinschaft nur "schwankt", d. h. wenn es sogar das Diktat seines eigenen Herzens berücksichtigt. Würde er sich tatsächlich gegen seine jüdischen Mitbürger wenden, würde er natürlich getötet werden. Die hier vorgeschriebene Strafe, die ihm verbietet, die heilige Speise der Herren zu berühren, bezieht sich auf die Oblaten, die bei der rituellen Mordzeremonie verwendet werden; der Trank der Herren ist natürlich das Blut unschuldiger nichtjüdischer Kinder.

Als Stammesverband unter absoluter Disziplin waren die Juden in der Lage, in den feindlichsten nichtjüdischen Gebieten zu überleben. Der jüdische Gelehrte Kaufmann sagt in seinem Buch "*Great Ideas of the Jewish People*" auf Seite 38,

"Die sozio-politische Einheit der Israeliten nach der (römischen) Eroberung war wie zuvor der Stamm. Der Stamm selbst ist die autonome territoriale Einheit. "

Beachten Sie, dass sich die israelitische Einheit trotz der Bemühungen der Römer, ihre Banditengruppen in Palästina auszurotten, nicht verändert hat. Sie sind seit den Anfängen der aufgezeichneten Geschichte ein Stamm mit einer steinzeitlichen Mentalität gewesen. Sie waren nie in der Lage, die Entwicklung zur Stadt, zum Stadtstaat und zur Nation zu vollziehen, die die Nichtjuden vollzogen haben. Stattdessen haben die Juden versucht, ihre Stammesform der Regierung auf die ganze Welt auszudehnen, durch Institutionen wie die Vereinten Nationen, die von einem Rat regiert werden, so wie die Steinzeitjuden von einem Ältestenrat, dem Sanhedrin, regiert wurden.

Kaufmann stellt auch fest, Seite 80,

"Die jüdische Diaspora (oder Dispersion) war eine religiöse Nation, wie sie die heidnische Welt nie gesehen hatte. "

Das ist eine ziemliche Untertreibung. Keine andere Gruppe in der Welt hat es je geschafft, so zu existieren wie die Juden, die ihr parasitäres Wachstum in den nichtjüdischen Ländern aufrechterhalten haben.

Der griechische Historiker Strabo erklärte, dass die Juden in der antiken Stadt Alexandria von einem Ethnarchen oder Hohepriester regiert wurden, "der das Volk regiert, über Prozesse entscheidet und Verträge und Verordnungen überwacht, als ob er das Oberhaupt eines souveränen Staates wäre".

Im Laufe der Geschichte haben die Gelehrten immer wieder darüber gestaunt, wie die Juden sich selbst als eigenständige Gemeinschaft regiert haben, ganz gleich unter welcher Regierungsform sie sich befanden. Ihr Handbuch der Disziplin verbietet es ihnen, die Gerichte der nichtjüdischen "Bestien" anzuerkennen. Dies ist ein Grund dafür, dass Juden immer Revolutionäre sind. Da sie die nichtjüdische Regierung nicht anerkennen, sind sie immer in Aufruhr gegen sie. Ihre erste Aufgabe ist es, die Gesetze und die rechtmäßige Regierung eines jeden nichtjüdischen Staates, in dem sie sich niederlassen, zu untergraben, und sie tun dies mit allen ihnen zur Verfügung stehenden Mitteln. Korruption, Bestechung, Verrat - das sind die Standardwaffen im jüdischen Arsenal des Verrats. Infolgedessen sagt Kaufmann auf Seite 12: "Die Religion Israels hat eine Revolution in der Weltanschauung der Menschen bewirkt."

In Wirklichkeit versuchte das jüdische Handbuch, den Glauben der Nichtjuden an ihre eigenen Institutionen zu zerstören und sie so für die jüdische Kontrolle zu schwächen.

In einem der bemerkenswertesten Kommentare über die wesentliche Geheimhaltung der jüdischen "Religion" sagt Kaufmann auf Seite 12: "Nirgendwo in der Bibel wird die israelitische Idee explizit dargelegt, und auch in der späteren jüdischen Literatur wird sie nie so dargestellt. Sie erscheint vielmehr als eine ursprüngliche Intuition, die das gesamte jüdische Schaffen prägt."

Was für ein seltsames Eingeständnis über eine "große Kultur"! Es ist keine Idee, sagt Kaufmann, sondern eine Intuition.

Er hat Recht, denn die israelitische Idee einer parasitären Gruppe von Kriminellen, die auf einem nichtjüdischen Wirt existiert, ist rein intuitiv. Sie ist kein bewusster Gedanke, sondern ein Instinkt, und deshalb wird sie nicht aufgeschrieben. Tiere schreiben ihr Erbe nicht auf, weil sie wissen, wie man Fallen vermeidet und im Dschungel nach Nahrung sucht, und Juden schreiben ihre Techniken nicht auf, um unter ihrem nichtjüdischen Wirt zu überleben. Kaufmann macht auf die Tatsache aufmerksam, dass niemand wirklich weiß, was die jüdische Religion ist. Folglich könnten nicht nur die Nichtjuden nicht in der Lage sein, die Juden für etwas zu hassen, von dem sie nichts wüssten, sondern auch die jüdische Kultur könne kaum eine so enorme Errungenschaft sein, wenn wir Detektive sein müssten, um irgendwelche Spuren davon zu finden. Natürlich gibt es die jüdische Kultur nicht, und es hat sie auch nie gegeben, denn eine kriminelle Verschwörung ist keine Kultur. Kaufmann erklärt einen weiteren Aspekt der jüdischen Leidenschaft für die Geheimhaltung ihrer Bräuche. Verschwörer wollen ihre Methoden nicht in die Welt hinausposaunen. Daher ist die jüdische Religion die einzige auf der Welt, die für ihre Geheimhaltung berühmt ist. Ihre Ziele und Absichten sowie ihre Traditionen sind in Geheimnisse gehüllt. Praktisch gesehen ist die jüdische Religion ein ungeschriebener Kodex, der am ehesten mit dem ungeschriebenen Kodex der italienischen Gangsterbande, der Mafia, verglichen werden kann. Der jüdische Kodex dient in erster Linie dem Schutz einer kriminellen Gruppe, und auch er beruft sich auf die Mafia-Regel der Omerta, d. h. des Todes für jeden, der über ihre Aktivitäten spricht.

Im jüdischen Gesetzbuch geht es in erster Linie darum, Übeltäter vor Strafe zu schützen und ihnen die Fortsetzung ihrer kriminellen Handlungen zu ermöglichen. Um ein solches Programm zu verwirklichen, müssen die Rechte des Einzelnen zerstört werden. Folglich hat das Mitglied der jüdischen Gemeinschaft, wie das Mitglied der Mafia, keine persönlichen Rechte oder Freiheiten. Er kann nur tun, was man ihm sagt, und wenn seine Vorgesetzten meinen, dass er nur daran denkt, sie zu verraten, wird er sofort getötet. Nur so kann die parasitäre Gemeinschaft der Vernichtung entgehen.

Mit einem solchen Kodex befanden sich die Juden in Opposition zu allen Völkern, unter denen sie lebten. Besonders widerwärtig waren sie für die Griechen, die einen Kodex der Menschenrechte perfektioniert hatten. Kastein, in *The History of the Jews*, sagt, Seite 39,

> "Für den Griechen, der nicht in der Lage war, ein Gemeinwesen zu gründen, war alles eine Frage der Form für den Einzelnen oder bestenfalls für eine Reihe von Einzelnen; die Juden aber fragten sofort, wie es sich auf das Gemeinwesen als Ganzes auswirkte. So wurde das ihnen eigentümliche Problem der Form - Theokratie oder weltlicher Staat - wieder aufgeworfen."

So kritisiert Kastein die Griechen dafür, dass sie nicht wie die Juden ein parasitäres Gemeinwesen gegründet haben. Die Griechen hätten dies nur tun können, wenn sie in der Lage gewesen wären, ihren grundlegenden Instinkt für menschliche Freiheit zu ignorieren. Die Griechen perfektionierten die größte menschliche Zivilisation, die die Welt je gesehen hat, indem sie die Rechte des Einzelnen über die Macht der Zentralregierung stellten. Die Juden hingegen waren in der Lage, einen bösartigen Verbrecherstaat aufrechtzuerhalten, indem sie die Rechte des Einzelnen zerstörten. Der Jude hat immer als gesichtsloses Mitglied eines kollektiven Staates gelebt, und er hat kein Gefühl für die Rechte des Individuums. Wenn der Einzelne gegen den Staat protestiert, muss er vernichtet werden. Das ist die Methode, die in jedem Land angewandt wurde, in dem die Juden eine kommunistische Revolution herbeigeführt haben, und es ist die Art von Regierung, die sie in jedem Land der Welt zu errichten beabsichtigen.

Die Verweigerung der individuellen Menschenrechte ist nicht nur ein grundlegender Bestandteil der jüdischen Kultur, sondern sie erhebt auch das Künstliche über das Natürliche im Leben. Der Jude hasst die Natur und zieht jede Art von künstlicher Umgebung, wie schmutzig sie auch sein mag, einem sauberen, gesunden Leben vor. Kaufmann sagt auf Seite 8: "Die Grundlage der heidnischen Religion ist die Vergötterung von

Naturerscheinungen. "Kastein sagt auf Seite 19: "Die kanaanitischen Kulte waren eng mit dem Boden verbunden und drückten die Kräfte der Natur aus, insbesondere die Kraft der Befruchtung... Wann immer eine Frage aufkam, die ihre Existenz als Nation betraf, kannten sie (die Juden) nur einen Gott und erkannten nur eine Idee an - die Theokratie. "

Was war diese jüdische Theokratie? Es war die Herrschaft der Ältesten von Zion, die eiserne Diktatur, die vom Sanhedrin, der Synagoge des Satans, ausgeübt wurde, denselben Ältesten, die zusammenkamen, um die Kreuzigung Jesu Christi zu fordern. Die Ältesten haben Macht über jedes Mitglied der jüdischen Gemeinschaft. Das Wort "Gemeinschaft" selbst ist ein neues Wort in allen jüdischen Aktivitäten, ebenso wie sein Gegenstück, die "Solidarität". Man hört den Ausdruck "Gemeinschaftsbeziehungen" auf allen Seiten. Woher kommt er? Es ist der jüdische Einfluss auf nichtjüdische soziale Einrichtungen, die nun in jüdischer Weise weitergeführt werden. Während kommunistischer Umwälzungen wird das Wort "Solidarität" als Kennwort verwendet. Es ist ein jüdisches Passwort, um Juden zu schützen, die nicht Teil des Aufstandes sind.

Während des Mittelalters, als sie aus einem Land nach dem anderen vertrieben wurden, überarbeiteten die Juden ihre Überlebenstechniken. Das grundlegende Handbuch der Disziplin blieb jedoch das gleiche. Der jüdische Gelehrte Gerson Cohen bemerkt auf Seite 191, *Great Ideas of the Jewish People*, mit Überraschung,

"Es ist oft mit Erstaunen festgestellt worden, dass eine so theokratisch orientierte Kultur wie die talmudische so relativ wenig über ihren Gott zu sagen hat. "

Tatsache ist, dass die Juden nie viel mit Gott zu tun hatten. Im Alten Testament spricht Gott am häufigsten, um die Juden für ihre Verbrechen gegen die Menschheit zu tadeln.

Cohen fährt fort,

"In den darauffolgenden Jahrhunderten entstanden in ganz Süd- und Westeuropa neue jüdische Gemeinden. Während ihr Wachstum im Allgemeinen in Dunkelheit gehüllt ist, reifen sie alle mit der Annahme einer Gemeinschaftsstruktur nach talmudischem Muster heran... Überall wurde das talmudische Gesetz zur Verfassung des jüdischen Ursprungs. "

Interessant ist Cohens Feststellung, dass das Wachstum der jüdischen Gemeinden "im Allgemeinen von Finsternis umhüllt" ist. Hat nicht Christus zu seinen jüdischen Verfolgern gesagt: "Dies ist eure Stunde und die Macht der Finsternis"? Sicherlich waren die jüdischen Gemeinden bestrebt, sich so weit wie möglich zu verbergen. Sie hielten eine eiserne Disziplin über ihre Mitglieder aufrecht, denn sie konnten nur überleben, wenn sie das mafiöse Prinzip der Omerta, des Schweigens über den Tod, befolgten. Kein Wunder, dass der jüdische Dichter Heine bemerkte: "Das Judentum ist keine Religion, es ist ein Unglück. "

Obwohl der jüdische Kodex nur selten in schriftlicher Form zu finden ist, haben Gelehrte gelegentlich einige seiner Grundsätze niedergelegt. So veröffentlichte der jüdische Schriftsteller Joseph Albo 1414 ein Buch der Wurzeln, in dem er die folgenden sechs Dogmen des Judentums niederlegte:

1. Die Erschaffung der Welt in der Zeit, aus dem Nichts.
2. Die Überlegenheit von Mose gegenüber allen anderen Propheten, einschließlich Jesus oder Mohammed, oder die jemals auftauchen würden.
3. Das Gesetz des Mose wird niemals geändert oder aufgehoben werden.
4. Menschliche Vollkommenheit kann erreicht werden, indem auch nur eines der Gebote des mosaischen Gesetzes erfüllt wird.
5. Glaube an das Überleben der mosaischen Gemeinschaft.
6. Das Kommen des Messias.

Es handelte sich dabei um eine legalisierte Version des jüdischen Dogmas, die für die Veröffentlichung durch

Nichtjuden bestimmt war und keinen Hinweis auf die eiserne Diktatur der jüdischen Gemeinschaft, das Trinken des Blutes nichtjüdischer Kinder oder andere wesentliche Elemente des jüdischen Dogmas enthielt. Nummer 5, das Überleben der mosaischen Gemeinschaft, war der wichtigste Punkt in diesem Dogma. Es wird nicht erwähnt, dass Jesus Christus verflucht wurde, wie es das geheime jüdische Gesetz, der Talmud, verlangt. Das Gesetz des Moses, auf das Bezug genommen wird, ist das jüdische Gesetz der *lex talionis*, das Gesetz von Klaue und Klaue, das bei den Nürnberger Prozessen auf die nichtjüdische Welt angewandt wurde, als das Ex-post-facto-Gesetz nach dem Gesetz des Moses zum Gesetz der nichtjüdischen Nationen wurde.

Über ihre Eroberung durch die Römer sagt Kastein, *Die Geschichte der Juden*, Seite 188: "Die Juden waren gezwungen, auf den Tod des kollektiven Staates mit einer Normierung des Verhaltens des Einzelnen zu reagieren, mit einem Generalangriff auf das Individuum, in dessen Mittelpunkt die Lehre vom christlichen Staat stand. So wurden die Juden zu einem Volk, in dem die Idee der Disziplin ihren höchsten Ausdruck fand. Diese Disziplin war rigide bis hin zum Tod, was den Einzelnen betraf. "

Dies ist eine der aufschlussreichsten Passagen in den jüdischen Schriften.

Kastein weist auf den entscheidenden und unüberbrückbaren Unterschied zwischen Christen und Juden hin. Der Nichtjude mit seiner Freiheitsliebe hat wenig Ahnung von dem jüdischen Hass auf das Individuum. Christus predigte das individuelle Heil der einzelnen Seele, aber der Jude erklärt, dass das Individuum nicht einmal auf der Erde überleben darf, geschweige denn im Himmel. Die Juden glauben zwar an das Überleben, aber nur an das Überleben der parasitären jüdischen Gemeinschaft auf Erden. Sie leugnen alle grundlegenden Lehren der christlichen Religion, die auf der Liebe Christi zu den einzelnen Menschen und seinem Versprechen der Erlösung beruht. Dennoch haben so genannte christliche Geistliche die Dreistigkeit, ihren

Gemeinden zu sagen, dass das Christentum eine "jüdische" Religion ist und dass die Juden uns das Christentum gegeben haben. Das ist genauso absurd wie die Behauptung, dass die Mafia unser Gesetzbuch geschrieben hat oder dass Al Capone die Verfassung der Vereinigten Staaten geschrieben hat, und doch hören sich die Gemeinden diese unverhohlenen jüdischen Lügen ohne ein Wort der Missbilligung an.

Obwohl der Talmud, das heilige Buch der Juden, einige Aspekte der jüdischen Religion enthüllte, war er hauptsächlich ihren barbarischen Idealen und ihrer steinzeitlichen Lebensweise gewidmet. Daher mussten die Juden seinen Inhalt vor den Nichtjuden geheim halten, und jeder Nichtjude, der beim Lesen erwischt wurde, musste getötet werden. Nur wenige Nichtjuden hatten ein Interesse daran, diesen Schmutz zu lesen, aber einige katholische Gelehrte besorgten sich gelegentlich eine Kopie des Talmuds und machten sich daran, ihn zu übersetzen. Sie waren entsetzt über die schrecklichen Lästerungen gegen Christus, die Beschreibungen unglaublicher sexueller Rituale und die Enthüllungen über das wahre Wesen des Juden. Diese Gelehrten wurden in der Regel ermordet, bevor sie ihre Übersetzung fertigstellen konnten. Die Person, die ihnen den Talmud verkauft hatte, in der Regel ein abtrünniger Jude, wurde ebenfalls getötet. *Lex talionis*, das grausame Gesetz des Moses, das in Exodus XXI, 18-25 beschrieben wird, war immer die Grundlage des jüdischen Lebens. Das Gesetz der Kralle - was könnte die Haltung des Juden gegenüber seinen Mitmenschen besser beschreiben, die ausgestreckte Klaue, um alle zu verstümmeln und zu töten, die es wagen, sich ihm zu widersetzen?

Der Talmud hat wegen seines Schmutzes auch einen anderen Brauch hervorgebracht, nämlich die Bücherverbrennung. Bücher waren im Mittelalter seltene und kostbare Dinge, und niemand würde auf die Idee kommen, ein Buch mutwillig zu zerstören, aber als die Kenntnis des schmutzigen Inhalts des Talmuds den Nichtjuden bekannt wurde, drangen sie in das Ghetto ein, zogen die Kopien des Talmuds heraus und verbrannten sie.

Wann immer es nach einem Sieg möglich war, wie während der puritanischen Herrschaft Cromwells in England, wandten die Juden ihr Gesetz der Kralle gegen die hilflosen Nichtjuden an. Die Geschichte ist voll von Geschichten über jüdische Grausamkeiten gegen Frauen und Kinder, vom Buch Esther bis hin zu den Gräueltaten, die sie an den Arabern in Israel verübten Eines der schrecklichsten Beispiele für diese jüdische Bosheit war die spanische Inquisition. Obwohl sie gewöhnlich als "katholisches" Phänomen angeprangert wird, war die Inquisition von Anfang an eine jüdische Übung, und die meisten ihrer Opfer waren gute Christen. Ursprünglich sollten die Mitglieder der jüdischen Gemeinschaft davon abgehalten werden, "Marranos", also Reischristen, zu werden. Viele Juden waren nominelle Christen geworden, um ihre Chancen bei Geschäften mit Nichtjuden zu verbessern. In Spanien und Portugal hatte sich die Marrano-Bewegung ausgebreitet, und die Ältesten von Zion beschlossen, dass sie ihr Einhalt gebieten mussten. Wie üblich benutzten sie die Nichtjuden, um ihre Drecksarbeit für sie zu erledigen. Was lag da näher, als dass die Ältesten die Kirche für ihre bösen Zwecke benutzten?

Zu dieser Zeit war Torquemada in der Hierarchie des spanischen Katholizismus rasch aufgestiegen. Die Kirche war nicht judenfeindlich, wie die Tatsache beweist, dass viele Juden in der Lage waren, hochrangige Katholiken zu werden. Gerade zu dieser Zeit, 1483, hatte die spanische Regierung einen Juden, Isaac Abrabanel, zum Verwalter der Staatsfinanzen ernannt, um Geld für die Vertreibung der Juden aus Granada zu beschaffen. Man kann also kaum behaupten, dass Spanien zur Zeit der Inquisition ein judenfeindliches Land war. Die Juden waren jedoch in der Lage, einen Plan auszuarbeiten, der die Kirche zur Verfolgung der Marranos zwingen sollte.

Torquemada teilte seinen kirchlichen Vorgesetzten mit, dass viele Marranos gar keine Christen seien, was durchaus der Wahrheit entsprach, und dass sie in ihren Häusern immer noch jüdische Heiligtümer aufbewahrten und ihnen Opfer darbrachten. Die Bischöfe waren entsetzt über diesen Verrat und fragten Torquemada, was zu tun sei. Er schlug vor, die Marranos vor einen katholischen Untersuchungsausschuss zu bringen und sie über ihren Verrat am christlichen Glauben, dem sie vorgaben anzugehören, zu befragen. Die Bischöfe stimmten zu, und da es Torquemada war, der die Idee hatte, übertrug man ihm die Leitung der Inquisition.

Innerhalb weniger Wochen hatte Torquemada Hunderte von Juden, aber auch viele Christen, vor seine Inquisition geladen. Die Bischöfe waren entsetzt, als sie erfuhren, dass er im Namen der katholischen Inquisition in ganz Spanien eine Geheimpolizei eingerichtet hatte und die Menschen den schrecklichsten Folterungen unterzog.

Als sie ihn zur Rede stellten und ihn baten, solche Ungerechtigkeiten im Namen Jesu Christi nicht mehr zu begehen, lächelte er sie nur philosophisch an und murmelte,

"Vielleicht wankst auch du in deinem Glauben? "

Auf diese kühne Drohung hin, dass auch sie vor seine Inquisition gebracht werden könnten, waren die Bischöfe gezwungen, ihn seine Arbeit fortsetzen zu lassen... Er finanzierte ein Heer von Spionen, indem er das Vermögen aller vor seine Inquisition gebrachten Personen beschlagnahmte, denn die Opfer waren immer geständig.

Jahrhundertelang wurde die Kirche für die Verbrechen der Inquisition angeprangert, doch die Bischöfe, die versuchten, Torquemada daran zu hindern, diese Gräueltaten zu begehen, wurden selbst auf dem Scheiterhaufen verbrannt. Wie üblich haben die Juden die Verantwortung für ihre Verbrechen auf jemand anderen abgewälzt.

Der Einfluss Torquemadas drang bald in die höchsten Gremien der katholischen Kirche ein und verwandelte sie in einigen Ländern in ein Instrument zur Unterdrückung des arbeitenden Volkes. Dies hatte nicht nur nichts mit den Lehren Jesu Christi zu tun, sondern war auch den meisten katholischen Führern zuwider. Dennoch waren sie machtlos, daran etwas zu ändern. Während die jüdischen Bischöfe im Luxus schwelgten und durch den Einsatz schwer bewaffneter Truppen riesige Summen vom Volk erpressten, riskierte schließlich ein Mann sein Leben, um zu protestieren. Das war Martin Luther.

Es war nie Luthers Absicht, ein Schisma in der Kirche herbeizuführen oder eine separate religiöse Körperschaft zu leiten. Er wollte lediglich die Kirche von innen heraus reformieren, die Juden vertreiben und ihren unchristlichen Praktiken ein Ende setzen. Im Jahr 1524 veröffentlichte er eine Reihe von Angriffen auf die Juden, "Briefe wider die Sabbatianer, von den Juden und ihren Lügen, von dem Schem-Ha-Mephorasch".

Wäre es Luther gelungen, sich gegen die Juden durchzusetzen und die Kirche von innen heraus zu reformieren, hätte es vielleicht nie eine protestantische Kirche gegeben. Aber die Juden waren zu mächtig, und er konnte sie nicht verdrängen. Er hatte den Talmud übersetzt, denn er war einer der größten Gelehrten aller Zeiten, und er wusste genau, wer die Juden waren und was ihre Ziele waren.

Einer der führenden Gelehrten unserer Zeit, Pater James E. Bulger, sagte zu diesem Autor,

"Wäre es Luther gelungen, die Kirche von innen heraus zu reformieren, wären den Menschen die schrecklichen Religionskriege erspart geblieben, die Europa so viele Jahrhunderte lang verwüstet haben. Die Juden haben versucht, Luther zu vernichten, indem sie alle seine Anhänger massakrierten, und diese sogenannten Religionskriege, die sie angezettelt haben, sind eines ihrer schlimmsten Verbrechen gegen die Menschheit."

Das Land Polen hat eine der längsten Geschichten biologischer Reaktionen gegen die jüdischen Parasiten in Europa. Als Korridorstaat zwischen zwei Großmächten, Deutschland und Russland, wurde Polen öfter überrannt als jedes andere Land. Es war auch häufiger dem Verrat der Juden ausgesetzt. Aus diesem Grund waren die Polen schon immer für ihre antijüdischen Gefühle bekannt. Der Haupteinwand gegen die Juden entstand während des Einmarsches von Karl X. von Schweden in Polen im Jahr 1655. Er eroberte die Polen, weil die Juden zu seinem Zelt kamen und ihm vollständige Informationen über die polnischen Verteidigungsanlagen gaben. Nachdem er Polen erobert hatte, machte Karl X. die Juden zu hohen Beamten seiner Besatzungsregierung. Die Juden missbrauchten ihre Macht so brutal, dass ein polnischer Patriot, Stephen Czarniecki, einen Aufstand gegen die Eroberer anführte und Karl X. aus dem Land vertrieb.

Kaum waren die Schweden weg, fielen die Polen über die Juden her und massakrierten 300.000 von ihnen als Bezahlung für ihren Verrat. Es war eine Szene, die sich in der Geschichte oft wiederholt hat. Wir müssen uns nur daran erinnern, dass Stalin die Juden aus den Grenzregionen evakuierte, als die Nazis nach Russland vordrangen, und dass er zuließ, dass zwei Millionen von ihnen in Viehzügen in Sibirien starben, weil er befürchtete, dass sie seine militärischen Stellungen an die Deutschen verraten würden, und dass er den russischen Armeen befahl, zwei Wochen lang vor Warschau zu halten, während die Deutschen das Warschauer Ghetto auslöschten. Ganz gleich, wer der Feind ist, der Jude wird sein Volk immer an ihn verraten. Und nachdem die Invasoren vertrieben sind, muss der Jude für seinen Verrat bezahlen. Die Polen haben den Juden ihren Umsturz nie verziehen, und auch heute noch kann Premier Gomulka, der eine jüdische Frau hat und praktizierender Jude ist, das Gemurmel gegen die Juden nicht verstummen lassen. Es braucht die gesamte Macht der Sowjetregierung, um seine jüdisch-kommunistische Regierung aufrechtzuerhalten.

Jahrhundert perfektionierten die Juden neue Techniken, um Macht über ihre nichtjüdischen Gastgeber zu erlangen. Diese Methoden waren Joint Stock Ventures, Banken und Aktienbörsen. Mit diesen Mitteln gelang es den Juden, den größten Teil des Reichtums der nichtjüdischen Welt in jüdische Netze oder Banken zu ziehen. Der Hauptsitz dieser Unternehmungen war Amsterdam, bis die Juden die Eroberung

Englands durch Cromwell finanzierten. Danach verlegten sie ihre Unternehmungen nach London, weil die englische Flotte den Welthandel kontrollierte. Trotz der verzweifelten Aufschreie des leidenden englischen Volkes sind die Juden seither in London geblieben.

Mit großem Einfallsreichtum, entwickelt durch jahrhundertelange Inzucht in den Ghettos Europas, nutzten die Juden das Geld der Nichtjuden, um sie zu kontrollieren und zu erdrosseln. Als Parasiten brachten die Juden bei ihrer Rückkehr nach England nichts als ihren Verstand mit, aber in weniger als einem Jahrhundert hatten sie sich die Kontrolle über den Reichtum eines großen Reiches gesichert. Im Jahr 1694 brauchte Wilhelm von Oranien, der König von England, Geld, um seine Truppen zu bezahlen. Er befürchtete einen Versuch der Stuarts, den Thron zurückzuerobern, und musste ein großes stehendes Heer unterhalten. Seine Berater schlugen ihm vor, sich mit den Londoner Kaufleuten, von denen viele Juden waren, zu beraten, da diese es sich leisten konnten, ihm das Geld zu leihen. Sie waren bereit, Wilhelm das Geld unter einer Bedingung zu leihen, nämlich dass er ihnen erlaubte, Banknoten gegen die Schulden auszugeben. William verstand diese ungewöhnliche Bitte kaum, stimmte aber zu. So entstand die erste zentrale Notenbank, und nun wurden die Nichtjuden durch verzinsliche Banknoten versklavt, die von den Juden ausgegeben wurden.

Obwohl William es nicht erkannte, hatten die Juden mit seiner Erlaubnis die Autorität der englischen Krone an sich gerissen. Souveränität bedeutete schon immer die Befugnis, Geld zu prägen, und nun hatten die Juden dieses Recht für ihre Bank of England erhalten. Die Weltgeschichte seit 1694 ist die Geschichte der jüdischen Manipulation ihrer Zentralbanken zur Finanzierung immer größerer Kriege und Revolutionen gegen die nichtjüdischen Mächte. Millionen von Nichtjuden sind eines gewaltsamen Todes gestorben, weil Wilhelm von Oranien, der nicht wusste, was er tat, den Juden die Konzession für die Bank von England erteilte.

Mit der ihnen zur Verfügung stehenden Geldmacht erlangten die jüdischen Parasiten bald die Kontrolle über das britische Empire. Sie benutzten dann das Empire, um andere europäische Nationen zu beherrschen. Baron sagt in "*The Great Ideas of the Jewish People*", Seite 319,

"Bereits 1697 reservierte die Londoner Börse, die bald zur weltweit führenden Börse werden sollte, zwölf ihrer 124 Sitze dauerhaft für Juden. "

War das kein Rassismus? War es nicht Diskriminierung? Nicht ein einziger Sitz war für Nichtjuden reserviert, sondern etwa zehn Prozent für Juden, die damals in ganz England nur ein paar Tausend zählten. Sie setzten auch ihr Geld ein, um für "gleiche Rechte" zu agitieren. Einer ihrer Handlanger, ein Schwarzer namens John Toland, veröffentlichte 1714 ein Pamphlet mit dem Titel "*Gründe für die Einbürgerung der Juden in Großbritannien und Irland auf der gleichen Grundlage wie alle anderen Nationen*" (*Reasons for Naturalization the Jews in Great Britain and Ireland, on the Same Footing as all other nations*). "1721 trat James Finch öffentlich für die Eroberung des Heiligen Landes und dessen Übergabe an die Juden ein, ein Ziel, das englische Handlanger der Juden zweihundert Jahre lang unterstützten, bevor es Wirklichkeit wurde.

1723 erkannte König Georg I. die Juden als britische Untertanen an. 1753 erließ König Georg II. ein Einbürgerungsgesetz, das es den Juden ermöglichte, nationale Untertanen zu werden, was bedeutet hätte, dass sie nie wieder ausgewiesen werden könnten. Der Aufschrei der britischen Arbeiterschaft war so groß, dass er gezwungen war, das Gesetz im folgenden Jahr wieder aufzuheben, nachdem er zweifellos das Geld ausgegeben hatte, das die Juden ihm für den Erlass des Gesetzes gezahlt hatten.

Kastein sagt, *Geschichte der Juden*, Seite 377,

"Im Jahr 1750 wurden die Börsen von Amsterdam und London von Juden kontrolliert. "

1775 legte König Georg III. den Grundstein für das Rothschild-Vermögen, indem er dem Kurfürsten von Hessen hessische Söldner bezahlte, um gegen die amerikanischen Patrioten zu kämpfen und ihre Revolution niederzuschlagen. Als Napoleon später gegen Deutschland marschierte, bat der Kurfürst von Hessen seinen guten Freund, Mayer Amschel Rothschild, einen jüdischen Münzhändler aus Frankfurt, das Geld für ihn zu verstecken. Rothschild kam dieser Bitte gerne nach und verlieh das Geld in anderen Ländern zu hohen Zinssätzen. Als Napoleon sich zurückzog, gab Rothschild dem Kurfürsten sein Geld mit Zinsen zurück. Der Kurfürst war so erfreut, dass er Rothschild bat, das Geld zu behalten und es weiterhin für ihn zu verleihen. Als Hofbankier des Kurfürsten begann Rothschild, sich auf internationale Kredite zu spezialisieren.

Jüdische Macht und Finanzen wuchsen nun sprunghaft an. Ein Jude, D'Israeli (d.h. von Israel), wurde Premierminister von England. Er war auch ein Autor schlechter Romane, in denen er seine Theorie vertrat, dass die Juden allen anderen Völkern überlegen seien. "Alles ist Rasse, es gibt keine andere Wahrheit", erklärt der Held seines Romans, Tancred, die natürliche Überlegenheit der Juden.

Im Jahr 1871 wählte William Gladstone den Juden Sir George Jessel zum Generalstaatsanwalt von England. Ein anderer Jude, Rufus Isaacs, wurde Lord Chief Justice von England, Botschafter in den Vereinigten Staaten und Vizekönig von Indien.

Wenn Deutschland die Arbeitskräfte für den jüdischen Aufstieg zum Reichtum lieferte und England das Geld bereitstellte, so fanden die Juden in Frankreich den fruchtbarsten Boden für ihre Aktivitäten. Es war jüdisches Geld, das den randalierenden Mob bezahlte, der die Revolution in Paris auslöste und die nichtjüdischen Führer stürzte, wobei der Kopf ihres Königs in einem Korb unter der Guillotine rollte. In keinem Land ist es den Juden so gut gelungen, die nichtjüdischen Führer zu beseitigen wie in Frankreich, mit dem Ergebnis, dass das Land seit zweihundert Jahren wie ein kopfloses Huhn herumtaumelt.

Das gleiche Ziel erreichten die Juden während der kommunistischen Revolution in Russland. "*Die Besten der Nichtjuden töten!* "war schon immer das schreckliche Motto des Talmuds.

Die Franzosen haben die Juden schon immer gefürchtet. Der große Philosoph Voltaire schrieb über sie in seinem Philosophischen Wörterbuch,

"Die Juden - kurz gesagt, wir finden in ihnen nur ein unwissendes und barbarisches Volk, das seit langem den schäbigsten Geiz mit dem verabscheuungswürdigsten Aberglauben und dem unbesiegbarsten Hass auf jedes Volk, von dem es geduldet wird und sich bereichert, vereint hat. "

Kein Wunder, dass Voltaire aus den Philosophiekursen an amerikanischen Universitäten gestrichen wurde! Er war einer der wenigen Nichtjuden, die intelligent genug waren zu erkennen, dass es nicht die Nichtjuden waren, die die Juden hassten, sondern die Juden, die die Nichtjuden hassten. Er hätte sich über Kasteins Feststellung gefreut, dass die Juden die Römer mit "einem fast unmenschlichen Hass" hassten. Und so haben sie jedes Volk gehasst, von dem sie, wie Voltaire sagt, "geduldet und bereichert werden". "

Als Napoleon Herrscher über Europa wurde, stellte er zu seinem Entsetzen fest, dass die Juden die einzige Macht waren, die er nicht kontrollieren konnte. In dem Versuch, ihre internationalen Aktivitäten einzuschränken, erließ er 1808 ein Dekret, das die Juden "*Décret Infame"* nannten, weil er versuchte, sie den Gesetzen zu unterwerfen, die für andere Menschen in Frankreich galten. Im Laufe der Geschichte hat sich gezeigt, dass die Juden sich nicht den Gesetzen der Nichtjuden unterwerfen, die sie als unwissende Bestien betrachten. Wenn ein Herrscher versucht, sie zu zwingen, das Gesetz zu befolgen, wird er durch die Jahrhunderte hindurch als grausamer Tyrann beschimpft. Lässt er sie tun, was sie wollen, wird er als liberaler, gütiger Monarch dargestellt, der sich für die Menschenrechte einsetzt. Der Begriff "Menschenrechte", wie er in der modernen

Geschichte verwendet wird, bedeutet "jüdische Rechte", denn nach dem talmudischen Gesetz sind Nichtjuden keine Menschen und haben keine Rechte.

In den meisten Fällen fanden es die europäischen Monarchen vorteilhaft, den Juden ihren Willen zu lassen. In jedem Fall waren es die ausgebeuteten Werktätigen, die sich gegen die Juden erhoben haben. Kastein sagt, Seite 322, *Geschichte der Juden*,

"Die russische Regierung betrachtete die Aktivitäten der Dorfjuden als Ausbeutung der Landbevölkerung."

Daraufhin erließ der Zar ein Dekret, wonach die Juden den Pale, ein landwirtschaftliches Gebiet, nicht verlassen durften. Jüdische Bankiers in den Vereinigten Staaten verlangten sofort, dass der Präsident den Krieg gegen Russland erklärt und den Zaren zwingt, das Dekret zurückzunehmen, aber Präsident Taft weigerte sich, mit dem Ergebnis, dass die Juden die Republikanische Partei in seiner nächsten Kampagne spalteten und ihren bevorzugten Kandidaten, den Demokraten Woodrow Wilson, wählten.

Kastein erklärt auch, Seite 390,

"In der Schweiz, die 1798 zur Republik Helvetien wurde, gab es ebenfalls ein jüdisches Problem, obwohl es nur zweihundert jüdische Familien im Land gab, und es wurde heftig darüber diskutiert, ob diese Handvoll Menschen gleichberechtigt sein sollte. Dies wurde ihnen schliesslich verwehrt."

Selbst die Schweiz, der demokratischste Staat Europas, konnte es sich nicht leisten, den Juden gleiche Rechte zu gewähren. Die meisten europäischen Nationen folgten immer noch den Vorschriften des byzantinischen Reiches. Juden durften keine öffentlichen Ämter bekleiden und die Jugend nicht erziehen. Die Juden mussten sich auf die Bestechung und Erpressung nichtjüdischer Beamter verlassen, um ihre Ziele zu erreichen, und die Ergebnisse waren oft unvorhersehbar. Die Schlacht von Waterloo bedeutete das Ende der nichtjüdischen Unabhängigkeit von den Juden in Europa. Napoleon war unerschütterlich in seiner Entschlossenheit, dass die Juden den Gesetzen seines Reiches gehorchen sollten. Die anderen europäischen Nationen wurden von Aristokraten regiert, die bei den Juden verschuldet waren. Nach der triumphalen Rückkehr Napoleons von Elba garantierten die Rothschilds jedem europäischen Land, das eine Armee gegen ihn entsenden wollte, sofort riesige Kredite. Infolgedessen sah sich Napoleon bei Waterloo einer großen Koalition gegenüber. Es war das erste Beispiel für die jüdische Technik, "verbündete" Nationen anzuwerben, um ihre Feinde für sie zu bekämpfen.

Während der Schlacht von Waterloo fürchteten die Londoner Börsenmakler um den Ausgang der Schlacht. Trotz der gewaltigen Streitkräfte, die ihm gegenüberstanden, war Napoleon immer noch als der brillanteste General Europas bekannt. Da die Juden auf den Austausch von Informationen spezialisiert waren, hatte Nathan Mayer Rothschild, das Oberhaupt des Hauses Rothschild, Vorkehrungen getroffen, um von London aus den Ausgang der Schlacht zu erfahren. Kaum waren die Truppen Napoleons besiegt, eilte ein Leutnant Rothschilds zu einer Rechnung mit Blick auf den Ärmelkanal und übermittelte spät in der Nacht durch blinkende Lichter die Nachricht: "Napoleon hat verloren". Dann ließ er eine Brieftaube mit der Nachricht "Napoleon hat gewonnen" zur Londoner Börse fliegen. "

Als Nathan Mayer Rothschild am nächsten Morgen in die Börse stürmte, herrschte ein heilloses Durcheinander. Auf die Nachricht hin, dass Napoleon gewonnen hatte, versuchte jeder, seine Aktien zu jedem Preis loszuwerden. Nur Rothschild kannte die Wahrheit, und er kaufte alles, was angeboten wurde. Die Preise fielen innerhalb weniger Minuten um neunhundert Prozent, und er kaufte zu seinem eigenen Preis. Als die Börse am Nachmittag schloss, besaß er zweiundsechzig Prozent aller an der Börse notierten Aktien. Viele der großen Namen Englands waren an diesem Tag ruiniert. Am nächsten Morgen wachte

London auf und erfuhr die Wahrheit: Napoleon war besiegt worden. Die Londoner Aristokraten, die an der Börse ruiniert worden waren, beeilten sich nun, Rothschilds Willen zu erfüllen. Der Herzog von Marlborough, der die britische Armee bei Waterloo zum Sieg geführt hatte, wurde Rothschilds Verbündeter, nachdem Rothschild einen großen Geldbetrag, natürlich von der Öffentlichkeit, aufgebracht und ihm diesen überreicht hatte. Marlborough wurde ein treuer Gefolgsmann der Juden, so wie hundert Jahre später sein Nachkomme Winston Churchill, oder W. C., wie er von seinen Untertanen genannt wurde (was soviel wie "Wasserschrank" bedeutet), zum gesichtslosen Werkzeug von Baruch und den Rothschilds wurde.

Als Herrscher Europas und Sieger über seinen nichtjüdischen Feind Napoleon ließ der gnadenlose Rothschild den gefallenen Kaiser auf eine abgelegene Atlantikinsel verfrachten und langsam mit Arsen vergiften, bis er starb. Nun zwang Rothschild alle europäischen Nationen, große Kredite bei ihm aufzunehmen. Sobald die Nationen das Geld geliehen hatten, zogen die Juden in offizielle Positionen ein. Die eigentliche Feier des jüdischen Sieges war der Wiener Kongress im Jahr 1815. Rothschild befahl den europäischen Herrschern, sich in Wien zu treffen und einen Plan zu entwerfen, der es unmöglich machen sollte, dass ein weiterer Napoleon an die Macht kommen könnte. Sie entwickelten den Plan des "Gleichgewichts der Kräfte", der vorsah, dass, wenn eine europäische Nation zu mächtig werden sollte, die anderen Nationen sich zusammenschließen und sie angreifen würden. Dies bedeutete, dass jeder künftige Feind der Juden sich den Armeen der anderen Nationen stellen musste, wie es später gegen Hitler geschah.

Der Wiener Kongress räumte mit den letzten Beschränkungen für die Juden auf. Er garantierte ihnen "gleiche Rechte" in allen europäischen Ländern, und sie strömten aus den Ghettos und besetzten Regierungsämter, Bildungseinrichtungen und Bankstellen. Der jüdische Parasit war zum unangefochtenen Herrscher über den nichtjüdischen Wirt geworden. Es war unvermeidlich, dass der nichtjüdische Wirt einer schrecklichen

Zukunft entgegensah, da sein Schicksal in solch grausamen, gierigen Banden lag.

Innerhalb von einhundert Jahren nach dem Wiener Kongress war ganz Europa in einen unheilvollen Weltkrieg verwickelt. Die Juden beendeten diesen Krieg auf eine Weise, die einen zweiten Weltkrieg unvermeidlich machte. Über hundert Millionen Nichtjuden verloren in diesen beiden jüdischen Kriegen ihr Leben. Die Aristokraten aller Länder mit Ausnahme Englands, das damals das jüdische Welthauptquartier war, wurden von ihren Thronen gefegt. Man warf sie beiseite, weil die Juden keine Verwendung mehr für sie hatten, und die Juden errichteten nun ihre eigene Form der kommunistischen Regierung. Diese jüdisch-kommunistischen Regierungen beraubten die Nichtjuden allen persönlichen Besitzes und aller individuellen Menschenrechte. Nur Juden konnten in diesen Regierungen eine Stimme haben, und diejenigen Nichtjuden, die sich ihnen widersetzten, wurden in Konzentrationslager geschickt, gefoltert und zu Millionen ermordet. Allein in Russland ermordeten die Juden zwischen 1917 und 1940 zwanzig Millionen Christen.

Nach dem Kongress von 1815 kam es 1848 zur nächsten Welle jüdischer Revolten. Jedes Land in Europa wurde durch das Schauspiel von Horden schreiender Juden alarmiert, die von den Nichtjuden die Herausgabe ihres gesamten Privateigentums verlangten. Dies wurde als Kommunismus bekannt. Der Jude Karl Marx schrieb und veröffentlichte das Kommunistische Manifest und wurde zum Gründungsvater der Kommunistischen Partei, deren Mitglieder seither von Juden dominiert werden. Nach den Aufständen von 1848 übernahmen die Juden in vielen europäischen Ländern Kabinettsposten. Baron sagt, Seite 329, *Great Ideas of the Jewish People*,

"Es ist weniger überraschend, dass Frankreich, wo die jüdische Emanzipation seit einem Jahrhundert in Kraft war, auch zwei prominente Juden in sein neues Kabinett aufnahm. Einer von ihnen, Michael Godchaux, wurde Finanzminister... Das ebenso wichtige Justizministerium wurde dem überzeugten Verfechter der jüdischen Rechte, Adolphe Crémieux, übertragen. "

Man beachte, dass der Baron sagt, dieser Posten sei "übergeben" worden. Zu dieser Zeit besaß Baron James de Rothschild ein Vermögen, das sechzigmal größer war als das Vermögen des Königs von Frankreich. Baron erwähnt auch nicht, dass Crémieux an der Spitze der Alliance Israelite Universelle, der zionistischen Weltmachtbewegung, stand. Er erwähnt auch nicht, dass die jüdische Emanzipation seit einem Jahrhundert in Kraft war, weil die Juden die nichtjüdischen Führer Frankreichs während der Revolution massakriert hatten. In England kontrollierte Nathan Mayer Rothschild den größten Teil des Reichtums des Reiches. Andere Rothschilds kontrollierten die Nationen Deutschland und Österreich-Ungarn. Die jüdische Spinne der internationalen Finanzwelt hatte nun ihr Netz über die nichtjüdische Welt gesponnen, und bald würde ihr Gift alle Nichtjuden lähmen und sie zu hilflosen Sklaven der Juden machen.

Jüdische Beamte besetzten nun die Regierungssäle in allen europäischen Ländern. Baron D'Israeli wird als "einer der großen Erbauer des britischen Imperiums" und "der Erneuerer der Konservativen Partei" gefeiert. Der Außenminister der österreichisch-ungarischen Monarchie war Baron Alois von Aehrenthal, ein Jude, der die immerwährenden "Balkankrisen" verursachte und den Weg für die große Schlacht, den Ersten Weltkrieg, ebnete.

Im späten 19. Jahrhundert[th] erkannten die Juden mit wachsender Begeisterung, dass der Moment nahte, ihr Weltreich zu errichten. Jüdische internationale Bankiers kontrollierten alle Regierungen Europas, und sie brauchten nur noch weiteren Schaden unter den Nichtjuden anzurichten, bevor sie Palästina erobern konnten, denn es war ihr Aberglaube, dass sie die Welt nicht beherrschen könnten, bevor sie nicht das kleine Stück Wüste besäßen, wo sie vor fünftausend Jahren als Banditen angefangen hatten.

Ein typischer prominenter Jude in dieser Zeit war Basil Zaharoff, der fünfzig Jahre lang als der "Mystery Man of Europe" bekannt war. Ihm wird nachgesagt, dass er viele kleine Kriege angezettelt und die Hauptrolle bei der Auslösung des Ersten Weltkriegs gespielt hat. Ein wirkliches Geheimnis war Zaharoff nie. Seine Biographen geben an, dass er als Manel Sahar russisch-jüdischer Abstammung im Ghetto von Wilkomir in Russland geboren wurde. Als er vier Jahre alt war, zogen seine Eltern nach Konstantinopel, und im Alter von sechs Jahren wurde er Bordelltourist und führte Touristen zu den Häusern der Prostitution. Als junger Mann war er ein bekannter Zuhälter in Konstantinopel, und im Alter von vierundzwanzig Jahren floh er nach Athen, nachdem er bei einem Raubüberfall einen Matrosen im Hafen ermordet hatte.

Nachdem er sich mehrere Jahre lang in Athen auf unehrliche Weise durchgeschlagen hatte, wurde Zaharoff Rüstungsverkäufer für die Firma Maxim Nordenfeldt. Der Übergang vom Zuhälter zum Verkäufer war einfach, denn Regierungsaufträge wurden üblicherweise durch die Bereitstellung schöner Prostituierter für den Auftraggeber vermittelt. Dank seines Talents für Zuhälterei und Erpressung war Zaharoff außerordentlich erfolgreich darin, Regierungen zum Kauf seiner Waren zu bewegen, und er wurde bald zum Millionär. Er gab viele Tausend Dollar aus, um sein Strafregister zu tilgen, aber 1911 wurde seine Vergangenheit aufgedeckt, als sein Sohn Haim Sahar, ein in Birmingham, England, lebender Jude, ihn auf einen Teil seines Vermögens verklagte. Obwohl Haim nachweisen konnte, dass er Zaharoffs Sohn war, erhielt er nichts von Zaharoff, der zu diesem Zeitpunkt ein Vermögen von hundert Millionen Dollar angehäuft hatte.

In den 1890er Jahren war das größte Munitionsunternehmen der Welt das englische Unternehmen Vickers, das sich im Besitz der Rothschilds befand. Im Jahr 1897 kaufte Vickers die Naval Construction and Armaments Co. und auch die Maxim Nordenfeldt Co. Zaharoff war der größte Aktionär, und die Rothschilds setzten ihn in den Vorstand von Vickers. Die Juden versorgten dann alle Regierungen Europas mit Munition. Die

Rothschilds zwangen die Regierungen, denen sie Geld liehen, den größten Teil davon für den Kauf von Rüstungsgütern zu verwenden. Die Bühne für einen Weltkrieg war bereit, und wie der Wirtschaftshistoriker Werner Sombart sagte: "Kriege sind die Ernten der Juden". Die Juden begannen, aus ihren Ghettos auf dem Balkan zu strömen und kamen in einer Zahl von 600.000 pro Jahr nach England und in einer Zahl von einer Million pro Jahr in die Vereinigten Staaten. Sie übernahmen die Regierungsämter so vollständig, dass das englische Außenministerium als "Too-Foreign Office" bekannt wurde, in Anspielung auf die große Anzahl von Juden mit dickem Akzent, die seine Ministerien besetzten und in vielen Ländern Finanz- und Justizminister wurden, so dass sie die Nationen durch diese Positionen kontrollieren konnten. Der Finanzminister in Frankreich war Klots, in Italien Luzzatti, in Deutschland Demberg und in England Isaacs. Von 355 angestellten englischen Konsularbeamten waren 200 im Ausland geboren, und 120 ließen sich ohne weiteres als Juden identifizieren, obwohl die Gesamtzahl zweifellos höher war.

Jede europäische Regierung wurde von Finanz- und Spionageskandalen erschüttert, da die Juden Staatsgeheimnisse und Patente an den Meistbietenden verkauften. Als der Nichtjude Marconi das Radio erfand, gelangte es in den Besitz der jüdischen Familie Isaacs, und der amerikanische Zweig RCA wurde von dem russischen Juden David Sarnoff geleitet. Am 7. März 1912 teilten der englische Postmeister Sir Herbert Samuel, der der jüdischen Familie angehörte, der auch Shell Oil gehörte, und Charles Isaacs, Präsident von Marconi, Ltd. 100.000 Aktien als Geschenk an seinen Bruder Rufus Isaacs, den Finanzminister, und Lloyd George, den Premierminister. Als der Skandal in der Presse bekannt wurde, blieb nicht nur Lloyd George im Amt, sondern die Rothschilds zwangen Lord Asquith mit der für sie typischen Unverfrorenheit, Rufus Isaacs zum Lord Chief Justice von England zu ernennen, mit dem Titel eines Baron Reading of Erleigh. Rudyard Kipling kommentierte diese Ernennung mit den Worten: "Vor drei Jahren hätte man gesagt, dass die Marconi-Skandale und die Ernennung des jetzigen Lord Chief Justice unmöglich seien. "

Die Juden kontrollierten nicht nur Lloyd George mit Bestechungsgeldern, sondern Zaharoff schickte auch seine Ex-Frau, um eine Affäre mit dem Premierminister zu haben. Ein Helfer Zaharoffs war ein ungarischer Jude namens Trebitsch, der nach England gekommen war, seinem Namen den Zusatz Lincoln hinzufügte, vielleicht in Erinnerung an den ermordeten St. Hugh of Lincoln, und als Trebitsch-Lincoln ein Geistlicher der Church of England und Mitglied des Parlaments wurde, während er als Agent für Zaharoff arbeitete. Trebitsch-Lincoln starb in den 1930er Jahren als Mönch in Tibet. Sein Werdegang ist typisch für den heimatlosen, kosmopolitischen Juden, der überall hingehen und jede Rolle übernehmen kann.

Auch Zaharoff starb in den 1930er Jahren, als Multimillionär an der Riviera, während er den Zweiten Weltkrieg plante. Vor seinem Tod hatte er die einzige Person ermordet, die alle Geheimnisse seiner kriminellen Vergangenheit kannte, einen Juden namens Nadel, der Mitglied der französischen Surete gewesen war und in den Besitz von Beweismaterial gegen Zaharoff gekommen war. Nadel erpresste Zaharoff zehn Jahre lang und wurde schließlich tot in seiner Suite an der Riviera aufgefunden, mit einer Million Francs in bar in einer Kommodenschublade, offenbar die letzte Rate, die Zaharoff zu zahlen bereit war. Der Erste Weltkrieg war pünktlich ausgebrochen, sorgfältig geplant von Zaharoff und den anderen jüdischen Munitionsmagnaten. Mit dem Gemetzel an den Nichtjuden wurde ein gewaltiges Vermögen gemacht. Ein jüdischer Wissenschaftler in England namens Chaim Weizmann erfand während des Krieges ein tödliches Giftgas, und die Juden stimmten zu, dass die Briten es einsetzen könnten, wenn sie die zionistische Bewegung bei der Eroberung Palästinas unterstützen würden. Die Briten nahmen das Angebot an, das Lord Balfour am 2. November 1917 in einem Brief an Lord Rothschild offiziell machte. Allerdings hatte T. E. Lawrence, bekannt als Lawrence von Arabien, die Araber dazu überredet, sich gegen die Türken aufzulehnen und England zu unterstützen. Im Gegenzug hatten sich die Engländer bereit erklärt, die Juden aus Palästina herauszuhalten. Lawrence war von diesem Verrat an den Arabern so angewidert, dass er sich für immer aus dem öffentlichen Leben zurückzog. Ironischerweise markierte dieses Doppelspiel den Beginn des Niedergangs Englands als Weltmacht, und das Land sank bald in die Rolle einer Nation zweiter Klasse. [2]

Chaim Weizmann wurde als Gründer Israels bekannt, und die jüdische Nation verdankt ihre Entstehung der Erfindung einer Waffe, die so schrecklich ist, dass die meisten Länder sich darauf geeinigt haben, sie niemals einzusetzen. Während des Zweiten Weltkriegs arbeiteten jüdische Wissenschaftler erneut zusammen, um eine noch tödlichere Waffe, die Atombombe, zu erfinden, die als jüdische Höllenbombe bekannt wurde.

---

[2] "Desmond Stewart und andere englische Autoren haben kürzlich Beweise dafür zusammengetragen, dass der Tod von T. E. Lawrence bei einem Motorrad-'Unfall' in Wirklichkeit kaltblütiger Mord war. Die Juden wussten, dass ihre Pläne, die arabischen Länder zu erobern, niemals verwirklicht werden konnten, solange Lawrence am Leben war, um die Zusagen zur territorialen Integrität zu bezeugen, die die Briten den Arabern im Austausch für ihre Unterstützung während des Ersten Weltkriegs gemacht hatten. Daraufhin wurde die Geschichte verbreitet, er sei ausgewichen, um einen Zusammenstoß mit Kindern auf der Straße zu vermeiden, obwohl sich zum Zeitpunkt des "Unfalls" keine Kinder in der Nähe befanden. Aufgrund seiner Verbindungen zum Geheimdienst gehörte Winston Churchill zu denjenigen, die in die Tatsache eingeweiht waren, dass Lawrence ermordet worden war. Diese Information, die Churchill die Macht der Juden vor Augen führte, und seine schlechte finanzielle Lage veranlassten ihn dazu, seine bisherige verächtliche Haltung gegenüber den Juden zu ändern und ihre Unterstützung zu suchen. Er reiste nach New York, um Bernard Baruch um ein Darlehen zu bitten, aber die Juden, die sich nicht sicher waren, ob man ihm trauen konnte, ließen ihn vor Baruchs Wohnung von einem Auto überfahren, wobei er fast ums Leben kam. Nach einigen Monaten im Krankenhaus kehrte Churchill nach England zurück. Die Juden teilten ihm daraufhin mit, dass sie, da er seinen "Unfall" überlebt hatte und sich bewusst war, dass jede Abweichung von ihrer Linie zu einem zweiten, tödlichen Unfall führen würde, seine ausstehenden Geldscheine aufheben würden. Nach seiner Rückkehr begann er, für "Bereitschaft" und Krieg gegen Deutschland zu werben, eine Haltung, die diejenigen verwirrte, die seine früheren Hinweise auf Hitler als "den George Washington Europas" zitierten. Hitler mag zwar George Washington sein, aber es waren die Juden, die die Hypothek auf Chartwell, das Churchill-Anwesen, hielten. "

Während des Krieges sangen die Juden ihre Hymne,

"Vorwärts, christliche Soldaten!
Marschieren wir in den Krieg;
Wir werden die Uniformen machen,
wie wir es früher taten. "

Obwohl die Juden die meisten Verträge für die Versorgung der kämpfenden nichtjüdischen Armeen erhielten, wurde das wirkliche Geld von den Rothschilds verdient, und zwar durch die Zinsen auf die enormen Schulden, die von allen kriegführenden Nationen angehäuft wurden. Die Juden nutzten den Krieg auch, um eine erfolgreiche Revolution in Russland zu inszenieren. Nach Kriegsende strömten Juden aus der ganzen Welt nach Paris zur Friedenskonferenz, die durchaus auf Jiddisch hätte abgehalten werden können, da jede Nation durch eine jüdische Delegation vertreten war. Politische Beobachter waren erstaunt über die rücksichtslose Art und Weise, mit der die Juden Europa aufteilten, um einen zweiten Weltkrieg unvermeidlich zu machen. Sie gründeten einen neuen Staat, die Tschechoslowakei, und schenkten ihn ihrem Freund Masaryk als Belohnung dafür, dass er sie vor der Bestrafung für Ritualmordverbrechen bewahrt hatte. Sie verlangten von den Deutschen enorme Reparationszahlungen, da sie wussten, dass dies die Deutschen zu neuen Kämpfen veranlassen würde.

Während dieser Friedenskonferenz hielt einer der großen Staatsmänner Frankreichs, Senator Gaudin de Villain, am 13. Mai 1919 eine Rede im französischen Senat, in der er die subversiven Handlungen der Juden anprangerte. Neben vielen anderen Punkten sagte er,

"Die Russische Revolution und der Große Krieg von 1914-1918 sind nur Phasen der höchsten Mobilisierung der kosmopolitischen Mächte des Geldes, und dieser höchste Kreuzzug des Goldes gegen das Kreuz ist nicht mehr und nicht weniger als das wütende Streben des Juden nach der Herrschaft über unsere Welt. Es ist die Hochjudenbank, die in Russland die von den Kerenskys vorbereitete und schließlich von den Lenins, Trotzkys und Sinowjews durchgeführte Revolution angezettelt hat, wie gestern den kommunistischen Staatsstreich in Ungarn, denn der Bolschewismus ist nichts anderes als eine talmudische Umwälzung. "

KAPITEL 8

JUDEN UND KOMMUNISMUS

Mit ihrem üblichen Talent, die Dinge zu verwirren, haben die Juden eine Reihe von Vorwänden geschaffen, um ihr neuestes Geschenk an die Welt zu verbergen: die Philosophie des Kommunismus. Was ist Kommunismus? In den Millionen von Wörtern, die zu diesem Thema in Tausenden von Büchern geschrieben wurden, die von den Juden veröffentlicht wurden, werden Sie nicht den einen Satz finden, der den Kommunismus erklärt - der Kommunismus ist die moderne Form des jüdischen Kollektivstaates.

Was sind die Grundsätze des Kommunismus? Zunächst einmal ist der Kommunismus international ausgerichtet. Er lehnt die Grundsätze des Nationalismus ab. Zweitens leugnet der Kommunismus Jesus Christus und seine Liebe zum Einzelnen. Er leugnet auch das Prinzip der Erlösung der Seele, das die Grundlage allen christlichen Glaubens ist. Drittens verweigert der Kommunismus dem Einzelnen alle Menschenrechte, wie z. B. Privateigentum, Mitspracherecht in der Regierung oder das Recht, die Autorität des kollektiven Staates in Frage zu stellen.

Dies sind also die Grundprinzipien des Kommunismus. Seltsamerweise sind dies auch die Grundprinzipien der Juden. Internationalismus, Hass auf Jesus Christus, Hass auf das Individuum, die Verweigerung der Menschenrechte, die Diktatur des kollektiven Staates - das sind die Grundprinzipien der jüdischen und der kommunistischen politischen Bewegungen. Man darf sich also nicht wundern, dass ein Jude, Karl Marx, der Vater der Philosophie des Kommunismus ist.

Wir haben bereits die eiserne Disziplin erörtert, unter der der einzelne Jude lebt, die Diktatur, die die Ältesten von Zion über jeden Aspekt des jüdischen Lebens ausüben. Diese jüdische Diktatur, ausgedehnt auf die Nichtjuden, wird Kommunismus genannt.

Aber, so könnte man fragen, warum greifen die Juden das Prinzip des Privateigentums an, wenn die Juden bereits 80 % des Privateigentums in den westlichen Nationen besitzen? Zunächst einmal meint der Jude mit dem Begriff Privateigentum das Eigentum, das immer noch den Nichtjuden gehört. Nach talmudischem Recht sind Nichtjuden Tiere, die nichts besitzen dürfen, weder Häuser, noch Land, noch persönliches Eigentum. Mit der Beschlagnahmung des Privateigentums der Nichtjuden folgen die Juden daher einfach einem Grundprinzip ihrer Religion.

Wenn Kommunisten ein Land übernehmen, ermorden sie als Erstes alle nichtjüdischen Führer - die Professoren, Ärzte, Regierungsbeamten und alle anderen Nichtjuden, die eine Opposition gegen sie anführen könnten. Dies folgt dem grundlegenden jüdischen Gebot,

"Die Besten der Nichtjuden töten! "

Da das jüdische Volk nicht an individuelle Rechte glaubt, ist ihm das Konzept des Privateigentums fremd. Jeder Jude betrachtet den Reichtum der anderen Juden als Teil des israelischen Nationalvermögens. Obwohl einzelne Juden zu Lebzeiten über ihr Geld verfügen können, müssen sie in hohem Maße zu jüdischen Einrichtungen beitragen, jüdische revolutionäre Bewegungen finanzieren, Beamte bestechen, um jüdische Ritualmorde zu vertuschen, und den größten Teil ihres Einkommens für rein jüdische Angelegenheiten ausgeben. Nach ihrem Tod muss ihr Geld an Juden gehen, und unter keinen Umständen darf es in nichtjüdische Hände gelangen. Deshalb gründen die Juden zionistische Stiftungen und vermeiden alle Steuern auf ihr Geld, trotz der strafenden marxistischen

Steuergesetze, die sie für die Nichtjuden erlassen und durchsetzen.

Aber wie können jüdische Banker Kommunisten sein, fragt sich der aufrichtige Bürger? Jeder weiß, dass die Kommunisten die Bankiers angreifen und ihr Vermögen beschlagnahmen. Dennoch beweisen Tonnen von Dokumenten, dass alle Mittel für das Wachstum des Kommunismus in der ganzen Welt von jüdischen Bankiers stammen. Die Hauptquelle war die jüdisch kontrollierte Bank von England und die Bank von Frankreich. Diese sind Abteilungen der, wie Senator de Villain es nannte, "High Jew Bank", die von der Familie Rothschild verwaltet wird. Wir sehen also, dass ein angeblich privates jüdisches Vermögen hauptsächlich für jüdische Aktivitäten und zur Finanzierung der internationalen jüdisch-kommunistischen revolutionären Bewegung verwendet wird.

Trotz der Tatsache, dass die Juden den größten Teil des Eigentums in den christlichen Nationen besitzen oder kontrollieren, ist es ein besonderes Merkmal des jüdischen Parasiten, dass er jede Handlung und jedes Detail im Leben des nichtjüdischen Wirtes beherrschen muss. Ohne diese totale Diktatur über den Nichtjuden, ohne die Wut und die Schizophrenie des Juden, die sie notwendig machen, würde das moderne Leben viel von seiner Richtung verlieren, denn der Jude kann sich nie ganz sicher fühlen. Ein Rothschild mit seinen Milliarden hat den gleichen Alptraum wie der kleine jüdische Schneider am Ende der Straße, die Angst, dass er eines Tages vom nichtjüdischen Wirt vertrieben werden könnte, dass ihm seine parasitäre Existenz verwehrt werden könnte. Deshalb muss er eine Macht auf Leben und Tod über den nichtjüdischen Wirt erlangen.

Die meisten Nichtjuden machen den Fehler, anzunehmen, dass der Jude nur an Geld interessiert ist. Das ist eine gefährliche Verallgemeinerung. Wenn der Jude nur an Geld interessiert wäre, wäre er kein Problem mehr, denn er hat bereits unser Geld. Der Jude interessiert sich für Geld in erster Linie als Waffe, als Instrument der Macht über den nichtjüdischen Wirt. Mit Geld gibt der Jude Hunderttausende von Dollar aus, um brutale rituelle Morde an unschuldigen christlichen Kindern zu vertuschen; er besticht nichtjüdische Beamte, ruiniert jene Nichtjuden, die es wagen, sich ihm zu widersetzen, kauft Beweise und Zeugen, um Nichtjuden aufgrund erfundener Anklagen ins Gefängnis oder in Irrenhäuser zu schicken.

Der Kommunismus ist lediglich der nächste Schritt in dem wütenden Wunsch des jüdischen Parasiten, den nichtjüdischen Wirt zu unterwerfen und zu kontrollieren. Zuerst kommt die finanzielle Macht, dann die Regierungsdiktatur des Kommunismus. Im Kommunismus muss der Jude die nichtjüdischen Beamten nicht bestechen. Er unterschreibt lediglich deren Hinrichtungsbefehl. Schwache Nichtjuden werden in Konzentrationslager geschickt; starke, die zu Führern werden könnten und eine Bedrohung für die rabbinische Theokratie, die den Staat regiert, darstellen könnten, werden gefoltert und ermordet. Nach ein paar Jahren jüdisch-kommunistischer Herrschaft gibt es keine nichtjüdischen Führer mehr, und die nichtjüdischen Überlebenden versinken in einem Zustand hoffnungsloser Apathie, denn die Spannung, die den kommunistischen Staat ins Leben gerufen hat, das Bedürfnis des jüdischen Parasiten, den nichtjüdischen Wirt zu kontrollieren, existiert nicht mehr. Juden und Nichtjuden gleiten gleichermaßen in ein Leben schäbiger Hoffnungslosigkeit ab. Was für ein Leben ist das? Es ist das Leben im Ghetto. Ein kommunistischer Staat ist lediglich ein Ghetto einer Nation.

Jeder Besucher aus dem Westen, der ein kommunistisches Land betritt, bemerkt sofort die Tristesse der Menschen und der Städte. Alles ist schäbig und heruntergekommen. Der Funke des Lebens ist erloschen. Die Nichtjuden leben in einer Zombie-Halbwelt aus Angst und Armut, während fette Juden von einem Urlaubsort zum anderen reisen, begleitet von blonden Mätressen in Zobelmänteln. Trotz der offensichtlichen Vergnügungen findet auch der Jude den Kommunismus eine langweilige Existenz. Warum ist das so? Jede Erfindung, jedes bisschen schöpferisches Leben kommt vom Nichtjuden, denn den erdgebundenen Juden, die im Kollektiv leben und das

Individuum hassen, fehlt jeglicher Einfallsreichtum und schöpferischer Instinkt. Diesen mussten sie sich immer von den Nichtjuden holen. Jetzt ist er weg, denn im Kommunismus haben die Nichtjuden weder Geld noch Muße, neue Erfindungen oder Kunstwerke zu entwickeln.

Folglich verliert der Jude seine Existenzberechtigung. Seit fünftausend Jahren besteht der Hauptzweck des jüdischen Lebens darin, die nichtjüdische Schar zu unterwerfen oder zu kontrollieren. Sobald dies erreicht ist, hat der Jude nichts mehr, wofür er leben könnte. Er hat den Lebensfunken in der nichtjüdischen Schar zerstört und muss mit Entsetzen feststellen, dass er damit auch den Lebensfunken in sich selbst ausgelöscht hat, denn sein eigenes Leben war völlig abhängig vom Leben der Schar.

In einem kürzlich erschienenen Buch, *Floodtide in Europe*, erklärt der bekannte Journalist Don Cook, dass alle Zeitungsleute, die in kommunistische Länder reisen, vom "Geruch des Kommunismus" sprechen. Er sagt: "Am schlimmsten war für mich die eigentümliche und unverwechselbare *Geruch* von Russland und der kommunistischen Welt, der Leipzig durchdrang."

Vor dreißig Jahren war Leipzig eine makellose deutsche Stadt. Unter dem Kommunismus verfiel die Stadt bald wieder in den Schmutz eines mittelalterlichen jüdischen Ghettos. Der Koch fährt fort,

"Jeder, der jemals einen Fuß in die Sowjetunion gesetzt hat, kennt diesen Geruch - einen abgestandenen, schweren, ungewaschenen Geruch. Cook nennt ihn "einen Gefängnisgeruch von Hoffnungslosigkeit, Verzweiflung und Gleichgültigkeit". "Er beschreibt ihn auch als einen Geruch "von alten Toiletten, Karbolseife, ungewaschenen Körpern ... ein Geruch, der sich einem aufdrängt, sobald man ein Gebäude betritt, ein Geruch, gegen den niemand etwas tun kann, ein Geruch, der zum System gehört."

Was ist das für ein Geruch, der mit dem kommunistischen System einhergeht? Es ist die ranzige und faulige Luft des Warschauer Ghettos im Mittelalter, die von den Juden erzeugt wurde, als sie jahrelang ungewaschen in winzigen Räumen saßen, über dem Talmud brüteten und sich fragten, wann sie die Macht über die Nichtjuden erlangen würden. Bäder oder ein Wechsel der Wäsche waren ihnen unbekannt. Für diese Dinge hätte man arbeiten müssen, und das war für einen Juden undenkbar. Ihre Religion verbot es ihnen, für ein "nichtjüdisches Tier" zu arbeiten, und die einzige Fähigkeit, die sie besaßen, war die schwarze Magie, die in der Regel nicht funktionierte.

Dieser abgestandene, ungewaschene Geruch der kommunistischen Hoffnungslosigkeit ist in den Vereinigten Staaten nicht unbekannt. Wir finden ihn in der Skid Row, wo jüdische Hotelbesitzer die ungewaschenen Körper von Pennern für 25 Cent pro Kopf für die Nacht in stinkenden Kabinen zusammenpferchen. Das sind die Nichtjuden, die ihr Vermögen an jüdische Unternehmer verloren haben und sich nun in einen Zustand hoffnungsloser Trägheit saufen; und wir finden diesen Geruch auch in den Irrenanstalten, wo die jüdischen Psychiater so viele nichtjüdische Kritiker der Juden dazu verurteilt haben, für den Rest ihres Lebens eingesperrt zu werden, ohne Prozess und ohne ein Verbrechen begangen zu haben, außer dem unverzeihlichen Verbrechen, sich den Juden entgegengestellt zu haben. Der Dichter Ezra Pound, der die Juden dafür kritisierte, dass sie die Welt in die Schrecken des Zweiten Weltkriegs stürzten, verbrachte dreizehn Jahre im Höllenloch von St. Elizabeth's, einer bundesstaatlichen psychiatrischen Anstalt in Washington, D.C. für politische Gefangene. Pound gewann eine Reihe von Preisen für seine Schriften, während die Juden ihn als Wahnsinnigen einsperrten. Viele Besucher der Anstalt, darunter auch dieser Autor, kommentierten, dass der Gestank dieses Ortes genau dem der Städte in Europa entsprach, die an die jüdischen Kommunisten gefallen waren.

Der Kommunismus trägt nicht nur den schrecklichen Geruch menschlicher Verzweiflung in sich, sondern weist auch alle unmenschlichen Aspekte des Juden auf. Die französische

Schriftstellerin Simone de Beauvoir berichtet in ihrem kürzlich erschienenen Buch *"Die Macht der Umstände"*, dass sie Brasilia besucht hat, eine Stadt in Brasilien, die von einem Architekten namens Oscar Niemeyer entworfen wurde, den sie als "kommunistischen Juden" bezeichnet. Über die Architektur dort sagte sie auf Seite 533: "Diese Unmenschlichkeit ist das erste, was einem auffällt. "Sie zitiert auch Lacerdas Kommentar zu Brasilia: "Es ist eine architektonische Ausstellung in Lebensgröße". de Beauvoir versäumt es, hinzuzufügen, dass der amerikanische Steuerzahler fünfhundert Millionen Dollar aufbrachte, um diese Traumstadt der Juden inmitten des brasilianischen Dschungels zu bauen.

Unmenschlichkeit und Blutrünstigkeit - das sind die Markenzeichen des jüdischen Kommunismus. Um die französische Revolution anzustacheln, bezahlten jüdische Bankiers Agitatoren, die die Massen auf den Straßen aufhetzten, während der französische König entsetzt war und nicht verstand, was geschah. Der bekannte Gelehrte Stanton Coblentz erwähnt auf Seite 126 seines Buches *"Zehn Krisen der Zivilisation"* "die geheime lenkende Kraft, die bei der Französischen Revolution am Werk gewesen zu sein scheint". Entweder fürchtete er zu erwähnen, dass es sich bei dieser Kraft um die Juden handelte, oder dies wurde von einem jüdischen Herausgeber aus seinem Manuskript gestrichen. Viele andere Gelehrte haben die Juden als die geheime Kraft hinter der Französischen Revolution genannt.

Nachdem sie die Massen zum Mord an den nichtjüdischen Führern angestachelt hatten, zerrten die Juden Tausende von Nonnen und Priestern aus den Kirchen und hackten sie mit Äxten und Beilen in Stücke oder ermordeten sie vor dem Altar Christi, so dass sich die christlichen Kathedralen in traditionelle jüdische Synagogen verwandelten, die nach nichtjüdischem Blut stanken und von den Schreien der sterbenden Frauen und Kinder widerhallten. Hunderte hilfloser christlicher Männer und Frauen wurden nackt ausgezogen, zu Paaren zusammengebunden und zum Ertrinken in die Flüsse geworfen, während Juden am Ufer standen und die Opfer dieser "revolutionären Hochzeiten" verhöhnten. Die Französische Revolution war als der größte Triumph der jüdischen Kommunisten gefeiert worden. Warum hat dann der nichtjüdische Napoleon die Macht übernommen? Warum konnten die Juden nicht eine kommunistische Diktatur in Frankreich errichten?

Die Juden waren nie in der Lage, die politische Macht über ein nordeuropäisches Volk zu behalten, dessen Intelligenz und Mut sie zu den Herren der Welt gemacht hatten. Die Juden konnten mit ihrer Gerissenheit gewinnen, aber Gerissenheit konnte weder eine Nation verwalten noch die Ketten der Sklaverei um die Nordeuropäer schmieden. Jahrhundert konnten Karl Marx und andere jüdische Kommunisten zwar Revolutionen anzetteln, aber sie konnten die Macht nicht gewinnen. Erst in Russland fanden die Juden schließlich ihr Opfer, und selbst dort hätten sie nicht gewinnen können, wenn die russischen Führer nicht durch die Aufgaben des Krieges abgelenkt gewesen wären. Baron sagt, "*Große Zeitalter und Ideen des jüdischen Volkes*", Seite 329,

"Während der Revolution (von 1848) trat die jüdische Führung auf dramatische Weise in den Vordergrund. In Wien, wo das Metternich-System plötzlich gestürzt wurde, wurden zwei junge jüdische Ärzte, Adolf Fischof und Joseph Goldmark, zu den wichtigsten Architekten der revolutionären Bewegung. Als Leiter des Komitees für Sicherheit erschien Fischof als ungekrönter Kaiser von Österreich... Auch in Italien wurde die Revolution oft von Juden angeführt. Das Oberhaupt der neuen venezianischen Republik war ein konvertierter Jude, Daniel Manin, aber seinem Kabinett gehörten zwei loyale Juden an."

Loyal gegenüber wem, muss man fragen. Dem Volk von Venedig? Baron sagt es nicht, aber offensichtlich meint er, dem internationalen Judentum gegenüber loyal. Es war nur eine weitere jüdische Revolution. Ein Jude war "der ungekrönte Kaiser von Österreich", als Ergebnis einer jüdischen Revolte, aber er konnte die Macht nicht halten. Die nichtjüdischen

Regierungen mussten weitere fünfundsiebzig Jahre geschwächt werden, bevor die Juden die Kontrolle behalten konnten.

Russland gab den Juden ihre Chance. Die slawischen Völker waren den Juden insofern ähnlich, als sie kaum ein kulturelles Leben hatten. Archäologen finden in Russland keine Artefakte der Zivilisation. Wie in Palästina, der Heimat der Juden, finden sich im Boden nur Fragmente von Tongefäßen und andere Zeugnisse einer steinzeitlichen Kultur. Auch Russland war bis vor kurzem die Heimat nomadischer Banditen. Zwei griechische Mönche reisten nach Russland und begründeten das kyrillische Alphabet, das nach einem von ihnen benannt wurde. Im Jahr 908 n. Chr. baten die Slawen die Deutschen, über sie zu herrschen, da sie sich selbst für unfähig hielten, sich zu regieren. Die Deutschen gründeten eine Aristokratie, die als Weißrussen bekannt wurde und das Land eintausend Jahre lang verwaltete, bis die Juden es 1917 übernahmen. Die slawischen Bauern hatten nie Probleme gemacht, aber in weniger als einem Jahrhundert schafften die Juden ihre Revolution. Wie Baron auf Seite 332, *Great Ages and Ideas of the Jewish People,* schreibt,

> "Der wachsenden jüdischen Intelligenz dämmerte zunehmend die Erkenntnis, dass die Judenfrage nicht ohne den totalen Umsturz der bestehenden russischen Ordnung gelöst werden konnte."

Was für eine interessante Entscheidung! Sie war nicht neu. Tatsächlich sind die Juden in jedem nichtjüdischen Land, in dem sie eine Gemeinschaft von Parasiten gegründet haben, zu dieser unvermeidlichen Schlussfolgerung gekommen. Sie müssen sich dem Umsturz der bestehenden Ordnung widmen. Dies ist eine typische "*Große Idee des jüdischen Volkes*". Es ist die einzige Idee, die sie jemals hatten.

Auf Seite 416 berichtet Baron, dass "der Aufstieg jüdischer Bankunternehmen einige sozialistische Schriftsteller dazu veranlasste, sich dem antisemitischen Aufschrei gegen die so genannte jüdische Finanzherrschaft anzuschließen."

Dies stellte die jüdischen Kommunisten hundert Jahre lang vor ein peinliches Dilemma. Auf der einen Seite mussten sie alle nichtjüdischen Grundbesitzer, Fabrikanten und Bankiers als "Volksfeinde" angreifen. Auf der anderen Seite mussten sie irgendwie die jüdischen Grundbesitzer, Fabrikanten und Bankiers von diesen Angriffen ausnehmen. Sie bewegten sich auch auf einem ständigen Drahtseilakt, um die Tatsache zu verbergen, dass alle kommunistischen Gelder von jüdischen Bankiers kamen. In der gesamten kommunistischen Literatur findet man keine einzige Kritik an den Rothschilds, dafür aber seitenlange Hetzreden gegen nichtjüdische Bankiers wie J.P. Morgan.

Das "jüdische Problem" in Russland war natürlich die Ausbeutung der Bauern durch die Juden und die Maßnahmen, die die weißrussischen Führer ergriffen, um die Bauern vor weiterer Ausbeutung zu schützen. Alle Gelehrten sind sich einig, dass die "Pogrome" oder Angriffe der Bauern auf die Juden darauf zurückzuführen sind, dass die Juden die Getreidemärkte beherrschten und die Bauern rücksichtslos ausbeuteten. Die Juden wurden so reich, dass viele von ihnen überhaupt keinen Beruf mehr ausüben konnten. Der berühmte jüdische Schriftsteller J.L. Peretz schrieb über die Juden von Odessa in dieser Zeit: "Leider sind wir ein Volk von Luftmenschen geworden. "Das ist jiddisch für "Menschen, die ohne sichtbare Mittel zur Unterstützung leben".

Im neunzehnten Jahrhundert arbeiteten Tausende jüdischer Agitatoren an der Förderung kommunistischer Revolutionen. Mit der Veröffentlichung von Karl Marx' Kommunistischem Manifest im Jahr 1848 spalteten sich die Juden in zwei Gruppen. Die bolschewistischen Marxisten vertraten die harte Linie, dass alle nichtjüdischen Grundbesitzer ausgerottet werden müssten. Die sozialistischen Marxisten vertraten die Ansicht, dass die Eroberung der Nichtjuden schrittweise erfolgen sollte, indem man die Kontrolle über alle Regierungs- und Bildungseinrichtungen erlangt und die Nichtjuden hilflos lässt, sich selbst zu regieren. Edward Bernstein führte die "weiche" Linie an. Er wird beschrieben als "einer der Führer der

Marxschen Ideologie, aber als Exilant in England war er ein Fabianischer Gradualist geworden". Bernstein ist der Vater der derzeitigen sozialistischen Labor-Regierung in England. Lenin war der Führer der Gruppe der "harten Linie" und führte einen Propagandakrieg gegen die "Bernsteinianer".

1905 unternahmen die Leninisten ihren ersten Versuch, die Macht in Russland zu übernehmen. Sie gewannen, aber da sie Theoretiker waren, hatten sie keine Ahnung, wie sie die Regierung verwalten sollten. Die wild gewordenen jüdischen Intellektuellen standen nach ihrem Sieg tagelang auf der Straße und beschimpften die Menge, bis die zaristischen Beamten in ihre Büros zurückkehrten und anfingen, Befehle zu erteilen. Die Revolution war zu Ende.

Im Jahr 1917 hatten die Leninisten ihre Lektion gelernt. Im März setzte eine Gruppe von "Bernsteinianern" unter der Führung des Juden Kerenski eine liberale sozialistische Regierung aus Juden ein, die jedoch niemanden ermordete. Trotzki, wie sich Lew Bronstein gerne nannte, und Lenin führten im Oktober desselben Jahres eine bolschewistische Machtergreifung an. Nach dem Vorbild der Französischen Revolution initiierte Trotzki eine Schreckensherrschaft. In den folgenden drei Jahren ließ er achtundachtzig Prozent der Weißrussen ermorden. Von den 312 führenden Kommunisten in Russland waren nur zwei nichtjüdische Funktionäre bekannt. Alle anderen waren Juden. Ihre erste Amtshandlung war die Verabschiedung eines Gesetzes, wonach Antisemitismus oder Kritik an den Juden das schlimmste Verbrechen war, das man im kommunistischen Russland begehen konnte. Darauf stand die Todesstrafe, und es konnte so unbedeutend sein wie das Erzählen eines antijüdischen Witzes. Selbst der Besitz von Büchern über die Juden, wie die *Protokolle der Weisen von Zion*, war ein Verbrechen, das mit dem Tod bestraft wurde. Die Machtergreifung der jüdischen Kommunisten war gekennzeichnet durch das Abschlachten der Nichtjuden, wie es während der Blütezeit von Esther in Persien, der Französischen Revolution und anderen Schreckensszenen geschah. Tausende von brutalen jüdischen Mordekais und Esthers ergriffen

Weißrussen, darunter auch Priester und Nonnen, und folterten sie auf unaussprechliche Weise, bevor sie sie an die Erschießungskommandos auslieferten. Zwischen 1917 und 1940 ermordeten die Juden in Russland zwanzig Millionen Christen.

Ein jüdischer Rohling trieb den Zaren von Russland, seine Frau und seine Kinder in einen Keller und erschoss sie kaltblütig. Es war das abscheulichste politische Attentat in der europäischen Geschichte, doch der erste Cousin des Zaren, König Georg V. von England, unternahm keine Anstrengungen, um seine Verwandten zu retten. Warum war das so? Hatte er keine Gefühle?

Natürlich hatte er Gefühle. Er hatte auch einen Geheimen Rat, der sich weigerte, einen Appell an die Bolschewiki zu richten, den Zaren zu verschonen. Dieser Geheime Rat bestand 1919 nur aus Juden. Er wurde von Lord Rothschild geleitet und bestand aus Sir Edwin Montagu, Sir Edgar Speyer, einem in Frankfurt geborenen jüdischen Bankier, der auf unerklärliche Weise in den höchsten Rat Englands aufgestiegen war, Sir Matthew Nathan, Sir Alfred Moritz Mond, Chef von Imperial Chemicals Ltd, Sir Harry Samuel, Eigentümer von Shell Oil, Sir Ernest Cassel und Earl Reading, Rufus Isaacs. Das Vermögen des Königs lag vollständig in den Händen dieser jüdischen Bankiers. Er wagte es nicht, den Mund aufzumachen, nicht einmal, um seine Blutsverwandten zu retten. Ein paar Jahre später empfing die britische Krone sowjetische Gesandte in London. Schließlich hatte England Karl Marx ein Zuhause geboten, als er seine Theorien des Kommunismus formulierte und sie an einem Schreibtisch im Britischen Museum ausarbeitete, und er ist in England begraben.

Außerdem war es im kommunistischen Russland ein Verbrechen, das mit dem Tod bestraft wurde, wenn man ein zaristischer Beamter war. Jahrelang hatten russische Beamte den Zaren gewarnt, dass die Juden versuchten, die Regierung zu stürzen. Diese Beamten mussten unbedingt getötet werden, bevor sie entkommen konnten, um den Rest Europas vor den Juden zu warnen. 1903 hatte Minister Wenzel von Plehve dem

Zaren einen schriftlichen Bericht vorgelegt, in dem er sich auf Polizeiakten stützte, wonach neunzig Prozent aller kommunistischen Revolutionäre in Russland bekannte Juden waren. Der Zar versuchte, die Juden zu beschwichtigen, indem er ihnen besondere Privilegien gewährte, aber das war, als würde man Benzin ins Feuer gießen. Sie dankten es ihm, indem sie ihn und seine Familie ermordeten. Die Beamten, die ihn gewarnt hatten, starben vor den Erschießungskommandos. Lenin schrieb, dass sie in Moskau nachts reihenweise Lastwagen abstellen mussten, deren Motoren auf Hochtouren liefen, um das ständige Dröhnen der Kanonen der Erschießungskommandos zu übertönen.

Die russische Führungsschicht, die deutschstämmigen Weißrussen, wurden bis auf einige wenige, die in den Westen entkamen, ausgelöscht. Es war eine Wiederholung der Französischen Revolution. Die Juden zwangen die Bevölkerung ganzer Städte, durch die Kontrolllinien zu marschieren. Wenn die Männer keine Schwielen an den Bändern hatten, waren sie keine Arbeiter und wurden erschossen. Wenn die Frauen eine gute Grammatik sprachen, wurden sie erschossen. Auf diese Weise wurde die nichtjüdische Intelligenz ausgerottet und eine Horde ungebildeter Bauern zurückgelassen, die von einer Minderheit jüdischer Banditen und Mörder beherrscht wurden. Die Juden hatten ihre Sklavenbevölkerung, wie Nietzsche 1871 über sie schrieb, als er die von den Weisen von Zion in der antiken Stadt Alexandria gegründete jüdische Kultur kommentierte, die als alexandrinische oder utopische Bewegung bekannt wurde:

"Aber wir sollten beachten, dass die alexandrinische Kultur die Sklaverei benötigt, um ihre Existenz zu sichern."

Die Juden erkannten dies zu spät, als sie die Araber aus Israel vertrieben und keine nichtjüdischen Sklaven hatten, die ihre Arbeit erledigen konnten. Jetzt versuchen sie, sie zur Rückkehr zu bewegen.

Mit der Ausrottung der Weißrussen stand das Land innerhalb eines Jahres am Rande des Zusammenbruchs. Es gab keine Schulen - die Juden hatten die Lehrer ermordet. Es gab keine medizinische Versorgung - die Juden hatten die Ärzte ermordet. Es gab keine Straßen, und die Fabriken waren nicht in Betrieb - die Juden hatten die Ingenieure ermordet. Es gab keine Kaufleute, sondern nur jüdische Schwarzhändler. Das kommunistische Russland wurde nur durch einen massiven Geldregen aus den westlichen Demokratien gerettet, so wie es während des Zweiten Weltkriegs durch hundert Milliarden Dollar an Militärgütern gerettet wurde, die vom amerikanischen Steuerzahler bezahlt wurden. Wie in jedem kommunistischen Land drohte eine Hungersnot das Volk bald auszulöschen. Die Juden bettelten bei den freien Nationen um Nahrung, während sie gleichzeitig in denselben Ländern eine riesige Armee von Spionen und Attentätern unterhielten. Der Chef des britischen Geheimdienstes MI-5 erklärte kürzlich, dass seine Akten die Namen von 4326 Personen enthielten, von denen mit Sicherheit bekannt ist, dass sie seit 1920 in den Vereinigten Staaten und Europa von kommunistischen Attentätern ermordet worden sind. Dieses internationale Netzwerk jüdischer Attentäter wurde 1938 durch die Ermordung des Überläufers Walter Krivitsky in Washington D.C. aufgedeckt. Flora Lewis erzählt die Geschichte in der *Washington Post* vom 13. Februar 1966:

Ein polnischer Jude namens Schmelka Ginsberg, 1899 geboren und zur Zeit der bolschewistischen Revolution erst 18 Jahre alt, zeichnete sich als Henker von Nichtjuden aus. Die ihm unterstellten Trupps erschossen 2341 Menschen, und er selbst verpasste ihnen in der Regel den Gnadenstoß mit einer Pistolenkugel in den Kopf. Er änderte seinen Namen in Walter Krivitsky und war ab 1935 Chef des sowjetischen militärischen Geheimdienstes für ganz Westeuropa mit Sitz in Paris. Nach zwanzig Jahren Karriere als Profikiller begannen seine Nerven zu versagen, und Moskau beauftragte ihn mit der Ermordung eines anderen Juden, eines kommunistischen Attentäters namens Ignatz Reiss. Das Vierte Büro hatte herausgefunden, dass Reiss große Geldsummen in der Schweiz deponiert hatte und in den Westen überlaufen wollte. Dies war eine gängige Praxis jüdischer kommunistischer Spione geworden, und es wurde angeordnet, dass jeder, der dies versuchte, sofort zu töten sei.

Krivitsky-Ginsberg versuchte, die Operation zu verzögern, und die OGPU, die Geheimpolizei in Moskau, die zu diesem Zeitpunkt vollständig in jüdischer Hand war, schickte einen Agenten namens Israel Spigelglass, um den Mord auszuführen. Reiss wurde erschossen und seine Leiche am 4. September 1937 in der Schweiz auf die Straße geworfen, in typischer Bandenmanier. Krivitsky wusste, dass er der Nächste auf der Liste war, weil er versucht hatte, Reiss zu schützen. Die Kommunistische Partei, wie auch die Mafia, richtet immer ein Mitglied hin, das sich weigert, einen Mord auszuführen. Krivitsky eilt zum Büro des jüdischen Premierministers von Frankreich, Leon Blum, der verspricht, ihn zu schützen. Ein anderer Jude namens Paul Wohl schmuggelte Krivitsky aus Frankreich in die Vereinigten Staaten. Ein anderer Jude, Isaac Don Levine, verschaffte Krivitsky einen Vertrag über die Abfassung von neun Artikeln für die *Saturday Evening Post* für jeweils fünftausend Dollar. Andere Juden, die Krivitsky halfen, waren Boris Shub und Adolf Berle. Krivitsky wurde kurze Zeit später in seinem Hotelzimmer in Washington erschossen aufgefunden. Das war Schmelka Ginsberg, ein typischer jüdischer Mörder, der nach der lex talionis, dem jüdischen Gesetz des Dschungels, gelebt hatte und gestorben war.

In den 1920er Jahren taumelte Russland unter der Diktatur verrückter jüdischer Kommissare dahin, bis es offensichtlich wurde, dass etwas getan werden musste. Josef Stalin, der von den Juden zum Kommissar für Minderheiten und zur Verfolgung aller Nichtjuden, die sich den Juden widersetzten, ausgewählt worden war, wurde zum Vorsitzenden des Zentralkomitees der Kommunistischen Partei ernannt. Seine erste Aufgabe bestand darin, die wildgewordenen jüdischen Revolutionäre unter der Führung Trotzkis loszuwerden. Während Sowjetrussland zerfiel, wollten die Trotzkisten immer noch alle sowjetischen Gelder zur Förderung der Revolution in anderen Ländern verwenden, obwohl die jüdisch-kommunistischen Machtbestrebungen in allen europäischen Ländern gescheitert waren. Ein Verrückter namens Bela Cohen war aus einem ungarischen Irrenhaus entlassen worden, um eine kurzlebige jüdisch-kommunistische Herrschaft in Ungarn anzuführen; Rosa Luxemburg und eine andere Schar jüdischer Hysteriker hatten eine kurze kommunistische Regierung in Deutschland gefördert; Mussolini hatte die Kommunisten in Italien beiseite geschoben, und obwohl er jüdische Intellektuelle in seinem Lager hatte, war sein Regime praktisch ein nichtjüdisches Unternehmen.

Auf einer Parteiversammlung forderte Stalin, dass Trotzki und seine Bande verrückter Juden ausgewiesen werden sollten. Die Delegierten stimmten zu, und Trotzki wurde aufgefordert, Russland zu verlassen. Stalin selbst hatte seine zweite Frau während einer betrunkenen Schlägerei ermordet und war nun mit Esther Kaganowitsch, der Schwester des jüdischen Kommissars für Schwerindustrie, verheiratet. Er war sicher in den Reihen der Juden und verheiratete seine Tochter mit einem anderen Kaganowitsch. Juden haben sich nie um Inzucht gekümmert. Stalins rechte Hand war Molotow, dessen Frau Rebecca Karp, die Schwester des jüdischen Immobilienmaklers Sammy Karp, in Connecticut war. Karps Einfluss förderte dort den ersten jüdischen Gouverneur von Connecticut, "Abie the Rib" Ribicoff.

Die Stalin-Regierung bestand also aus einer Gruppe konservativerer Juden, die die hysterischen trotzkistischen Juden ablösten. Seit 1917 hat nur ein Mann alle Parteisäuberungen überlebt. Es ist Ilja Ehrenberg, ein Jude, der die Politik der sowjetischen Regierung ein halbes Jahrhundert lang hinter den Kulissen gelenkt hat. Newsweek nannte ihn kürzlich "den reichsten Mann in Sowjetrussland". Während des Zweiten Weltkriegs leiteten er und ein anderer Jude namens Litvinov-Wallach die militärischen Operationen der Vereinigten Staaten! Gegen den Willen von General MacArthur zwangen sie uns, unsere militärische Stärke in Europa zu konzentrieren, um den Juden zu helfen, während amerikanische Soldaten auf dem pazifischen Kriegsschauplatz zu Tausenden abgeschlachtet wurden, weil sie keine Munition und keinen Luftschutz bekommen konnten. Ehrenberg ist der Anführer einer Gruppe jüdischer Millionäre, der neuen russischen Aristokratie, die

Villen am Schwarzen Meer und Mätressen in allen Satellitenländern haben und nicht abgesetzt werden können, weil sie keine offizielle Position innehaben.

Ein weiterer Aufstand von Juden gegen Juden fand während des Chruschtschow-Regimes statt. Der jüdische Chef der Geheimpolizei, Beria, verschwor sich mit Kaganowitsch und Molotow, um Chruschtschow zu entmachten, aber Chruschtschows Gruppe von Juden ermordete Beria und behielt die Macht. Sowjetrussland war weiterhin das gelobte Land der Juden. Die *New York Times* berichtete am 8. Juli 1965, dass ein Jude namens Shakerman eine Gruppe von Juden angeführt hatte, die Insassen einer psychiatrischen Anstalt zu Zwangsarbeit bei der Herstellung von Strickwaren zwangen, die die Juden für vier Millionen Rubel auf dem Schwarzmarkt verkauften. Die Juden wurden "in Abwesenheit" zum Tode verurteilt, da sie wie durch ein Wunder vor dem Prozess entkommen und in die Vereinigten Staaten geflüchtet waren. Shakerman betreibt heute eine Strickwarenfabrik in Union City, New Jersey.

Die sowjetischen Juden haben gelegentlich Schwierigkeiten, ihre Intellektuellen zu kontrollieren, obwohl sie sie immer dann inhaftieren, wenn sie es wagen, dem talmudischen Konzept des Kommunismus zu widersprechen. Der Kolumnist Joseph Newman schrieb in der *Roanoke Times* vom 6. September 1965 über die Notlage des sowjetischen Schriftstellers Valeriy Tarsis, der nach dem Gesetz von Purim in eine psychiatrische Anstalt eingewiesen wurde, weil er den jüdischen Kommunismus kritisierte. Newman zitierte Tarsis wie folgt:

"Alle großen Denker waren Aristokraten des Geistes, und kein einziger von ihnen, von Heraklit bis Nietzsche, hätte die erbärmliche Doktrin dieses bärtigen jüdischen Philisters Marx hervorbringen können - und niemand folgt ihm, außer unseren verblödeten Talmudisten und den Demagogen, die unsere regierende Junta bilden... Aber ich glaube fest daran, dass der Mensch triumphieren wird und nicht der Affe."

So setzt Tarsis den talmudischen kommunistischen Staat mit dem Affen gleich, eine zutreffende Feststellung, da es sich um eine Steinzeitkultur handelt. Es ist jedoch gefährlich, wenn schizophrene Juden eine moderne Großmacht mit ihrem Vorrat an tödlichen Waffen kontrollieren. Wir sind im Oktober 1956 nur knapp einem Dritten Weltkrieg entgangen, als die Rothschilds planten, ihren Suezkanal zurückzuerobern, der von Ägyptens Präsident Nasser beschlagnahmt worden war, nachdem die Briten dreiunddreißig Verträge über Ägypten und den Kanal gebrochen hatten. Der Plan sah vor, dass englische Fallschirmjäger über Ägypten herfielen, während französische Jets die ägyptischen Verteidigungsanlagen bombardierten und beschossen und israelische Truppen einrückten, um die Situation zu bereinigen. Die Juden sahen nichts Falsches in einem unprovozierten Angriff auf ein anderes Land, und ihre Macht zeigte sich darin, dass sie die britische Armee und die französische Luftwaffe zur Unterstützung der israelischen Armee anfordern konnten. Gleichzeitig beschloss die Sowjetunion, dieses Ablenkungsmanöver zu nutzen, um ungarische Patrioten auszulöschen, die die dortige jüdisch-kommunistische Regierung vorübergehend gestürzt hatten. Die Ungarn wurden massakriert, während jüdische Berater Eisenhowers ihm befahlen, ihnen keine Hilfe zukommen zu lassen, aber die Israelis waren gezwungen, sich aus Ägypten zurückzuziehen. Dennoch stand die Welt mehrere Tage lang am Rande eines Atomkriegs, der durch den Staat Israel ausgelöst worden war.

Eine Schlüsselfigur in diesem Komplott war Marcel Bloch, ein Jude, der das Internierungslager Auschwitz überlebt hatte und plötzlich zu einem der reichsten Männer Frankreichs wurde. Ihm gehörte die einflussreiche Zeitung *Jours de France*, und er war Hersteller des Düsenjägers Mystere. Diese Kampfflugzeuge waren es, die Ägypten angegriffen hatten. Eine weitere Figur in diesem Komplott war der ehemalige Premierminister Mendes France, ein radikaler Jude, der laut dem Journalisten Don Cook "erfolgreich ein Ende des Krieges in Indochina aushandelte". Die Lösung von Mendes France war die Kapitulation vor den Kommunisten und der Verzicht auf französische Investitionen in

Indochina im Wert von Milliarden von Dollar. Mendes France leitete die französische Delegation in Bretton Woods, wo die jüdischen Bankiers 1944 eine Weltbank und einen Internationalen Währungsfonds gründeten und das Geld der Nichtjuden aufteilten, als diese sie gerade vor den Deutschen retteten. Obwohl Mord zu den anerkannten jüdischen Methoden gehört, sind Erpressung und Entführung ebenfalls weit verbreitet. Castro entführte Amerikaner, um seine kommunistische Revolution in Kuba zu fördern. In This Week vom 16. Oktober 1965 wurde in einer Reportage beschrieben, wie ein Jude namens Henry Jacober, der hoch in den Rängen der sowjetischen Geheimpolizei stand, Dollars beschaffte, um die sowjetischen Aktivitäten in Europa zu finanzieren. Er erlaubte amerikanischen Juden, ihre Verwandten aus sowjetischen Konzentrationslagern, in denen sie wegen verschiedener Verbrechen verurteilt worden waren, für jeweils 3000 Dollar freizukaufen. Siebzigtausend russische Juden wurden aus Sowjetrussland gekauft und in die Vereinigten Staaten gebracht, was den sowjetischen Spionagekräften 210.000.000 Dollar an Betriebsmitteln einbrachte. Die westdeutsche Regierung gab bekannt, dass sie 25.000 deutsche Juden aus Ostdeutschland für 25.000.000 Dollar gekauft hatte, um die Wirtschaft dieses kommunistischen Satelliten zu stärken.

Der unreflektierte Bürger könnte sagen: Wenn Sowjetrussland ein Paradies für die Juden ist, wie kommt es dann, dass einige von ihnen in Konzentrationslager gesteckt und andere erschossen werden? Nur wenige Nichtjuden haben eine Vorstellung von dem bösartigen Krieg zwischen den Stämmen, der ständig unter den Steinzeitjuden geführt wird. Sie wissen nicht, wie oft sich jüdische Führer verschwören, um sich gegenseitig zu ruinieren oder zu ermorden, in ihrem nicht enden wollenden Kampf um die Macht. Das Chaos der jüdischen Gemeindeorganisationen in den Vereinigten Staaten gibt einen gewissen Hinweis auf die Bösartigkeit dieser innerjüdischen Konflikte. Allerdings sollte man die Ermordung eines Juden durch einen anderen nicht mit einem Ausbruch von "Antisemitismus" verwechseln.

Die Macht der Juden in anderen Ländern zum Schutz der jüdisch-kommunistischen Regierung in Sowjetrussland wurde während des Zweiten Weltkriegs demonstriert. Hitler glaubte, dass die westlichen Demokratien, die angeblich freie Marktwirtschaften waren, froh sein würden, wenn er das russische Experiment des Kommunismus zerstören würde. Offenbar glaubte er seinen eigenen Aussagen nicht, dass die westlichen Demokratien von Juden kontrolliert würden. Diese Situation geht hundert Jahre zurück, auf die Probleme, die entstanden, als die Juden nach dem Wiener Kongress 1815 aus ihren Ghettos ausbrachen und wie eine Heuschreckenplage über Europa herfielen. Baron sagt, Seite 400 "*Große Zeitalter und Ideen des jüdischen Volkes,*"

"Selbst in jüdischen Kreisen waren Einwanderer nicht unbedingt willkommen. In einem 1849 von den anglo-jüdischen Führern herausgegebenen Rundschreiben wurden die deutschen Juden aufgefordert, ihre Einwanderung nach England zu beschränken. Vertreter der amerikanischen Juden warnten auf der Pariser Konferenz 1878 öffentlich vor wahlloser jüdischer Einwanderung. "

Juden, die sich in einem Land niedergelassen hatten, sahen ihr Wohlergehen häufig durch eine Horde späterer jüdischer Einwanderer bedroht, die schmutzig und ungehobelt waren, Flöhe im Bart und Läuse im Haar hatten. Aus diesem Problem heraus entstand in Deutschland die Nazipartei. Die deutschen Juden, wohlhabend und von der deutschen Bevölkerung akzeptiert, waren entsetzt über die Flut galizischer Juden aus der Unterschicht, die nach dem Ersten Weltkrieg nach Deutschland kam. *Die Nationale Jüdische Post*, das offizielle Organ der deutschen jüdischen Gemeinde, brachte ihre Empörung in einem Artikel im Juni 1923 zum Ausdruck:

"Diese Menschen haben aus ihrer Sicht durchaus Recht, wenn sie versuchen, den Staub der Pogromländer von ihren Schuhen zu schütteln und in den milderen Westen zu fliehen. Auch die Heuschrecken haben aus ihrer Sicht Recht, wenn sie in Schwänen über unsere Felder herfallen. Aber der Mann, der sein eigenes Land verteidigt, das ihm sein Brot und sein Wohlergehen gibt, ist auch im Recht. Und wer kann leugnen, dass sie in Schwärmen kommen? Sie lachen über die Pacht, sie lachen über die Beamten. Vor allem aber lachen sie über die Wünsche der Pächter. Sie haben nur ein Ziel vor Augen und nutzen jede Gelegenheit, um es zu erreichen. Aber sie sind weit davon entfernt, die Häuser zum einzigen Objekt ihrer Raffgier zu machen. Alles, was man mit Geld kaufen kann, ist in ihren Augen ein geeignetes Objekt für ihre Gier. Niemand weiß, wie viele Juden aus Osteuropa es in Deutschland gibt.

Wir wissen nur, dass alle Statistiken lügen, öffentliche und private gleichermaßen. Die Arbeiterhilfskomitees der Juden lügen. Die Menschen, von denen wir sprechen, gehen nicht zu diesen Komitees. Von Tarnopol und den umliegenden Bezirken aus haben sie Wien erobert und sind jetzt dabei, Berlin zu erobern. Wenn sie die Herrschaft über Berlin erlangt haben, werden sie ihre strategischen Linien ausdehnen und Paris erobern. Das Vakuum, das durch den Fall des Wechselkurses entstanden ist, saugt sie an. "

Die Panik der deutschen Juden über die Invasion der aggressiven, lispelnden galizischen Juden, die die deutsche Wirtschaft ruinierten, fand bald einen politischen Ausdruck. Baron Oppenheim, ein konservativer deutscher Jude, und Max Warburg, ein jüdischer Bankier, dessen Bruder Paul das Federal Reserve System der Vereinigten Staaten leitete, gründen einen antijüdischen Politiker namens Adolf Hitler und finanzieren dessen Bewegung in den ersten Jahren. Die erste Zahlung betrug eine Million Mark. Mit diesem Geld bildete Hitler eine uniformierte Sturmtruppe und versuchte 1923 einen Staatsstreich. Als dieser scheiterte, unterstützten ihn die jüdischen Bankiers weiterhin. Infolgedessen lebte Max Warburg bis 1939, während der Zeit der Nazi-Pogrome", ruhig in Deutschland, und als er den Krieg nahen sah, beschloss er, in die Vereinigten Staaten auszuwandern. Der Journalist George Sokolsky berichtet, dass Max Warburg trotz der strengen

Devisenvorschriften Deutschland mit seinem gesamten Vermögen verlassen durfte.

Nach 1928 stammte der größte Teil der Finanzierung Hitlers von nichtjüdischen deutschen Geschäftsleuten, die befürchteten, ihre Fabriken an die Kommunisten zu verlieren, aber es bleibt die Tatsache, dass der ursprüngliche Anstoß für die Nazibewegung, wie von vielen Wissenschaftlern dokumentiert, jüdisches Geld war. Das ist nicht so fantastisch, wie der uninformierte Leser glauben mag. Ein beträchtlicher Teil der verstreuten antijüdischen Gruppen in den Vereinigten Staaten wird durch Zuschüsse der Anti-Defamation League of B'nai B'rith finanziert, die ihrerseits das Geld von amerikanischen Juden einwirbt, die sich vor dem Gespenst des Antisemitismus fürchten. Die ADL hält dieses Schreckgespenst ständig im Bewusstsein, indem sie die antijüdischen Gruppen in einer Weise bekannt macht, die in keinem Verhältnis zu deren Bedeutung steht. Die meisten Amerikaner wissen nichts über das jüdische Problem, und die wenigen, die es wissen, haben kein Geld, um an diese Gruppen zu spenden, oder sie fürchten, dies zu tun, weil sie ihren Arbeitsplatz oder ihr Geschäft verlieren würden. Folglich finanziert die ADL, wie in der Zeitung *The Independent aufgedeckt*, ihre eigene antijüdische Bewegung. Sie gibt vierhunderttausend Dollar pro Jahr für diesen Zweck aus, nimmt aber jährlich fünf Millionen Dollar vom jüdischen Volk ein! Das ist keine schlechte Jahresrendite. Dadurch kann die ADL die jüdische Gemeinschaft und auch die antijüdischen Gruppen fest im Griff behalten. Sie kennt jederzeit das genaue Ausmaß der antijüdischen Stimmung in den Vereinigten Staaten. Diese Praxis entspricht dem traditionellen jüdischen Muster, Geld an alle politischen Parteien und Bewegungen zu spenden, einer grundlegenden Technik des jüdischen Parasiten, um die Stimmung des nichtjüdischen Wirts abzuschätzen und die Kontrolle über alle seine Aktivitäten auszuüben.

Eine andere jüdische Technik, der Pluralismus, wurde von Hitler überwunden, wie Mann in seinem Buch *Diagnosis of Our Time*, Oxford Univ. Press, 1944, Seite 104, feststellte,

"Es gibt zwei Hauptphasen in Hitlers Gruppenstrategie: die Zerschlagung der traditionellen Gruppen der zivilisierten Gesellschaft und ein schneller Wiederaufbau auf der Grundlage eines völlig neuen Musters. "

Der Pluralismus ist die Technik des Juden, um die Macht über die Nichtjuden zu erhalten, indem er eine Vielzahl von Gruppen in der nichtjüdischen Gesellschaft bildet, die alle fast die gleiche Macht haben und gegeneinander kämpfen, indem sie die Unterstützung der nichtjüdischen Führer auf etwa ein Dutzend Gruppen aufteilen, während die eng verbundene und geschlossene jüdische Gruppe es leicht hat, die Macht auszuüben. So haben wir in den Vereinigten Staaten, einer typisch jüdischen Demokratie, vor allem die Exekutive, die Legislative und die Judikative, die alle gegeneinander um die Macht ringen, während viele andere große Gruppen, wie die Gewerkschaften, die Unterwelt, die religiösen Gruppen, das Bildungswesen, die Journalisten, die Unterhaltungswelt und viele andere, ihren individuellen Einfluss ausüben. Außerdem neigen die Juden dazu, ihre Wünsche in jeder dieser Gruppen bekannt zu machen und sich um sie zu kümmern, während die grundlegende jüdische Richtung des Landes unangefochten bleibt.

Jüdische Schriftsteller loben ständig unsere "pluralistische Demokratie", aber die Nichtjuden haben keine Ahnung, was das bedeutet. Die Juden wissen sehr wohl, was damit gemeint ist: eine Vielzahl von Gruppen, die die Macht unter sich aufteilen, während der Jude im Hintergrund alle Macht behält, die er braucht, um seine eigenen Interessen durchzusetzen. Sie leben von der Unwissenheit der Nichtjuden, und der wachsende jüdische Einfluss an unseren Universitäten macht die Bildung zum Gespött. Die Hochschulen verwandeln sich in Junge-trifft-Mädchen-Clubs, die Gelegenheit zu Tanz, Spiel und Sex bieten, während alle intelligenten Aktivitäten beiseite geschoben werden. Dies entspricht dem jüdischen Grundgefühl über den Nichtjuden, wie es im Talmud zum Ausdruck kommt, dass Nichtjuden dumme Bestien sind, die sowieso nicht gebildet werden können. In weniger als einem Vierteljahrhundert wurden die amerikanischen Universitäten auf das Niveau eines mittelalterlichen Ghettos herabgesenkt, und der Anteil jüdischer Professoren und Studenten steigt von Jahr zu Jahr. Die "Philosophie"-Stunden bestehen nur noch aus wilden Hasstiraden gegen die Nazis und der Aufforderung an die Studenten, in Israel Bäume zu pflanzen; es wird Spinoza statt Nietzsche, Sassoon statt Pound, Schwartz statt Eliot studiert.

Um auf Hitler zurückzukommen: Dr. Hermann Eich, ein prominenter deutscher Redakteur, erklärte in einem kürzlich erschienenen Buch, dass die Deutschen weniger judenfeindlich seien als jedes andere Volk in Europa, was auch stimmte. Die Sturmtruppen mussten ihre Angriffe auf deutsche Geschäfte nachts durchführen, damit die Deutschen sie nicht zur Verteidigung der Juden angriffen. Als die Bomber anfingen, Frauen und Kinder zu töten, schlug die Stimmung um. Hitler ordnete an, alle Juden für die Dauer des Krieges in Lagern zu internieren, weil viele Juden dabei erwischt worden waren, wie sie Signallampen aufstellten, um die Bomber bei der Zerstörung der deutschen Städte und Wohngebiete zu leiten. Die Ältesten von Zion in jeder jüdischen Gemeinde arbeiteten mit den Deutschen bei der Zusammenrottung der Juden zusammen. Hannah Arendt, die bedeutende jüdische Wissenschaftlerin, stellte fest, dass nur in Dänemark die jüdische Gemeinde entkommen konnte, weil es in Dänemark keine Gruppe jüdischer Ältester gab, die sie an die Deutschen ausliefern konnten. Dr. Rudolf Kastner, der Leiter der zionistischen Organisation in Budapest, lieferte die rumänischen Juden an die Nazis aus und erhielt dafür die Erlaubnis, dass 1683 seiner Freunde und Verwandten aus der jüdischen Gemeinde mit ihrem gesamten Vermögen in die Schweiz auswandern konnten. Natürlich überlebten alle wichtigen jüdischen Bankiers in Europa den Krieg. Kastner wurde später in Israel von einem Juden ermordet, dessen Familie seinetwegen in ein Konzentrationslager geschickt worden war.

In diesen Lagern starben die Juden bald an Typhus, weil sie sich weigerten, untereinander saubere Lebensbedingungen zu schaffen. Die Deutschen kämpften in einem Zweifrontenkrieg und hatten kein Personal für die Versorgung der Juden. Die Lagerleitung stand bald vor der Aufgabe, Hunderte von Leichen kranker Juden zu entsorgen. Es gab nur eine Lösung - sie zu verbrennen - und zu diesem Zweck wurden primitive Öfen verwendet. Nach dem Krieg erfreuten jüdische Propagandisten die Welt mit fantastischen Geschichten über Millionen von Juden, die in zwei winzigen Öfen verbrannt wurden, die nur sechs Leichen pro Tag beseitigen konnten. Virginius Dabney, Redakteur des *Richmond Times* Dispatch, schrieb in der Saturday Review vom 9. März 1963 über einen Besuch in Dachau,

"Die Gaskammer wurde überraschenderweise nie in Betrieb genommen, da sie erst spät gebaut und von den Häftlingen erfolgreich sabotiert wurde. "

Dabney erklärt auch, dass die Häftlinge "an Typhus und anderen Krankheiten sterben durften". "In Auschwitz zeigte eine "Rekonstruktion" nach dem Krieg Gaskammern und Öfen, die 1946 von deutschen Sklavenarbeitern als Teil der jüdischen Kampagne gebaut wurden, um der Welt von den fehlenden "sechs Millionen" zu erzählen. Hinter der Geschichte von den sechs Millionen Juden, die angeblich von den Nazis getötet wurden, stand ein solider wirtschaftlicher Grund, denn vor dem Krieg lebten in Deutschland 300.000 Juden. Der Staat Israel, der zur Zeit der angeblichen Massaker noch nicht existierte, erhob vom deutschen Volk zehn Jahre lang "Reparationszahlungen" in Höhe von 800.000.000 Dollar pro Jahr als Entschädigung für diese "Tötungen". Die meisten der toten Juden waren polnische Juden, die von Stalin getötet worden waren, um zu verhindern, dass sie seine Verteidigungsanlagen 1941 an die anrückenden Nazi-Armeen verrieten, aber Israel verlangte keine Reparationen von Russland. Mit den deutschen Reparationen konnten die Juden in Israel bequem leben, ohne zu arbeiten, da sie sich in den Häusern aufhielten, die den hart arbeitenden Arabern, die sie gebaut hatten, weggenommen worden waren. "

Deutschland, die einzige Nation, die jemals militärische Kräfte gegen die kommunistische Regierung Sowjetrusslands entsandt hat, wurde dank der frenetischen Aktivität amerikanischer Juden, die, von Ehrenberg in Moskau gedrängt und von Wallach-Litvinov persönlich angeführt, die Vereinigten Staaten in den Krieg brachten, um den jüdischen Kommunismus vor dem deutschen Angriff zu retten, vernichtend geschlagen. Tausende von Deutschen, die in Amerika lebten und den Vereinigten Staaten gegenüber loyal waren, wurden in Konzentrationslager getrieben und dort bis lange nach Kriegsende festgehalten, während ihr Eigentum im Wert von vier Milliarden Dollar von der Behörde für Fremdenbesitz (Alien Property Custodian's Office) beschlagnahmt und den Juden übergeben wurde.

Nach dem Krieg ernannten die Vereinigten Staaten einen Hochkommissar für Deutschland, John McCloy, der sein ganzes Leben lang als Anwalt für die Kanzlei Cravath und Henderson gearbeitet hatte, die die jüdischen Bankiers Kuhn, Loeb und Co. vertrat. Der stellvertretende Hohe Kommissar und die eigentliche Macht war Benjamin Buttenweiser, ein Partner von Kuhn, Loeb, dessen Frau Helen die Anwältin war, die Alger Hiss bei seinem Prozess vertrat. General Lucius Clay befehligte die amerikanische Besatzungsarmee und nahm später einen lukrativen Posten bei der Lehman Corporation, einem jüdischen Bankunternehmen, an. Offensichtlich hatte er während seiner Dienstzeit in Deutschland nichts getan, was die Juden beleidigt hätte. Deutsche Geschäftsleute sahen sich gezwungen, einen jüdischen Lobbyisten, General Julius Klein, den Kommandeur der jüdischen Kriegsveteranen, zu engagieren, oder die Besatzungsregierung würde ihnen die Lizenz für ihre Geschäfte verweigern. Klein benutzte Senator Thomas Dodd als Lakai, um einige dieser Verbindungen zu arrangieren. Dodd nahm auch zehntausend Dollar von A. N. Spanel an, einem aufgeblasenen Juden, der ein Miederwarenimperium in den Vereinigten Staaten leitete. Das Geld sollte den Weg für Spanels Ernennung zum Botschafter in Frankreich ebnen. Dodd nahm das Geld an, aber Spanel erhielt die Ernennung nie.

Juden übernahmen auch beträchtliche Anteile an jeder deutschen Firma, die von der Besatzungsregierung McCloy, Kuhn, Loeb eine Betriebserlaubnis erhielt. Die Juden schwärmten aus, um sich wertvoller deutscher Patente zu bemächtigen und sich an die hilflose deutsche Bevölkerung zu heften. Eines der ersten von der Besatzungsregierung erlassenen Gesetze machte es zu einem Verbrechen, einen Juden zu kritisieren (Bayerische Stute Nr. 8). Ein Wirtschaftswissenschaftler schätzte kürzlich, dass die Juden Westdeutschland seit dem Krieg zweihundert Milliarden Dollar an Nettogewinnen entzogen haben. Die Nazi-Bewegung, in die Oppenheim und Warburg investiert hatten, hatte sich schließlich ausgezahlt. Ein anderer Jude, Dr. Hans Deutsch, war darauf spezialisiert, falsche Beweise über Kunstwerke vorzulegen, die die Nazis angeblich von den Juden beschlagnahmt hatten. Er erhielt zehn Millionen Dollar von der deutschen Regierung für einen seiner Kunden, Baron Edmond de Rothschild aus Paris, aber als Deutsch 1965 weitere 105.000.000 Dollar für Gemälde verlangte, die angeblich von einem ungarischen Juden namens Hatvany stammten, der in diesem Land ein Zuckermonopol erworben hatte, wurde er wegen Betrugs verhaftet. Die Gemälde, die er aufgelistet hatte, hingen seit vielen Jahren im Eremitage-Museum in Moskau, und die Nazis hatten sie nie gesehen!

Die Juden führen auch jährliche "antisemitische" Kampagnen in Deutschland durch, bei denen Grabsteine auf jüdischen Friedhöfen umgeworfen werden. Das deutsche Volk wird dann hinausgetrieben, um die Friedhöfe zu säubern, und mit anderen Demütigungen überhäuft, während die Juden weitere Millionen mit seiner narrensicheren Geldbeschaffungsmethode sammeln. Diese Provokation des Juden ist auch eine grundlegende Technik zur Kontrolle der Nichtjuden.

Obwohl die Juden den russischen Kommunismus vor den deutschen Armeen gerettet haben, ist der Kommunismus weiterhin eine Farce. Polen hat 85 % der landwirtschaftlichen Betriebe entkollektiviert, Ungarn 90 %, so dass die Menschen genug zu essen anbauen können. Dennoch drohen in den kommunistischen Ländern weiterhin jährlich Hungersnöte. Jeder gibt zu, dass das kommunistische System nicht funktionieren kann; aber nur wenige haben den Mut, hinzuzufügen, was schmerzlich offensichtlich ist: dass es nicht funktionieren kann, weil es die ideologische Schöpfung schizophrener Juden ist.

KAPITEL 9

DIE JUDEN UND DIE VEREINIGTEN STAATEN

Nicht eine der nichtjüdischen Nationen der Welt hat mehr unter den Juden gelitten als die Vereinigten Staaten. Die beiden größten Katastrophen, die dieses Land heimgesucht haben, waren der Bürgerkrieg und der Crash von 1929. Der erste verwüstete das gesamte Südland und massakrierte seine Jugend; der zweite vernichtete Investitionen im Wert von zweihundert Milliarden Dollar und ruinierte die meisten Nichtjuden des Landes, so dass den Juden ein freies Feld blieb.

Beide Katastrophen wurden von Juden verursacht, wie tonnenweise Dokumente beweisen. Der Bürgerkrieg wurde von den Rothschild-Bankern provoziert, um die Vereinigten Staaten in zwei schwache Republiken zu spalten. Der Börsenkrach von 1929 wurde von den Juden in einer ihrer bekanntesten Operationen herbeigeführt, indem sie eine große Ladung Gold aus dem Land brachten, um eine plötzliche Schrumpfung des Kredits zu bewirken. Mindestens einmal in jeder Generation sind Millionen von Amerikanern durch eine auf dieselbe Weise ausgelöste Finanzpanik verarmt, doch die Mittel gegen diese Panik, wie das Federal Reserve System und die anderen monetären Allheilmittel, die die Juden für uns ersonnen haben, haben nur dazu geführt, dass die Juden reicher und die Nichtjuden ärmer wurden.

In aller Fairness gegenüber den Juden sollten wir fragen: "Warum sollte es anders sein? "Wenn wir mindestens einmal in jeder Generation auf denselben Trick hereinfallen, warum sollten die jüdischen Betrüger ihn nicht immer wieder anwenden? Wir wissen, dass die Juden eine sehr kompakte rassische Einheit sind - warum sollten sie nicht unsere Vielfalt ausnutzen? Warum sollten sie nicht unsere Regierung übernehmen, wenn wir, wie sie behaupten, zu dumm sind, sie selbst zu führen? Warum sollten sie nicht unsere Banken und Universitäten beherrschen, wenn Nichtjuden zu dumm sind, sie zu betreiben?

Leider ist es nicht ganz so einfach. Diesem Argument zufolge können wir die Juden nur für uns gewinnen, wenn wir jüdischer werden als sie selbst. Viele Nichtjuden tun genau das. Es gibt eine Reihe nichtjüdischer Geschäftsleute, die die Juden bei jedem Geschäft, das sie mit ihnen tätigen, übervorteilen können und dies auch tun. Jüdische Klugheit wird weit überschätzt; ihre wahre Macht ist nicht ihre Intelligenz, sondern ihre Solidarität, die Phalanx aus Verrat und Gerissenheit, die sie gebildet haben, um die Nichtjuden abzuwehren. Selbst wenn die Nichtjuden sie im Geschäft überlisten, gewinnt der Jude die letzte Schlacht, weil der Nichtjude stirbt und sein Vermögen in jüdischen Banden landet. Henry Ford ist ein typisches Beispiel. Die Juden konnten Henry nie in einem Geschäft besiegen, und er verachtete sie von ganzem Herzen, dennoch hat die Ford Foundation zwei Milliarden Dollar von Henrys Geld ausgegeben, um das Land mit jüdischer Propaganda zu überschwemmen, enorme Projekte für die Juden zu unterstützen, wie Mortimer Adlers zwanzig Millionen Dollar teure Studie über den "Sinn der Philosophie", eine der lächerlichsten Schnapsideen, die je vorgeschlagen wurden, und eine lange Liste anderer ebenso wahnsinniger und ebenso jüdischer Projekte. Die Juden benutzten die Regierung der Vereinigten Staaten, um die Familie Ford zu zwingen, diese Stiftung als jüdisches Propagandamittel zu gründen, und drohten, die Ford Company zu zerstören, wenn sie sich weigerten.

Warum gewinnt der Jude die letzte Schlacht im Kampf um das Geld? Zunächst einmal ist das Geld die erste Wahl der Waffen des Juden. Er weiß alles, was man damit tun kann, einschließlich der Pyramidisierung von Krediten, der Erfindung von Buchhaltungssystemen, die Gewinne verbergen, der Einrichtung von Stiftungen, damit die Regierung nie einen Cent jüdischen Geldes erhält, und vieler anderer Techniken, die während Jahrhunderten im Ghetto geschärft wurden.

Wenn ein Nichtjude sich aufmacht, Geld zu verdienen, lässt er alle anderen persönlichen Überlegungen beiseite. Wenn ein Jude Geld verdienen will, dann tut er das nicht nur für sich selbst, sondern für seine Rasse. Jeder Dollar, den er in die Hände bekommt, ist eine Waffe, die der Jude auf den Nichtjuden richten kann. Das ist der natürliche Vorteil eines gesichtslosen Mitglieds eines kollektiven Staates gegenüber einem Staat, in dem jedes Mitglied stolz darauf ist, ein Individuum zu sein. Wir sollten uns daran erinnern, dass die Vereinigten Staaten keine eigene Kultur haben. Es handelt sich um eine nordeuropäische Kultur, die in den letzten fünfzig Jahren stark von jüdischer Bösartigkeit durchdrungen ist.

Die Amerikaner sind leicht zu beeinflussen, denn wir sind ein großzügiges, hart arbeitendes, unreflektiertes Volk. Henry Ford prahlte damit, dass er keine Ahnung von Geschichte zu haben brauchte, weil er es sich leisten konnte, die besten Historiker des Landes zu engagieren. Dies ist die typische Einstellung eines Angestellten zur Bildung. Alles, was Ford bekommen würde, wäre die Version des jeweiligen Historikers, und er hätte keine Möglichkeit zu wissen, ob er das bekommt, wofür er bezahlt hat. Das Ergebnis ist, dass Mortimer Adler und eine Reihe anderer Juden ein Picknick auf Fords Kosten veranstalten. Aber haben wir schon einmal von einem jüdischen Milliardär gehört, der eine Gruppe von Nichtjuden subventioniert? Nein, natürlich nicht. Als Gerard Swope, der linksgerichtete Jude, der Präsident von General Electric war, starb, hinterließ er sein gesamtes Vermögen, acht Millionen Dollar, dem Israel Institute of Technology. Das Geld, das er den nichtjüdischen Angestellten von General Electric abgeknöpft hatte, ging an Israel. Nicht nur das, sondern die Regierung der Vereinigten Staaten verlor 4.500.000 Dollar an Erbschaftssteuern auf dieses Geld. E. J. Kahn schreibt, Seite 439, "*Herbert Bayard Swope*,"

"Dieses Hindernis wurde geschickt umgangen, als der Kongress vor Gerards Tod ein Gesetz verabschiedete, das es bestimmten Personen - deren Umstände genau auf seine zugeschnitten waren - erlaubte, eine Wohltätigkeitsorganisation zu wählen, die das Geld des verstorbenen Ehepartners erhalten sollte, ohne dafür Steuern zahlen zu müssen. "

Die marxistische Erbschaftssteuer wird also nur bei Nichtjuden erhoben. Das jüdische Geld geht unversehrt nach Israel.

Wir haben erwähnt, dass die Amerikaner nicht gerne über irgendetwas nachdenken. Aber Menschen, die nicht denken, werden oft von denen ausgenutzt, die denken, und das jüdische Gehirn ist immer aktiv. Für einen Juden, der in den Vereinigten Staaten zu Reichtum gelangt, ist es, als würde man einem Baby Süßigkeiten wegnehmen; es ist so einfach, die amerikanischen Trottel zu betrügen. Der jüdische Parasit hat in diesem Volk den idealen nichtjüdischen Wirt gefunden - ungeheuer produktiv und hart arbeitend, und fast blind für die krebsartige Präsenz des Parasiten, der jeden Aspekt seines Lebens vergiftet. Unsere gesamte Außenpolitik wird von den Juden diktiert, und vom Standpunkt der amerikanischen Ureinwohner aus gesehen ist diese Politik verrückt. Vor fünfzehn Jahren weigerten wir uns, die antikommunistischen chinesischen Truppen von Chiang Kai-Shek im Kampf gegen die kommunistischen Chinesen in Korea einzusetzen, obwohl wir für die gesamte Ausrüstung von Chiangs Armee bezahlt hatten, weil unsere Regierung es vorzog, unsere eigenen Jungs dort abschlachten zu lassen. Daraufhin bezeichneten die Kommunisten unsere Intervention als "weißen Imperialismus" und "Rassismus", was sie nicht hätten tun können, wenn er die Armee von Chiang eingesetzt hätte. Jetzt tun wir das Gleiche in Vietnam. Die kampfbereite Armee von Chiang wird in Vietnam niemals eingesetzt werden, obwohl wir immer mehr Opfer zu beklagen haben. Die Juden befehlen uns, Rhodesien anzugreifen. Und warum? Weil Rhodesien unserem Beispiel gefolgt ist und seine Unabhängigkeit von der britischen Ungerechtigkeit erklärt hat. Kein Volk der Welt hat mehr mit den gebürtigen Amerikanern gemeinsam als das weiße Volk von Rhodesien, und doch gibt unsere jüdisch kontrollierte Regierung

Millionen von Dollar aus, um das rhodesische Volk zu schikanieren. Hunderte von anderen Beispielen könnten angeführt werden, um diesen Irrsinn zu beweisen. Vor zwanzig Jahren haben wir einen bitteren Krieg gegen Deutschland und Japan beendet. Jetzt sind sie unsere einzigen zuverlässigen Verbündeten.

Sechzig Prozent der amerikanischen Bevölkerung leisten die ganze Arbeit, verdienen das meiste Geld, zahlen alle Steuern und unterstützen einen beträchtlichen Teil des Rests der Welt. Das ist unser weißes, christliches Volk, doch sie haben keine Lobby, keine Stimme in der Regierung und werden in Fernsehshows immer als Trottel karikiert. Jeder Versuch, eine Organisation zu gründen, die sie vertritt, wird von der Regierung sofort niedergeschlagen, während das gesamte Zeitungs-, Radio- und Fernsehimperium über "Rassismus" schreit! Die Presse scheint den Rassismus der jüdischen Organisationen nie zu bemerken. Juden und Neger sind im Fernsehen heilige Kühe. Sie werden immer als freundliche, engelsgleiche Menschen dargestellt, die geduldig die Schandtaten der ignoranten Weißen ertragen. Natürlich werden diese Sendungen von weißen Geschäftsleuten bezahlt. Wie der texanische Senator Tom Connally vor einigen Jahren in einem öffentlichen Toast sagte: "Die Vereinigten Staaten, auf sie! Die Weißen arbeiten für sie, die Juden besitzen sie, und die Neger genießen sie!"

Wirtschaftswissenschaftler haben kürzlich herausgefunden, dass die weiße christliche Mittelschicht 84 % ihres Einkommens an Steuern zahlt. Oh, nein, sagt Herr Amerikaner, ich zahle nur 46 %, und ich habe einen durchschnittlichen Job, ein durchschnittliches Haus und eine durchschnittliche Familie. Aber, Herr Amerikaner, Sie haben die versteckten Steuern nicht berücksichtigt, die Sie auf jedes Konsumgut zahlen, das Sie und Ihre Familie benutzen. Addieren Sie das zu Ihren 46 % Einkommenssteuer, Staats-, Bundes- und Kommunalsteuer, und Sie kommen auf die Zahl 84 %. Es ist ein verblüffender Zufall, dass der angesehene Wirtschaftswissenschaftler J. J. Cavanagh vor kurzem eine Studie für die National Zionist Foundation abgeschlossen hat, aus der hervorgeht, dass amerikanische Juden

84 % des realen Reichtums der Vereinigten Staaten besitzen. Ist es nicht bemerkenswert, dass der amerikanische Lohnempfänger von jedem Dollar, den er verdient, 84 Cent an direkten und versteckten Steuern zahlt, und die Juden 84 % des Reichtums der Nation besitzen? Selbst die langsamsten Amerikaner müssen eine Art von Zusammenhang erkennen. Nach einer Karriere von vierzig bis fünfzig Jahren unermüdlicher Arbeit hinterlässt der durchschnittliche amerikanische Arbeiter nach Angaben der American Inheritance Society einen Nachlass von 2500 Dollar. Nach Angaben des Jewish Independent, einer Zeitschrift für Wirtschaftswissenschaftler, hinterlässt der durchschnittliche amerikanische Jude jedoch einen Nachlass von 126.000 Dollar! Dabei handelt es sich natürlich um das angegebene Vermögen. Die tatsächliche Zahl liegt wahrscheinlich näher bei 500.000 Dollar. Wie wir im Fall Swope dargelegt haben, geht das jüdische Vermögen nur an den jüdischen Staat. Die Juden haben Hunderte von Stiftungen gegründet, um ihr enormes Vermögen für jüdisch-kommunistische Ziele abzuschöpfen. China wurde wegen der Aktivitäten des Institute of Pacific Relations an die Kommunisten verloren. Das IPR wurde durch Spenden der General Electric Corp. über Gerard Swope finanziert. General Electric spendet auch heute noch große Summen an das IPR, ungeachtet der Berichte des Kongresses, in denen seine lange und erfolgreiche Arbeit für kommunistische Ziele beschrieben wird.

Das Rockefeller-Vermögen wurde auf eine Reihe von Stiftungen aufgeteilt, von denen fast alle durch ihre bösartige prokommunistische Agitation auffielen. Nur wenige Menschen wissen, dass John D. Rockefeller lediglich ein nichtjüdischer Handlanger für Jacob Schiff und Kuhn, Loeb Co. war, die amerikanischen Vertreter der Rothschilds. Wenn Rockefeller eine Milliarde Dollar verdient hat, was glauben Sie, wie viel die Juden verdient haben? Und nicht nur das: Rockefeller musste zustimmen, dass sein Vermögen immer von einem Partner von Kuhn, Loeb Co. verwaltet werden würde. So veröffentlicht die *New York Times* die Tatsache, dass Kuhn, Loeb-Partner L. L. Strauss "der Finanzberater der Rockefeller-Brüder" ist. "Dies bedeutet, dass die millionenschweren Rockefellers nur so lange Millionäre sind, wie sie tun, was man ihnen sagt.

Wie konnte das geschehen? Wie wurde das freiheitsliebende amerikanische Volk zum Sklaven der Juden? Zunächst einmal halten die Amerikaner nicht zusammen. Zweitens glauben viele aufrichtige und fehlgeleitete Amerikaner die Gotteslästerung, dass Christus ein Jude war und dass die Juden unsere natürlichen Herrscher sind, weil unser Gott ein Jude ist. Drittens: Die Juden geben jedes Jahr ein Vermögen aus, um ihre Verbrechen zu vertuschen, während die Amerikaner nichts ausgeben, um herauszufinden, was die Juden tun. Unsere Geschichte wurde gefälscht, um die jüdische Schuld an der Auslösung des Bürgerkriegs und vieler anderer amerikanischer Katastrophen zu vertuschen.

Die Geschichte der jüdischen Kontrolle beginnt mit der Gründung Amerikas. Der neue Kontinent wurde von europäischen Christen besiedelt, die vor dem Terror und den Verwüstungen der von den Juden angezettelten Religionskriege flohen, oder sie flohen vor der Tyrannei jüdischer Aufseher, die die großen Ländereien in Europa verwalteten, während die aristokratischen Besitzer in den großen Städten zockten und sich vergnügten. Plötzlich bemerkte der Jude, dass viele seiner christlichen Sklaven verschwanden. Er fand bald heraus, dass sie nach Amerika gegangen waren. Wenn der nichtjüdische Wirt sich bewegt, muss der jüdische Parasit ihm nachziehen und seinen parasitären Einfluss zurückgewinnen. In kürzester Zeit strömten die Juden nach Amerika. Sie waren Händler in den Städten und reisten in die entlegensten Regionen der Wildnis, um die Indianer mit Schnaps abzufüllen und ihnen ihr gesamtes Hab und Gut zu nehmen. Sie verkauften den Indianern auch Gewehre, mit denen sie die weißen Siedler massakrierten.

Als König Georg III. von England die Forderungen der jüdischen Geldverleiher, bei denen er hoch verschuldet war, nicht erfüllen konnte, musste er alle nach Amerika geschickten Waren mit höheren Steuern belegen. Dies stellte die Juden nicht zufrieden. Sie informierten ihn darüber, dass die Amerikaner ihr eigenes Papiergeld druckten und in Umlauf brachten, was zu großem Reichtum und Wohlstand in den Kolonien geführt hatte. König Georg III. sah sich gezwungen, eine Verordnung zu erlassen, die dieses zinslose Geld verbot und vorschrieb, dass die Kolonisten nur das von den Juden gedruckte Geld der Bank of England verwenden durften. Innerhalb weniger Monate nach Inkrafttreten dieser Anordnung befanden sich die Kolonisten in einer schrecklichen finanziellen Depression. Der Handel kam zum Erliegen, und viele Amerikaner waren ruiniert. Die Kolonisten beschlossen, sich zu wehren, und das Ergebnis war die Amerikanische Revolution. Benjamin Franklin bemerkte, dass die Kolonisten nichts gegen die kleine Steuer auf Tee einzuwenden hatten, aber sie konnten die Einschränkung des Handels, die auf das Verbot der einheimischen Währung folgte, nicht ertragen. Den Juden kam es jedoch gelegen, einen unbedeutenden Vorfall, die Boston Tea Party, publik zu machen und den wahren Grund für den Aufstand zu verschleiern.

Als die amerikanischen Patrioten aufbegehrten, befand sich König Georg erneut in einer misslichen Lage. Die viel gepriesene britische Armee war nicht in der Lage, in den Kampf zu ziehen. Schlecht ausgerüstet von jüdischen Lieferanten und schlecht geführt von Berufsaristokraten, die Trunkenbolde, Homosexuelle und Sadisten waren, waren die Truppen völlig demoralisiert. Die Offiziere dachten nicht daran, einen jungen Soldaten zu Tode peitschen zu lassen, weil er eine betrunkene homosexuelle Anmache zurückgewiesen hatte. Es sah so aus, als würden die Amerikaner den Sieg davontragen. Wieder einmal boten die Juden eine Lösung an. Ein jüdischer Geldverleiher namens Montefiore schlug König George vor, dass die Deutschen viele gute Soldaten zu mieten hätten; wie üblich waren die Juden als Fleischhändler tätig. Montefiore erfuhr von einem deutschen Juden, Mayer Rothschild, dass der Kurfürst von Hessen über fünfzehntausend Soldaten der ersten Reihe verfügte, die er für zwanzig Millionen Dollar an König Georg schicken würde. König Georg lieh sich die zwanzig Millionen Dollar von Montefiore, und das Geld wurde an den Kurfürsten von Hessen geschickt. Der Kurfürst schickte die Söldnertruppen nach Amerika, um den Aufstand niederzuschlagen, und übergab das

Geld seinem Hofbankier Mayer Amschel Rothschild zur sicheren Verwahrung. Rothschild schickte das Geld zur Wiederanlage an Montefiore zurück, und innerhalb eines Monats hatte Montefiore weitere zwanzig Millionen als Kredit zur Verfügung, obwohl es dieselben zwanzig Millionen waren, die er zuvor hatte und die König Georg ihm nun schuldete und die dem Kurfürsten von Hessen gehörten. Wer das nicht versteht, kann nicht begreifen, wie ein Jude an einem Tag zwanzig Millionen Dollar haben kann und am nächsten vierzig Millionen. Das Geld wurde in den nächsten zehn Jahren mehrmals verliehen, und Rothschild gab das Geld mit Zinsen an den Kurfürsten zurück, aber der entzückte Herrscher bestand darauf, dass Rothschild es weiterhin für ihn verwaltete, und so war die Grundlage des Rothschild-Vermögens der Verkauf von Truppen zur Zerschlagung des amerikanischen Volkes, und die Rothschilds haben seither von ihren Versuchen, uns zu zerschlagen, profitiert.

Wie üblich setzten die Rothschilds auf beide Seiten. Über einen amerikanischen Agenten, einen polnischen Juden namens Haym Salomon, liehen die Rothschilds der amerikanischen Armee Geld. Der amerikanische Vertreter war Robert Morris, und die Summe soll sich auf 600.000 Dollar belaufen haben. Obwohl die gesamte Transaktion geheimnisumwittert ist, gehen die Juden seit mehr als einem Jahrhundert mit der fantastischen Lüge hausieren, Haym Salomon habe den gesamten amerikanischen Unabhängigkeitskampf finanziert. Kastein sagt, Seite 376, *The History of the Jews*, "Wie fast zu erwarten war, war es ein Jude, Chaim Solomon (sic), der die Revolution finanzieren musste. "

Kastein bietet keine Beweise für diese Behauptung, denn es gibt keine. Die Juden haben behauptet, dass ein armer jüdischer Schneider, Chaim Salomen, der wusste, dass die Amerikaner kein Geld hatten, um ihren Kampf fortzusetzen, ihnen sein gesamtes Vermögen von 600.000 Dollar gespendet hat, und dass er nie einen Cent zurückbekommen hat. Erstens kann man einen armen jüdischen Schneider kaum als arm bezeichnen, wenn er ein Vermögen von 600.000 Dollar hatte (was nach heutiger

Kaufkraft zwanzig Millionen Dollar entspricht), und es gibt auch keine Erklärung dafür, wie er ein solches Vermögen erworben hat. Zweitens konnte bisher niemand nachweisen, dass jemand namens Haym Salomon während der Revolution in Amerika lebte. Es ist wahrscheinlich, dass dies einer von mehreren Decknamen war, die ein Rothschild-Agent bei der Ausführung verschiedener Missionen für die jüdischen Bankiers verwendete. Wir wissen, dass es einen Robert Morris gab, dass er 1781 eine Charta für die Bank of North America erhielt, dass er ein Agent der Rothschilds war und dass das Kapital der Bank in Höhe von 200.000 Dollar in Gold von den Rothschilds über die französische Flotte geschickt wurde, die Cornwallis bei Yorktown in die Enge trieb. Wir wissen auch, dass die Rothschilds mit Spekulationen mit der kontinentalen Währung einen Gewinn von 14.000.000 Dollar erzielten, nachdem sie den Preis nach unten getrieben hatten, und dass sie selbst dann keinen Verlust erlitten, wenn sie der amerikanischen Armee ein Darlehen von 600.000 Dollar gewährt hätten und dieses Darlehen nicht zurückgezahlt worden wäre.

Die siegreichen amerikanischen Patrioten waren sich der Währungsfrage und auch des jüdischen Problems durchaus bewusst. Benjamin Franklin und George Washington warnten das amerikanische Volk feierlich, die Juden fernzuhalten, sonst würden sie es für immer bereuen. Obwohl darüber debattiert wurde, ob sie die Staatsbürgerschaft erhalten sollten, wurde das Thema abgelehnt, weil die meisten Amerikaner nicht glaubten, dass sie jemals unseren Wohlstand gefährden würden. Rückblickend können wir ihnen das kaum verübeln. Schließlich hatten die Babylonier, die Ägypter, die Perser, die Griechen und die Römer denselben Fehler begangen. Wie schade, dass unsere Vorväter so wenig von der alten Geschichte wussten! Um das Volk vor jüdischen Bankiers zu schützen, haben die Schöpfer der Verfassung in Artikel 1, Abschnitt 8, Teil 5 ausdrücklich festgestellt,

"Der Kongress hat die Befugnis, Geld zu münzen und seinen Wert zu regulieren, auch für ausländische Münzen. "

Von dem Moment an, als die Verfassung verabschiedet wurde, begannen die Rothschilds, Geld auszugeben, um diese Bestimmung außer Kraft zu setzen. Dies gelang ihnen schließlich 1913, als der Kongress die Befugnis, Geld zu münzen, an die in Privatbesitz befindlichen Federal Reserve Banks übertrug. Dies war das offizielle Ende der amerikanischen Souveränität, wie Charles Lindbergh Sr. feststellte.

Die heutige jüdische parasitäre Kontrolle über den nichtjüdischen Wirt hängt weitgehend vom jüdischen Geldsystem ab, das aus privatem Geld besteht, das von jüdischen Banken ausgegeben wird und Zinsen trägt, um den Schuldner zu versklaven. Das amerikanische Volk hat diese Macht aufgrund der Gier einiger weniger Nichtjuden und der Unwissenheit der Mehrheit abgegeben. Der Generalstaatsanwalt der Vereinigten Staaten sagte in Bezug auf die Legal Tender Acts (12 Wallace U.S. Supreme Court Reports), Seite 319,

"Diese Gesetzgebung geht davon aus, dass Geld jeder Art in der Betrachtung des Gesetzes den Wert hat, den das Gesetz ihm zuweist. Wir wiederholen: Geld ist keine Substanz, sondern ein Eindruck von Autorität. "Als Eindruck von Autorität repräsentiert das Geld nach Ansicht des Generalstaatsanwalts die Macht, die Souveränität eines Volkes. Die Juden erlangten diese Autorität durch den Federal Reserve Act, und sie erlangten sie durch die Käuflichkeit einiger Kongressabgeordneter, darunter Carter Glass, Cordell Hull und andere "große Amerikaner", wie die jüdische Propagandamaschine behauptet. Nur der Kongressabgeordnete Charles Lindbergh, Vater des berühmten Fliegers, wagte es, sich dieser Maßnahme zu widersetzen.

Einer der Vorteile des parlamentarischen Systems besteht darin, dass die Juden bei der Auswahl ihrer Spitzel auf eine große Anzahl von Nichtjuden zurückgreifen können. Es hat ihnen nie an Senatoren und Kongressabgeordneten gefehlt, die für recht kleine Summen ihren Willen durchsetzen, wenn man bedenkt, dass Milliarden von Dollar auf dem Spiel stehen. Einer der ersten und fähigsten Befürworter des jüdischen Geldsystems war Alexander Hamilton, der heute an der Wall Street verehrt wird. Hamilton war der uneheliche Sohn eines jüdischen Kaufmanns in Westindien namens Levine und seiner mulattischen Geliebten, die er nie zu heiraten gedachte. Als Hamilton bei einem Duell in Weehawken, New Jersey, getötet wurde, fanden die Rothschilds in Nicholas Biddle aus Philadelphia einen fähigen Ersatz. Biddle wurde von Präsident Andrew Jackson bis zum Stillstand bekämpft, nachdem Baron James de Rothschild aus Paris Biddle beauftragt hatte, die zweite Bank der Vereinigten Staaten zu gründen.

Aufgrund dieser Opposition gegen ihre Bank beschlossen die Rothschilds, dass die freie Republik des amerikanischen Volkes zerstört werden müsse. Sie beschlossen, dass der beste Weg, dies zu erreichen, darin bestand, das Land in zwei schwächere Nationen zu spalten. Der Streit zwischen dem Norden und dem Süden über die Sklaverei war ein vorgefertigtes Problem. Nachdem die Yankee-Händler den Süden mit Sklaven überschwemmt hatten, wandten sie sich gegen die Sklaverei. Alexis de Tocqueville, ein französischer Reisender, hatte 1832 festgestellt, dass,

"Die Anwesenheit der Schwarzen ist das größte Übel, das die Vereinigten Staaten bedroht. Sie vermehren sich in den Golfstaaten schneller als die Weißen. Sie können nicht für immer in der Sklaverei gehalten werden; die Tendenzen der modernen Welt laufen zu stark in die andere Richtung. Sie können nicht in die weiße Bevölkerung aufgenommen werden, denn die Weißen werden sich nicht mit ihnen vermischen, auch nicht im Norden, wo sie schon seit zwei Generationen frei sind. Nach ihrer Befreiung wären sie noch gefährlicher als jetzt, denn sie würden sich nicht lange damit abfinden, von den politischen Rechten ausgeschlossen zu sein. Ein furchtbarer Kampf würde die Folge sein."

Mehr als ein Jahrhundert lang haben die Juden das Negerproblem als Waffe gegen Amerika eingesetzt. Die Rothschilds schütteten Millionen von Dollar nach Neuengland, um die Abolitionistenbewegung zu finanzieren, eine revolutionäre Gruppe, die sich der Gewalt gegen den Süden verschrieben hatte. Die Juden wussten, dass der Neger die Achillesferse der amerikanischen Republik war, und das amerikanische Volk hatte keine Ahnung, was vor sich ging. Obwohl Washington sein Volk in seiner Abschiedsrede vor den Juden gewarnt hatte, als er eine feierliche Warnung aussprach, dass sie immer auf der Hut vor dieser "kleinen, unternehmungslustigen Minderheit" sein müssten, und Benjamin Franklin ein langes Testament geschrieben hatte, in dem er das amerikanische Volk bat, sich vor jüdischen Aktivitäten in Acht zu nehmen, setzten die Rothschilds die Abolitionisten-Agitation fort und brachten die Nation bald an den Rand eines Krieges. Infolgedessen machte D'Israeli 1857 vor einer großen Versammlung jüdischer Führer in London eine verblüffende Vorhersage. Der Anlass war die Hochzeit von Lionel Rothschilds Tochter Lenora mit ihrem Cousin Alfonso Rothschild aus Paris. D'Israeli sagte,

"Unter diesem Dach befinden sich die Oberhäupter der Familie Rothschild, ein Name, der in jeder Hauptstadt Europas und auf der ganzen Welt bekannt ist. Wenn du willst, werden wir die Vereinigten Staaten in zwei Teile teilen, einen für dich, James, und einen für dich, Lionel. Napoleon wird genau das tun, was ich ihm raten werde, und Bismarck wird ein so berauschendes Programm vorgeschlagen werden, dass er unser elender Sklave wird. "

Die Folge war, dass die Vereinigten Staaten bald in den Bürgerkrieg verwickelt wurden. In London war Lionel Rothschild ein entschiedener Befürworter der Südstaaten. In Paris war James Rothschild ein entschiedener Befürworter des Nordens. Mit solchen Freunden brauchten weder der Norden noch der Süden Feinde. Zu Beginn enthüllten die Rothschilds ihren ursprünglichen Plan, der vorsah, dass der Norden kein Geld für die Fortsetzung des Krieges erhalten würde. Präsident Lincoln musste feststellen, dass er in New York kein Geld für die Fortführung des Krieges leihen konnte. Unbeeindruckt von dieser Weigerung verwirrte er die Bankiers, indem er

346.000.000 Dollar in Greenback-Geld ausgab und seine Armeen ausrüstete. Damit war er der erste verfassungsmäßige Präsident, d.h. der erste, der das Prinzip der nationalen Souveränität ausübte. Wäre dieses Geld von den Bankiers ausgegeben worden, hätte es ihnen später elf *Milliarden* Dollar an Zinsen eingebracht. Offensichtlich fühlten sie sich durch Lincolns Handeln gestört. Eine von Rothschilds kontrollierte Zeitung, die *London Times*, kommentierte,

"Wenn diese bösartige Finanzpolitik, die ihren Ursprung in der nordamerikanischen Republik hat, zu einer festen Einrichtung wird, dann wird diese Regierung ihr eigenes Geld ohne Kosten zur Verfügung stellen. Sie wird ihre Schulden abbezahlen und schuldenfrei sein. Sie wird über alles Geld verfügen, das für ihren Handel notwendig ist. Sie wird zu einem Wohlstand gelangen, wie es ihn in der Geschichte der Welt noch nie gegeben hat. Die Gehirne und der Reichtum aller Länder werden nach Nordamerika gehen. Diese Regierung muss zerstört werden, oder sie wird jede Monarchie auf dem Globus zerstören. "

Die Rothschilds überredeten ihre Vertreter in Washington, den National Banking Act von 1863 zu verfassen, der die Regierung von der Notwendigkeit befreite, eigenes Papiergeld zu emittieren, und dieses Privileg an die privaten Bankiers zurückgab. Zur Unterstützung dieses Gesetzes wurde das Hazard Banking Circular an alle amerikanischen Bankiers herausgegeben, das wie folgt lautete:

"Die Sklaverei wird wahrscheinlich durch die Kriegsmacht abgeschafft werden. Ich und meine europäischen Freunde sind dafür, denn die Sklaverei ist nichts anderes als der Besitz von Arbeit und bringt die Sorge für die Arbeiter mit sich, während der europäische Plan, angeführt von England, darin besteht, dass das Kapital die Arbeit durch die Kontrolle der Löhne kontrollieren soll. Die großen Schulden, die die Kapitalisten aus dem Krieg machen werden, müssen dazu benutzt werden, den Wert des Geldes zu kontrollieren. Um dies zu erreichen, müssen Staatsanleihen als Bankgrundlage verwendet werden. Wir warten nicht darauf, dass der Finanzminister der Vereinigten Staaten diese Empfehlung ausspricht. Wir können nicht zulassen, dass Greenbacks, wie sie genannt werden, für längere Zeit als Geld im Umlauf sind, da wir dies nicht kontrollieren können. Aber wir können die Anleihen kontrollieren, und durch sie die Bankemissionen. "

Der amerikanische Student der Wirtschaftswissenschaften wird weder den Leitartikel der *London Times* noch das Hazard-Rundschreiben in seinem Lehrbuch finden. Er wird die Rothschilds wahrscheinlich nicht in seinem Lehrbuch finden. In der Tat wird der amerikanische Student in seinem Lehrbuch nur sehr wenig finden, außer dem, was als unbedenklich für ihn vereinbart worden ist.

Der Finanzminister Salmon P. Chase, nach dem eine große Bank benannt wurde, schrieb später: "Mein Einsatz für die Verabschiedung des National Banking Act war der größte finanzielle Fehler meines Lebens. Er hat ein Monopol geschaffen, das alle Interessen im Lande beeinträchtigt. Es sollte aufgehoben werden, aber bevor das erreicht werden kann, müssen die Menschen auf der einen Seite und die Banken auf der anderen Seite in einem Kampf stehen, wie wir ihn in diesem Land noch nie gesehen haben. "

Obwohl Lincoln mit der Ausgabe der Greenback-Währung sein Todesurteil unterschrieben hatte, war er sich der Gefahr durchaus bewusst. Er war jedoch mehr über die Gefahr für das Land besorgt. Kurz vor seiner Ermordung schrieb er,

"Ich sehe in naher Zukunft eine Krise herannahen, die mich beunruhigt und mich um die Sicherheit meines Landes zittern lässt; die Konzerne sind inthronisiert worden, eine Ära der Korruption in hohen Positionen wird folgen, und die Geldmacht des Landes wird versuchen, ihre Herrschaft zu verlängern, indem sie auf die Vorurteile des Volkes einwirkt, bis der Reichtum in einigen wenigen Händen gebündelt und die Republik zerstört ist. "

Wenige Wochen, nachdem er diese Worte geschrieben hatte, wurde Lincoln ermordet. In der Truhe von John Wilkes Booth wurde eine verschlüsselte Nachricht gefunden, und der Schlüssel zu diesem Code wurde später im Besitz von Judah Benjamin gefunden. Benjamin, ein Verwandter der Familie Rothschild, war ein Jude, der Finanzminister der Konföderation gewesen war.

Einige Jahre später sagte James Garfield, kurz nachdem er Präsident geworden war: "Wer das Geldvolumen in einem Land kontrolliert, ist der absolute Herr über Industrie und Handel. "Er lehnte einige Maßnahmen ab, die ihm von den internationalen Bankiers zur Unterschrift vorgelegt wurden, und wurde einige Tage später niedergeschossen.

Zwischen dem Ende des Bürgerkriegs und dem Ausbruch des Ersten Weltkriegs erlebten die Vereinigten Staaten eine Reihe von Finanzpaniken. Diese Kreditverknappungen führten in jedem Fall zur Ausbeutung der Nichtjuden und zur Konzentration des Reichtums der Nation in jüdischen Händen. Viele Amerikaner wurden durch den Landboom, die Goldminen, den Eisenbahnboom und das Wachstum der Industrie ungeheuer reich. In jedem Fall ging das nichtjüdische Geld in jüdische Kontrolle über. Viele Amerikaner haben sich gefragt, warum W. Averell Harriman ein Laufbursche für das Weltjudentum war. Die Antwort ist, dass sein Vater, ein Eisenbahnbauer, lediglich ein nichtjüdischer Angestellter von Jacob Schiff war, so wie es Rockefeller gewesen war.

Bei Ausbruch des Ersten Weltkriegs sagte Rev. Melvin King in einem wenig bekannten Werk mit dem Titel "*Heaven's Magnet for a World Conquest*" auf Seite 265,

"Israel marschiert auf sein Ziel einer universellen Verwaltung zu. "

Woodrow Wilson richtete ein War Industries Board ein und beauftragte Bernard Baruch mit der Leitung dieses Gremiums, das die amerikanische Industrie auf Leben und Tod kontrollieren sollte. Baruch holte eine bunte Schar von Juden, darunter Clarence Dillon-Steinberg, Billy Rose und die Brüder Swope, um die Agentur zu leiten. Diese Juden übernahmen die amerikanische Wirtschaft. Am Ende des Krieges packten die Juden ihre Koffer und eilten nach Paris, um die nichtjüdische Welt aufzuteilen. Baron sagt auf Seite 357 in *Great Ages and Ideas of the Jewish People*: "Jüdische Führer befanden sich zufällig in einer besonders günstigen strategischen Position, um die Aufnahme von Schutzklauseln für nationale Minderheitenrechte in die Friedensverträge von 1919 zu erreichen." Die "günstige strategische Position" bestand in der Tatsache, dass die Juden die Delegationen aller christlichen Nationen dominierten.

Wieder einmal hatten die Kriegsgewinnler ein riesiges Vermögen gemacht. Nicht alle von ihnen waren Juden. Es war Zeit für eine weitere "Panik". Die Kürzung der Kredite wurde in einer geheimen Sitzung des Federal Reserve Board beschlossen (Seite 64, *The Federal Reserve Conspiracy*, von Eustace Mullins). Das große Töten fand jedoch 1929 statt. Nachdem sie die Ersparnisse von Schullehrern und Kleinstadtunternehmern in den Aktienmarkt gezogen hatten, verschifften die Juden eine große Ladung Gold nach Montreal, es kam zu einer klassischen Kreditkontraktion, und zweihundert Milliarden Dollar nichtjüdischer Ersparnisse verschwanden (Seite 99, The Federal Reserve Conspiracy von Eustace Mullins).

Nach dem Crash gründeten die Juden viele neue Holdinggesellschaften für ihre Aktien, wie z. B. die Lehman Corporation. Bis 1933 besaßen sie 69 % der ausstehenden Aktien aller am Big Board notierten Aktien. Typisch für die Neureichen war ein kleiner jüdischer Gauner namens Billy Rose. Nachdem er als Sekretär für Bernard Baruch gearbeitet hatte, wurde Rose von der Mafia angeheuert, um für sie einen Touristen-Clipclub in New York namens Casino de Paree zu betreiben. Der Laden brachte den Gangstern 20.000 Dollar pro Woche ein, aber sie zahlten Rose nur 1000 Dollar pro Woche. Er fing an, einen Teil des Geldes zurückzuhalten, und die Mafia verhängte das übliche Todesurteil. Rose bekam einen Tipp und eilte zu Bernard

Baruch. Baruch schickte ihn zu J. Edgar Hoover, und vier FBI-Männer bewachten ihn Tag und Nacht, bis die Gefahr vorüber war. Hoover überredete die Mafia, die ganze Sache zu vergessen. Rose stieg dann in die Produktion von Girly-Shows ein. Zum Zeitpunkt seines Todes war er hundert Millionen Dollar wert und war der größte Einzelaktionär von American Telephone and Telegraph. Das Telefon war von einem Nichtjuden, Alexander Graham Bell, erfunden worden, der bei seinem Tod 18.000 Dollar wert war.

Für die Mafia waren Juden schon immer nützlich. Obwohl der innere Kreis der Cosa Nostra auf die sizilianische Bruderschaft beschränkt ist, haben Juden wie Longy Zwillman und Mickey Cohen eine wichtige Rolle in der Mafia gespielt. Die Mafia beauftragte Moe Annenberg mit der Leitung ihres landesweiten Netzes von Renndrähten, der ein Vermögen von 150.000.000 Dollar anhäufte. Sein Enkel, ein Drogensüchtiger, wurde kürzlich des Mordes an seiner nichtjüdischen Freundin angeklagt. Annenberg ist Eigentümer des *Philadelphia Inquirer* und anderer Zeitungen.

Eine Schar von Juden ist aus dem Nichts aufgetaucht, um in den Vereinigten Staaten ein riesiges Vermögen zu machen: Samuel Newhouse mit einer Kette von 28 Zeitungen; O. Roy Chalk, Besitzer des District of Columbia Transit Systems, von Zeitungen und anderen Unternehmen; Norton Simon, Besitzer des Hunt-Lebensmittelimperiums; Riklis, Besitzer des McCrory-Dime-Store-Imperiums; und andere Juden, von denen man noch vor zehn Jahren nie etwas gehört hatte. Der Prozess hat sich beschleunigt; eine kürzlich von der *Saturday Evening Post durchgeführte* Studie ergab, dass 88 % derjenigen, die seit 1950 in Amerika zu Millionären geworden sind, Juden sind. Einer von ihnen, Moskovitz, alias Moesler, war der Star in einem besonders üblen Mordfall in Miami. Er hatte zweihundert Millionen Dollar durch Wucherzinsen auf von nichtjüdischen amerikanischen Arbeitern gekaufte Autos und Wohnmobile angehäuft.

In vielen Fällen handelt es sich bei diesen plötzlichen jüdischen Vermögen um mafiöse Gewinne, die in die Industrie fließen, wobei das Geld angeblich jüdischen Strohmännern gehört. Andere Quellen sind "heißes" Geld, das von einem Land in ein anderes transferiert wird, und in einigen Fällen sind diese jüdischen Millionäre Deckmäntel für sowjetische Investitionen in amerikanische Industrien, mit dem Ziel, wichtige Verteidigungspläne und -formeln zu erhalten.

Einer der jüdischen Giganten in der Munitionsbranche ist Olin Industries, ein weiteres jüdisches Unternehmen. Während des Zweiten Weltkriegs wurde U. S. Cartridge, eine Tochtergesellschaft dieser Firma, in vielen Fällen angeklagt, fehlerhafte Granaten geliefert, gegen das Sabotagegesetz verstoßen und andere Verbrechen begangen zu haben. Der Fall zog sich bis 1950 hin, als er schließlich eingestellt wurde. Die Strafverfolgungen des Justizministeriums gegen nichtjüdische Firmen wie A & P Stores sind jedoch unglaublich bösartig. Ketten in jüdischem Besitz wie Food Fair und Giant Stores werden vom Justizministerium ignoriert, aber die nichtjüdische Firma A & P wird seit fünfundzwanzig Jahren fast ununterbrochen strafrechtlich verfolgt.

Auch die nichtjüdische Firma DuPont, die letzte Hochburg des nichtjüdischen Reichtums in den Vereinigten Staaten, verteidigt sich ständig gegen die jüdisch inspirierte Strafverfolgung durch das Justizministerium. DuPont-Aktionäre verloren Millionen von Dollar, als das Justizministerium DuPont anordnete, sich von den Beteiligungen an General Motors zu trennen. Es wurde kein Fehlverhalten angeklagt; die einfache Tatsache war, dass sich zwei große nichtjüdische Unternehmen den Bemühungen der Juden, sie zu übernehmen, widersetzt hatten. Die Juden beschlossen, dass sie sie aufspalten müssten, um sie der nichtjüdischen Kontrolle zu entreißen.[3]

---

[3] "Die Mitglieder der Familie DuPont durften schließlich den größten Teil des Erlöses aus dem Verkauf ihrer Aktien behalten, allerdings zu einem bestimmten Preis. Sie mussten Clark Clifford, einen führenden zionistischen Lobbyisten in Washington, als Anwalt für diese Transaktion engagieren, wodurch eine große 'Gebühr' an die Zionisten überwiesen wurde, und sie mussten zustimmen, einen

Den Juden hat es noch nie an nichtjüdischen Apologeten gefehlt. Der amerikanische Dichter Robert Lowell sagt: "Dies ist ein jüdisches Zeitalter". Der aus Neuengland stammende Lowell hatte mehrere Nervenzusammenbrüche und ist ein guter Begleiter für die schizophrenen Juden. Reinhold Niebuhr, ein selbsternannter christlicher Philosoph, ist der Rädelsführer des "Christus ist ein Jude"-Geschäfts. Er schreibt alles Gute den Juden zu und sagt in seinem neuesten Buch: "Ich habe eine lange Liebesbeziehung mit dem jüdischen Volk gehabt. "Es überrascht nicht, dass die Juden Niebuhr "den größten lebenden Philosophen" nennen.

Als Eugene Meyer und Bernard Baruch die Alaska-Juneau Gold Mining Co. gründeten, taten sich zwei der finstersten Männer Amerikas zusammen. Baruch ernannte Meyer zum Manager der War Finance Corporation, die während des Ersten Weltkriegs Freiheitsanleihen verwaltete. Der Kongressabgeordnete Louis McFadden, Vorsitzender des Banken- und Währungsausschusses des Repräsentantenhauses, entdeckte, dass Anleihen im Wert von zehn Milliarden Dollar vernichtet worden waren, dass Anleihen im Wert von vierundzwanzig Millionen Dollar in zweifacher Ausfertigung gedruckt und verkauft worden waren und dass in Meyers Unterlagen umfangreiche Änderungen vorgenommen worden waren. Meyer erwarb die Kontrolle über die Allied Chemical and Dye Corporation und kaufte später die *Washington Post*. Seine Tochter heiratete einen Nichtjuden namens Philip Graham, und Meyer machte ihn zum Präsidenten der Washington *Post*, aber Graham fand die Dinge, die er für die Juden tun musste, zu unangenehm und erschoss sich. Die Familie Meyer ist eine Milliarde Dollar wert, was angesichts der Untersuchungen des Kongressabgeordneten McFadden nicht schwer zu verstehen ist (Seite 105, *The Federal Reserve Conspiracy*, von Eustace Mullins).

Juden, Irving Shapiro, als Präsident von DuPont mit der Leitung aller DuPont-Unternehmen zu betrauen. "

Die Familie Meyer kaufte auch das *Newsweek Magazine* und besetzte es vollständig mit Juden. Der Kunstredakteur ist Jack Kroll, der Buchredakteur ist Saul Maloff, der Filmredakteur ist Joseph Morgenstern, der Dramareditor ist Richard Gilman, der Musikredakteur ist Herbert Saal. Keine Nichtjuden müssen sich bewerben.

Die Familie Meyer kaufte auch die Zeitschrift *Art News*, die die neuesten Modetrends "in der Kunst" fördert und die Pop- und Op-Art, die Beer-Can-Schule, die die Ash-Can-Schule ablöste, propagiert. Auch hier werden die albernsten Produktionen wildgewordener jüdischer Künstler ernsthaft rezensiert, während Nichtjuden unbemerkt in ihren Dachböden bleiben.

Nirgendwo ist das jüdische Monopol offensichtlicher als in Film und Fernsehen, und kein Medium hat die Nation unerbittlicher mit bösartiger jüdischer Propaganda überflutet. Das Kino begann als nichtjüdisches Unternehmen; der erste große Regisseur war David W. Griffith, der den großartigen Film *The Birth of a Nation* produzierte. Griffith wurde bald von einer Horde lispelnder russischer und polnischer Juden, den Mantel- und Anzugträgern von der New Yorker Seventh Avenue, zur Seite geschoben. In Hollywood gab es keine Griffiths mehr, stattdessen waren Schulberg, Goldwyn, Mayer, Zanuck, Cohen, Schary und Hunderte anderer Juden die Produzenten.

Die ersten großen Komödianten waren Nichtjuden: Buster Keaton und Laurel und Hardy. Keaton wurde zugunsten von Charlie Chaplin verdrängt, einem Juden aus Cheapside, dessen komödiantische Gabe darin zu bestehen schien, sich langsam dem Publikum zuzuwenden und sich ostentativ am Hintern zu kratzen. Dies war eine seiner weniger obszönen Gesten, und seine Kunst hatte er offenbar beim Beobachten der Affen im Zoo gelernt. Laurel und Hardy wurden durch die Marx Brothers ersetzt - die Liste ist endlos.

Im Fernsehen haben die Amerikaner die Wahl zwischen den Programmen von drei Sendern: NBC, kontrolliert von dem russischen Juden Sarnoff; CBS, kontrolliert von William Paley oder Palinsky, dessen polnisch-jüdischer Vater ein Vermögen mit Muriel-Zigarren gemacht hat; oder ABC, kontrolliert von Barney Balabanson, der polnisch-jüdischer Abstammung ist. Diese Juden haben Millionen von Dollar ausgegeben, um dem amerikanischen Publikum eine Reihe jüdischer Komiker unterzuschieben, die außer in jiddischen Nachtclubs nie die Gunst des Publikums gefunden haben - Milton Berle, Red Buttons, Danny Kaye, Jerry Lewis waren im Fernsehen finanzielle Katastrophen, aber zwei nichtjüdische Komödianten, Jackie Gleason und Red Skelton, machen Jahr für Jahr weiter. Ihr Geheimnis ist, dass sie lustig sind. Die Juden spucken eine seltsame Kombination aus Perversion, Drogensucht und Integrationskotze aus und erwarten, dass sich das Publikum vor Lachen verdoppelt. Stattdessen sollten sie krank werden.

1966 stellte ein Ausschuss des Kongresses fest, dass diese jüdischen Sender alle üblichen Techniken des jüdischen Monopols anwandten. Sie würden keine Sendung zulassen, wenn sie nicht 51 % des Gewinns erhielten. Dies gab ihnen die vollständige Kontrolle über den Inhalt und die Mehrheit der Gewinne. Das war ein klarer Verstoß gegen die Kartellgesetze, aber es wurde nichts dagegen unternommen; das Justizministerium ist zu sehr damit beschäftigt, nichtjüdische Firmen wie DuPont und A & P zu verfolgen, um sich darum zu kümmern, was die Juden mit ihrem Fernsehmonopol anstellen. Alle Fernsehsendungen sind stark mit Juden besetzt; Nichtjuden sind im Durchschnitt nur zu fünfzehn Prozent in der Fernsehproduktion beschäftigt. Unnötig zu sagen, dass nichts im Fernsehen erscheint, außer dem, was die Juden wollen, dass die Nichtjuden es sehen. Die wenigen Nichtjuden, die eigene Sendungen haben, haben jüdische Ehefrauen. Ed Sullivan ist mit Sylvia Bernstein verheiratet; Dave Brinkley, usw. Sullivan ist ein gläubiger Katholik, aber seine Frau zieht die Kinder im jüdischen Glauben auf.

Trotz ihrer herausragenden Stellung in legitimen Branchen wie Theater und Fernsehen bevorzugen Juden Aktivitäten in der Unterwelt. Sie sind bekannt für weiße Sklaverei, Pornographie, Waffenhandel, Schnaps und andere Geschäfte. Das

Spirituosengeschäft in Amerika wird von der Familie Bronfman beherrscht, der Seagram's gehört, und von den Rosenstiels, denen Schenley's gehört. Die Waffe, mit der Kennedy getötet wurde, wurde zuerst von einem jüdischen Großhändler namens Irving Feldschott und dann von einem jüdischen Einzelhändler in Chicago namens Milton Klein gehandelt. Der größte Pornograph der Nation soll Irving Klaw aus New York sein, obwohl sich viele andere Juden um diesen Titel reißen. Ein Jude namens Lyle Stuart, früher unter dem Namen Samuelson bekannt, hat einige der saftigsten Artikel der Branche gedruckt. Der Oberste Gerichtshof bestätigte kürzlich die Verurteilung von Ralph Ginzburg als Großhandelspornograph. Er hatte eine Reihe von Artikeln in Umlauf gebracht, darunter The Housewife's Handbook on Selective Promiscuity (Handbuch für Hausfrauen über selektive Promiskuität), das eine Reihe von Fotos eines nackten Negers beim Geschlechtsverkehr mit einer weißen Frau zeigte. Und so könnten wir noch Hunderte von Seiten weiterführen und die abscheulichen Dinge aufzählen, die der Jude heute hier in unserem Land uns antut. Wir könnten innehalten und über die Zahl der guten alten nichtjüdischen Unternehmen nachdenken, die jedes Jahr in jüdische Hände übergehen, wie z. B. Willoughby's Camera Shops in New York. Einige Segmente der amerikanischen Wirtschaft, wie z.B. die Drogeriemärkte und die Bekleidungsindustrie und der Einzelhandel, werden vollständig von Juden kontrolliert, und ein Großteil des nichtjüdischen Mittelstandes ist bereits aus dem Geschäft verdrängt worden.

Samuel Roth, der Autor von *Juden müssen leben*, schrieb, dass er einen Mann kannte, der viertausend Menschen beschäftigte, sich aber immer weigerte, einen Juden einzustellen, weil er sein Geschäft nicht verlieren wollte. Roth fragte ihn, woran er einen Juden erkenne, da sie sich nur selten als solche zu erkennen gäben. Der Mann antwortete: "Sie schauen immer über deinen Kopf hinweg. "Daraufhin erklärte Roth dem Mann, dass der Jude über seinen Kopf schaut, weil er zu dem unsichtbaren Gott Israels aufschaut. Da aller Reichtum für die Bereicherung Israels bestimmt ist, wartet der Jude darauf, dass Gott ihm zeigt, wie er die Geschäfte der Nichtjuden von ihm wegbekommt. Roth erklärt, dass er noch nie von einem Nichtjuden gehört hat, der nach der Einstellung eines Juden zu Wohlstand gekommen ist.

Keine satanische Praxis des Juden hat den Amerikanern mehr Schaden zugefügt als die jüdische Förderung des Rassenkriegs in den Vereinigten Staaten. Wir haben bereits de Tocquevilles Bemerkung von 1832 erwähnt, dass "die Anwesenheit der Schwarzen das größte Übel ist, das die Vereinigten Staaten bedroht. "Die Juden benutzten dieses Thema nicht nur, um den verheerenden Bürgerkrieg auszulösen, sondern sie griffen die Negerfrage auch vor dem Ersten Weltkrieg wieder auf. Um die Jahrhundertwende war Harlem ein unerschlossenes Gebiet. Es wurde von drei jüdischen Spekulanten - August Belmont, Oscar Hammerstein und Henry Morgenthau - erschlossen. Diese Juden sind verantwortlich für die schrecklichen Slums, in denen die Neger leben, denn die Juden errichten nur Gebäude, die den größten Profit bringen. Außerdem gehört den Juden jedes Geschäft in den Negergebieten. Eine AP-Meldung vom 19. Februar 1966 berichtete über ein Interview mit einem Meyer Bleustein, der in der Unruheregion von Watts Immobilien im Wert von einer Million Dollar besaß. Kein einziger Journalist hat jemals die wahre Bedeutung dieser Negerunruhen in Harlem, Rochester, Watts und anderen Negerslums enthüllt. Es handelte sich um antijüdische Unruhen, bei denen die Neger in jüdische Geschäfte eindrangen und mit Gewalt den Alkohol und die Fernsehgeräte an sich nahmen, für die die Juden ihnen vier Preise berechnet hatten. Der Neger wurde in Amerika ausgebeutet, aber nur von den Juden. Viele Neger begannen dies zu erkennen, und die Aufstände begannen. Die Juden haben immer die NAACP kontrolliert, die nie einen Neger an ihrer Spitze hatte. Die Neger erkannten schließlich, dass die Juden sie unter einer Fassade kontrollierten. Gleichzeitig hetzten die Juden die Neger auf, sich gegen die weißen Nichtjuden zu wenden und sie abzuschlachten. Selbst der zurückgebliebenste Neger wusste, dass es ein Jude war, der ihm eine zerrissene Hose aus zweiter Hand für 15 Cent verkaufte und ihn dreißig Wochen lang 5 Cent pro Woche zahlen ließ und ihn dann vor ein Gericht für geringfügige Forderungen brachte, um den Restbetrag einzutreiben (ein aktueller Fall in Washington, D.C.).

Noch während er den Neger in einem Ausmaß ausbeutete, das nur wenigen Weißen bewusst war, benutzte der Jude den Neger auch als entbehrliche Truppe in der vordersten Linie der kommunistischen Verschwörung in Amerika. Dies geht auf das Jahr 1912 zurück, als der prominente jüdische Schriftsteller und kommunistische Theoretiker Israel Cohen einen umfangreichen Plan mit dem Titel "A Racial Program for the Twentieth Century" schrieb. Wir zitieren auszugsweise,

> "Wir müssen erkennen, dass die stärkste Waffe unserer Partei die Rassenspannung ist. Indem wir den dunklen Rassen ins Bewusstsein hämmern, dass sie seit Jahrhunderten von den Weißen unterdrückt werden, können wir sie für das Programm der Kommunistischen Partei gewinnen. Die Begriffe Kolonialismus und Imperialismus müssen in unserer Propaganda auftauchen. In Amerika werden wir einen subtilen Sieg anstreben. Während wir die Neger-Minderheit gegen die Weißen aufhetzen, werden wir uns bemühen, den Weißen einen Schuldkomplex für ihre Ausbeutung der Neger einzuflößen. Wir werden den Negern helfen, in allen Bereichen des Lebens, in den Berufen und in der Welt des Sports und der Unterhaltung zu Ansehen zu gelangen. Mit diesem Prestige werden die Neger in der Lage sein, sich mit den Weißen zu vermischen und einen Prozess in Gang zu setzen, der Amerika unserer Sache zuführen wird. "

Als die Juden leugneten, dass es einen Schriftsteller namens Israel Cohen gab, wurden zwei Schriftsteller namens Israel Cohen im Who's Who des Weltjudentums aufgeführt.

Schriftsteller wie Israel Cohen haben die Neger weiterhin in der Rassenagitation angeführt. Eine der führenden Zeitungen, die die Integration befürworten, ist die *Chicago Sun-Times*, die sich im Besitz der Familie Marshall Field befindet. Diese Zeitung entstand, weil der Enkel des ursprünglichen Marshall Field, ein Alkoholiker und sexuell Degenerierter, von einem russisch-jüdischen Psychiater namens Gregory Zilboorg betreut wurde. Zilboorg riet Field, Zeitungsverleger zu werden und für "Rassengerechtigkeit" zu kämpfen. Field gründete daraufhin die

Sun-Times. Field war aus Scham über den Tod seines Vaters, dessen Umstände jedem in Chicago bekannt waren, zum Alkoholiker geworden. Dieser Marshall Field war der Sohn des ersten Marshall Field, und er war ein Säufer und sexuell Perverser, der sich nur dann Vergnügen verschaffen konnte, wenn er ein schönes nacktes Mädchen mit einer großen Peitsche auspeitschte. Er hatte ein Lieblingsmädchen im Bordell der Everleigh Sisters, dem angesagtesten Bordell in Chicago. Eines Nachts ertrug das Mädchen den Schmerz der Peitsche nicht mehr, holte eine Pistole unter ihrem Kopfkissen hervor und erschoss ihn. Field ließ die Peitsche fallen, taumelte zur Tür und stürzte die Treppe hinunter. Das Mädchen, das vor Schmerz den Verstand verlor, folgte ihm und feuerte drei weitere Schüsse in seinen Körper, während Field sich am Fuße der Treppe krümmte. Das Haus wurde abgerissen, und die Familie Field spendete Geld, um an dieser Stelle das Institute of Surgeons zu errichten. Eine Statue eines Chirurgen markiert genau die Stelle, an der Field am Fuße der Treppe starb. Ein aufmerksamer Zeitungsreporter hielt sich zu dieser Zeit zufällig in dem Bordell auf, und um die Geschichte geheim zu halten, gab ihm die Familie Field 100.000 Dollar, um eine Zeitung zu gründen, aus der das *Chicago Journal-American* wurde. Field hinterließ auch zwei Negersöhne, die noch immer in der South Side von Chicago leben und jeweils 300 Dollar pro Monat aus dem Field-Nachlass erhalten. Die Tochter des jetzigen Marshall Field heiratete einen Neger und hatte Kinder mit ihm. Diese Familie ist typisch für die degenerierte integrationspolitische Einstellung.

Viele vermeintlich nichtjüdische Unternehmen sind im Besitz von Juden, mit einer nichtjüdischen "Fassade", die angeblich die volle Kontrolle hat. Typisch für diese Täuschung ist das Verlagsimperium von Reader's Digest. Angeblich im Besitz von DeWitt Wallace und seiner Frau, ist Reader's Digest in Wirklichkeit eine Tochtergesellschaft von RCA, die von dem russischen Juden Samoff kontrolliert wird. Wie ist das passiert? Wallace, ein Nichtjude, stellte einen Redakteur namens Eugene Lyons ein, einen Juden. Reader's Digest war erfolgreich und hatte seinem nichtjüdischen Besitzer Millionen von Dollar eingebracht. Außerdem war das Magazin hoch angesehen. Lyons schlug vor, dass Reader's Digest Ausgaben in vielen Fremdsprachen herausgeben sollte. Wallace wollte die dafür erforderlichen Millionen von Dollar nicht investieren, und Lyons bot an, das Geld von seinem Cousin Samoff aufzubringen. Das Ergebnis war, dass Reader's Digest unter die Kontrolle der Juden geriet, und die Wallaces müssen jeden Artikel Lyons zur Genehmigung vorlegen, bevor sie ihn in "ihrem" Magazin drucken können. Offensichtlich können sie nichts drucken, was jüdischen Verrat und Umsturz aufdeckt, was genau die Art von Kontrolle ist, die die Juden wollen und die sie über jedes nichtjüdische Unternehmen ausüben müssen.

KAPITEL 10

DIE JUDEN UND UNSERE ZUKUNFT

Eine der großen Tragödien der Menschheit ist die Geschichte der Korruption Amerikas durch die Juden, denn Amerika stellte die letzte große Hoffnung der Erde dar. Amerika war das Symbol für den Wunsch der Menschen, in Frieden und Freiheit zu leben, doch die Geschichte Amerikas war eine Reihe von Kriegen und Finanzpaniken, die von den Juden ausgelöst wurden. Jeder Schutz, den das amerikanische Volk gegen die Juden errichtete, wurde zerstört. Wir haben bereits die Bestimmung der Verfassung erwähnt, die unsere Vorväter erlassen haben, um uns unser eigenes Geldsystem zu geben, das frei von jüdischer Erpressung ist. Der Federal Reserve Act von 1913 beendete dies. Wir hatten ein Vertragsrecht, das uns erlaubte, miteinander Geschäfte zu machen. Die Juden zerstörten es mit der berühmten "Integrations"-Entscheidung vom Mai 1954, in der der Oberste Gerichtshof entschied, dass kein Vertrag gültig ist, wenn er einen Hinweis auf die Rasse enthält. Mit anderen Worten: Verträge waren in unserem Geschäftsleben nicht mehr bindend. Diese Entscheidung wurde von einem fanatischen zionistischen Juden namens Felix Frankfurter aus Wien verfasst, der von Präsident Theodore Roosevelt als "der gefährlichste Bolschewik im Lande" bezeichnet wurde. Frankfurters Bruder Otto war als Gewohnheitsverbrecher bekannt, der acht Jahre für ein unaussprechliches Verbrechen im Staatsgefängnis von Anamosa in Iowa verbüßte.

Ein weiteres großartiges Konzept war die Gewerkschaftsbewegung, die ursprünglich dafür sorgte, dass ein Mann keine ungewöhnlichen Misshandlungen durch seine Chefs ertragen musste, solange er seine Arbeit gut machte. Die

Gewerkschaftsbewegung entstand in Amerika, weil Juden zwischen 1860 und 1900 in New York City Sweatshops einrichteten und nichtjüdische Frauen und Kinder achtzehn Stunden am Tag für nur fünf Cents pro Stunde arbeiten ließen. Bei einem Brand in einem dieser jüdischen Sweatshops, der Triangle-Katastrophe, kamen viele Frauen und Kinder ums Leben, da es in diesem Gebäude in jüdischem Besitz keine Feuerleitern gab. Die Gewerkschaftsbewegung hat ihren Ursprung in diesem Tag. Sie wurde bald von einem jüdischen Agitator namens Samuel Gompers übernommen.

Ein weiteres großartiges Konzept der Nichtjuden ist die Demokratie, was einfach bedeutet, dass ein anständiger, verantwortungsbewusster Bürger genauso gut ist wie der nächste anständige, verantwortungsbewusste Bürger. Die Juden haben dies in "Ein anständiger, hart arbeitender Amerikaner ist nicht besser als der nächste jüdische Pornograph, Drogensüchtige oder Vergewaltiger" geändert. "Ein Mann, eine Stimme. Ein ehrlich arbeitender nichtjüdischer Amerikaner hat eine Stimme; ein jüdischer kommunistischer Agitator oder Ausbeuter hat eine Stimme. Das ist das System der jüdischen Demokratie, unter dem wir jetzt leben.

Wir haben nun den jüdischen Einfluss durch fünftausend Jahre Geschichte verfolgt. Wir haben gesehen, wie jüdischer Umsturz die großen Zivilisationen von Babylon, Ägypten, Persien, Griechenland und Rom zu Fall brachte. Wir haben gesehen, wie Juden bei Ereignissen wie der Pest, der Inquisition, der Reformation, der amerikanischen Revolution, dem Bürgerkrieg und dem Crash von 1929 eine entscheidende Rolle spielten. Was liegt vor uns?

Die Geschichte der Juden lässt sich in drei wichtige Perioden einteilen. Die erste Periode war die der nomadischen jüdischen Banditen, die in der ganzen alten Welt als Habiru-sagaz oder hebräische Halsabschneider bekannt waren und die frühen Zivilisationen belästigten. Diese Zivilisationen schickten Militärexpeditionen gegen sie, töteten sie und nahmen die Überlebenden gefangen. Sobald sie diese Gefangenen in ihre

Städte zurückbrachten, erkrankte ihre Zivilisation und starb. Nur selten wurde ihnen bewusst, was mit ihnen geschehen war.

Diese Periode endete mit dem Zusammenbruch des Römischen Reiches im Jahr 476 n. Chr. Die zweite Periode, von 477 n. Chr. bis 1815, war die Zeit, in der sich die Juden in ihren Ghettos einschlossen und über tausend Jahre lang ihre psychischen Kräfte des Bösen sammelten und konzentrierten, bis sie in der Lage waren, hervorzutreten und die vollständige Herrschaft über die Nichtjuden zu erlangen. Während dieser Zeit hielten sie ihre Existenz durch verschiedene Aktivitäten in der Unterwelt aufrecht. Sie waren die Hehler für gestohlene Waren in allen Städten der Welt; sie praktizierten schwarze Magie; sie wurden als Ärzte bekannt; und um Blut für ihre rituellen Zeremonien zu erhalten, führten sie die Technik des Ausblutens ein. Wenn im finsteren Mittelalter ein jüdischer Arzt zu einem Nichtjuden gerufen wurde, öffnete er die Venen des Patienten und entnahm ihm eine große Menge Blut, die er dann in die Synagoge brachte, um sie dem Rabbi zu übergeben. In einigen wenigen Fällen, wenn der Patient an Übergewicht oder Bluthochdruck litt, war das Bluten von Vorteil. In den meisten Fällen war der Patient jedoch bereits durch eine Krankheit geschwächt, und die Blutung führte zum Tod des Patienten. Dem Juden konnte das egal sein, denn er war nur an der Gewinnung des Blutes interessiert. George Washington starb, weil er wegen einer leichten Atemwegserkrankung dieser Aderlassmethode unterzogen wurde.

Die Juden dienten den Aristokraten auch als Steuereintreiber und Unterdrücker des arbeitenden Volkes, als grausame Aufseher, die die Bauern für den Profit der Aristokraten und der Juden ausschwitzten, bis sie 1815 genügend Macht erlangten, um aus den Ghettos zu entkommen.

Von 1815 bis heute sind die Nichtjuden durch schreckliche Weltkriege und Finanzpaniken dezimiert worden. Jedes Jahr sind die Juden mächtiger geworden, bis sie jetzt den Globus beherrschen. Die große Zeit der europäischen Zivilisation fand 1815 ein jähes Ende, als die Juden aus ihren Ghettos kamen. Es gab keine Giganten der Kultur wie Shakespeare, Beethoven und Goethe mehr. Nur in einer Hinsicht machten die Nichtjuden weiterhin Fortschritte, nämlich bei der Erfindung von Maschinen, denn hier hatten die Juden keinen Einfluss auf ihre geistigen Ressourcen. Seit der jüdische Brand über unser Volk hereinbrach, hat es jedoch keine bedeutende Kunst, Musik oder Literatur mehr gegeben. Die Malerei wurde zum trivialen Gekritzel von Affen und ihren menschlichen Nachahmern; die Musik wurde zum Kreischen von Autohupen; die Literatur wurde zu einer sich wiederholenden Beschreibung menschlicher Ausschweifungen. Die große Zivilisation Nordeuropas war tot.

Die Architektur wurde zu einer einfachen Konstruktion aus Metall- und Betonkästen, der so genannten "Tel Aviv"-Bauweise, benannt nach ihren jüdischen Erfindern. Keine hoch aufragenden gotischen Kathedralen, anmutigen Paläste oder gut gebauten Häuser für die Menschen mehr; wir haben nur noch Betonnester, in denen wir brüten, und Betonspielplätze für die Kinder anstelle von Gras.

An unseren Universitäten muss alles auf einen der drei Juden zurückgeführt werden: Marx, Freud oder Einstein, sonst dürfen die Dozenten nicht lehren. Christus ist eine Witzfigur für die "In"-Professoren. Wir haben bereits darüber gesprochen, wie Marx das rücksichtslose Konzept der jüdischen Diktatur in seiner Philosophie des Kommunismus modernisiert hat. Es waren Einsteins Forschungen, die zur Erfindung der jüdischen Höllenbombe führten. Freud erklärte der Erhabenheit des menschlichen Geistes den Krieg und bestand darauf, dass unsere Intelligenz nur in unseren Fortpflanzungsorganen und unserem Anus zu finden ist. Dies war die Grundlage der "Wissenschaft" der Psychiatrie, obwohl ein späterer Nichtjude, Carl Jung, feststellte, dass den Menschen geholfen werden kann, wenn man den Freudschen Dreck ignoriert. Jung war ein großer Gelehrter, der gelehrte Bücher über die Ursprünge der nordeuropäischen Zivilisation schrieb. In Band 7 seiner Gesammelten Werke, Seite 149, sagt Jung,

"Es ist ein ganz unverzeihlicher Fehler, die Schlussfolgerungen einer jüdischen Psychologie als allgemein gültig zu akzeptieren. Niemand käme auf die Idee, die chinesische oder indische Psychologie als verbindlich für uns zu betrachten. Mit dem Beginn der rassischen Differenzierung werden auch in der kollektiven Psyche wesentliche Unterschiede entwickelt. Aus diesem Grund können wir den Geist einer fremden Rasse nicht in globo in unsere eigene Mentalität verpflanzen, ohne diese empfindlich zu verletzen. "

So entdeckte Jung, dass die jüdische Psychiatrie für den nichtjüdischen Geist sehr schädlich sein kann. Tausende von Nichtjuden, die sich in die Obhut jüdischer Psychiater begeben haben, sind hoffnungslos wahnsinnig geworden oder haben Selbstmord begangen. Dies war nur zu erwarten. Die Juden haben auch gefährliche neue Drogen entwickelt, die bei Nichtjuden den Wahnsinn hervorrufen. Sie experimentieren mit diesen Medikamenten an hilflosen Nichtjuden, die von jüdischen Ärzten und Richtern in Irrenanstalten eingewiesen wurden, und führen seltsame Tests durch, die ihnen eine sadistische Befriedigung verschaffen, wenn sie hilflose Menschen langsam in den Wahnsinn treiben. Sie praktizieren auch solche Barbareien wie Schockbehandlungen an ihren nichtjüdischen Gefangenen, eine Form der Behandlung, die in Europa vor zwanzig Jahren als "übermäßig barbarisch" aufgegeben wurde.

Eines der Schlüsselwörter im Jargon der jüdischen Psychiatrie ist "Identität". Die Frage der Identität ist für den Juden von entscheidender Bedeutung. Er kann seine wahre Identität als heimatloser Parasit, der auf dem nichtjüdischen Wirt lebt, oder seine Herkunft als nomadisches Halsabschneidertier aus der Wüste nicht einmal unbewusst akzeptieren, aber er kann auch keinen anderen Hintergrund für sich erfinden, da die Archäologen keine Spur einer jüdischen Kultur finden können. Ein weiteres Schlüsselwort ist "Beziehung". Der Jude macht sich ständig Gedanken darüber, wie er sich mit dem nichtjüdischen Gastgeber "verhält" oder eine Beziehung zu ihm aufbaut. Er spricht und schreibt auch endlos über das Problem der

"Entfremdung". Mit Entfremdung ist natürlich die Möglichkeit gemeint, dass der jüdische Parasit vom nichtjüdischen Wirt entfremdet oder von ihm abgeworfen wird. Feindseligkeit ist ein weiteres Schlüsselwort in der jüdischen Psychiatrie. Was den Juden hier beschäftigt, ist das Problem seiner eigenen Feindseligkeit gegenüber dem nichtjüdischen Wirt, der schizophrene Hass, den er gegenüber dem nichtjüdischen Körper entwickelt hat, auf dem er leben muss. Folglich schreibt er endlos über das psychiatrische Problem der Feindseligkeit, während er in Wirklichkeit den "fast unmenschlichen Hass" meint, den der Jude, wie Kastein zugibt, für seinen Wirt empfindet.

Aufgrund seines ungesunden und unbefriedigenden Daseins als Parasit, der vom nichtjüdischen Wirt lebt, steht der Jude immer am Rande schwerer psychischer Störungen. Am häufigsten ist die Form des Wahnsinns, die als Schizophrenie oder gespaltene Persönlichkeit bekannt ist. Der Jude ist nicht in der Lage, sich als das zu akzeptieren, was er ist, und erfindet andere Erklärungen für sich selbst, und wenn er beginnt, diese Wahnvorstellungen als Realität zu akzeptieren, wird dies rechtlich als Geisteskrankheit definiert. Dr. Martin F. Debivoise hat kürzlich eine zehnjährige Studie über Juden in New York abgeschlossen. Er stellte fest, dass 43 % von ihnen in einem Maße geistig gestört waren, dass sie in ein Krankenhaus eingewiesen werden sollten. Er untersuchte auch eintausend Ehen zwischen Juden und Nichtjuden in diesem Zeitraum. Er stellte fest, dass 847 dieser Ehen innerhalb von fünf Jahren geschieden wurden; 681 Ehen blieben kinderlos, und von denjenigen, die Kinder hatten, erkrankten 73 % vor Erreichen der Pubertät an Leukämie oder Krebs. Typisch war der Krebstod des Sohnes von John Gunther, der aus einer dieser Mischehen hervorging.

Durch die Jahrhunderte hindurch hat der jüdische Parasit an der religiösen Überzeugung festgehalten, dass er nur dann absolute Macht über den nichtjüdischen Wirt erlangen kann, wenn er sein Hauptquartier an der alten Kreuzung der Weltzivilisation in Palästina wieder aufbaut. Instinktiv erkennt der Jude, dass er diesen traditionellen Kernort des nichtjüdischen Handels besitzen *muss*, wenn er Herr über den Wirt werden will.

Nach einer Reihe von brutalen Morden erreichte der Jude 1948 sein Ziel, den Staat Israel. Das ursprüngliche Versprechen hatte die britische Regierung 1917 im Austausch für den Einsatz eines von Chaim Weizman erfundenen tödlichen Giftgases gegeben. Als die Juden sahen, dass sie ihren Feind, Adolf Hitler, besiegten, steigerten sie ihre Brutalität, um Palästina zu erobern. Sie hatten mehrere internationale Mörderbanden am Werk. Eine dieser Verbrecherbanden war als Stern-Bande bekannt. Eine andere war die Irgun Zvai Leumi. Jede dieser Schlägergruppen wetteiferte mit den anderen darin, brutale Morde an Nichtjuden zu begehen. 1944 ermordete die Stern-Bande Lord Moyne, den ranghöchsten Diplomaten außerhalb Londons, in seinem Haus in Kairo, um eine englische Entscheidung zu erzwingen, ihnen Palästina zu geben. Daraufhin begannen sie mit einer Reihe von Folterungen und Morden an britischen Soldaten, die nach Palästina geschickt worden waren, um Gräueltaten der Juden an den dortigen arabischen Hausbesitzern zu verhindern. Die meisten dieser Truppen waren junge Leute im späten Teenageralter. Ganz England war entsetzt über den Tod, den diese Jungen durch die Hand jüdischer Folterknechte erlitten. Ihre verstümmelten Körper wurden dann in Fesseln gelegt, so dass ihre Kameraden getötet wurden, als sie versuchten, ihnen ein christliches Begräbnis zu geben.

1948 ermordeten die Juden Graf Folke Bernadotte in Israel. Obwohl er alles getan hatte, um ihnen zu verschaffen, was sie wollten, töteten sie ihn, um den Prozess zu beschleunigen. In Palästina wurde ein Hotel in die Luft gesprengt, wobei Hunderte von unschuldigen Opfern verstümmelt und getötet wurden. Ein herzkrankes England willigte widerwillig ein, ihnen das Land zu überlassen, und das Schicksal Israels nahm seinen Lauf nach einer Reihe von Morden, die die zivilisierte Welt entsetzten. Geboren in einer Atmosphäre von Mord und Erpressung, genährt in Wolken von Giftgas und der Erfindung der jüdischen Höllenbombe, bewies der Staat Israel von Anfang an, dass er die Verkörperung des absolut Bösen war.

Im Jahr 1952 erreichte ein Dokument die westlichen Demokratien, das bewies, dass die Juden bestrebt waren, ihre bekannten Pläne für eine Diktatur über die Nichtjuden rasch voranzutreiben. Es handelt sich um die unwidersprochene Abschrift einer Rede von Rabbi Emanuel Rabinovich, die am 12. Januar 1952 vor dem Notrat der europäischen Rabbiner in Budapest, Ungarn, gehalten wurde:

"Seid gegrüßt, meine Kinder! Ihr seid hierher gerufen worden, um die wichtigsten Schritte unseres neuen Programms zu rekapitulieren. Wie ihr wisst, hatten wir gehofft, zwanzig Jahre zwischen den Kriegen zu haben, um die großen Errungenschaften aus dem Zweiten Weltkrieg zu konsolidieren, aber unsere wachsende Zahl in bestimmten lebenswichtigen Bereichen weckt den Widerstand gegen uns, und wir müssen jetzt mit allen uns zur Verfügung stehenden Mitteln daran arbeiten, den Dritten Weltkrieg innerhalb von fünf Jahren herbeizuführen. "

"Das Ziel, nach dem wir seit dreitausend Jahren so beharrlich streben, ist endlich in greifbarer Nähe, und da seine Erfüllung so offensichtlich ist, sollten wir unsere Anstrengungen und unsere Vorsicht verzehnfachen. Ich kann Ihnen mit Sicherheit versprechen, dass unsere Rasse noch vor Ablauf von zehn Jahren ihren rechtmäßigen Platz in der Welt einnehmen wird, mit jedem Juden als König und jedem Nichtjuden als Sklaven! (Beifall der Anwesenden).

"Sie erinnern sich vielleicht an den Erfolg unserer Propagandakampagne in den 30er Jahren, die in Deutschland antiamerikanische Leidenschaften weckte, während wir gleichzeitig in Amerika antideutsche Leidenschaften weckten, eine Kampagne, die im Zweiten Weltkrieg gipfelte. Eine ähnliche Propagandakampagne wird jetzt in der ganzen Welt intensiv geführt. In Rußland wird das Kriegsfieber durch ein unaufhörliches antiamerikanisches Sperrfeuer geschürt, während in Amerika eine landesweite antikommunistische Angst um sich greift. Diese Kampagne zwingt alle kleineren Nationen dazu, sich zwischen der Partnerschaft mit Russland oder einem Bündnis mit den Vereinigten Staaten zu entscheiden.

"Unser vordringlichstes Problem besteht derzeit darin, den nachlassenden militaristischen Geist der Amerikaner zu entfachen. Das Scheitern des "Universal Military Training Act" war ein großer Rückschlag für unsere Pläne, aber wir sind sicher, dass eine geeignete Maßnahme unmittelbar nach den Wahlen von 1952 durch den Kongress gebracht werden wird. Sowohl die Russen als auch die asiatischen Völker sind gut unter Kontrolle und haben keine Einwände gegen einen Krieg, aber wir müssen warten, um die Amerikaner zu gewinnen. Wir hoffen, dies mit der Frage des Antisemitismus tun zu können, die die Amerikaner so gut gegen Deutschland geeint hat.

"Wir setzen in hohem Maße auf Berichte über antisemitische Ausschreitungen in Russland, um die Empörung in den Vereinigten Staaten zu schüren und eine Solidaritätsfront gegen die Sowjetmacht aufzubauen. Gleichzeitig werden wir, um den Amerikanern die Realität des Antisemitismus zu demonstrieren, durch neue Quellen große Geldsummen an offen antisemitische Elemente in Amerika vorschießen, um ihre Wirksamkeit zu erhöhen, und wir werden antisemitische Ausbrüche in mehreren ihrer größten Städte inszenieren. Dies wird dem doppelten Zweck dienen, reaktionäre Sektoren in Amerika zu entlarven, die dann zum Schweigen gebracht werden können, und die Vereinigten Staaten zu einer engagierten antirussischen Einheit zusammenzuschweißen.

"Innerhalb von fünf Jahren wird dieses Programm sein Ziel erreichen, den Dritten Weltkrieg, der an Zerstörung alle bisherigen Kämpfe übertreffen wird. Israel wird natürlich neutral bleiben, und wenn beide Seiten verwüstet und erschöpft sind, werden wir schlichten und unsere Kontrollkommissionen in alle zerstörten Länder schicken. Dieser Krieg wird unseren Kampf gegen die Nichtjuden für alle Zeiten beenden. Wir werden unsere Identität mit den Rassen Asiens und Afrikas offen zu erkennen geben. Ich kann mit Sicherheit sagen, dass die letzte Generation weißer Kinder jetzt geboren wird. Unsere Kontrollkommissionen werden im Interesse des Friedens und zur Beseitigung der Spannungen zwischen den Rassen den Weißen verbieten, sich mit Weißen zu paaren. Die weißen Frauen müssen mit Angehörigen der dunklen Rassen zusammenleben, und die weißen Männer mit schwarzen Frauen. Auf diese Weise wird die weiße Rasse verschwinden, denn die Vermischung der dunklen mit den weißen Rassen wird das Ende des weißen Mannes sein, und unser gefährlichster Feind wird nur noch eine Erinnerung sein. Wir werden in ein Zeitalter von zehntausend Jahren der Erbse und des Überflusses eintreten, die Pax Judaica, und unsere Rasse wird unangefochten über die Erde herrschen. Unsere überlegene Intelligenz wird es uns leicht machen, die Herrschaft über eine Welt von dunklen Völkern zu behalten.

"(Frage aus der Versammlung): Rabbi Rabinovich, was ist mit den verschiedenen Religionen nach dem Dritten Weltkrieg?

"RABINOVICH: Es wird keine Religionen mehr geben. Nicht nur würde die Existenz einer Priesterklasse eine ständige Gefahr für unsere Herrschaft bleiben, sondern der Glaube an ein Leben nach dem Tod würde den unversöhnlichen Elementen in vielen Ländern geistige Kraft geben und sie in die Lage versetzen, uns zu widerstehen. Wir werden jedoch die Rituale und Bräuche des Judentums als Kennzeichen unserer erblichen Herrscherkaste beibehalten und unsere Rassengesetze verschärfen, so dass kein Jude außerhalb unserer Rasse heiraten darf und kein Fremder von uns akzeptiert wird.

"Es kann sein, dass wir die düsteren Tage des Zweiten Weltkriegs wiederholen müssen, als wir gezwungen waren, die Hitler-Banditen einen Teil unseres Volkes opfern zu lassen, damit wir ausreichende Unterlagen und Zeugen haben, um unseren Prozess und die Hinrichtung der Führer Amerikas und Russlands als Kriegsverbrecher juristisch zu rechtfertigen, nachdem wir den Frieden diktiert haben. Ich bin mir sicher, dass Sie für eine solche Aufgabe wenig Vorbereitung brauchen, denn Opferbereitschaft war schon immer die Parole unseres Volkes, und der Tod von ein paar tausend Juden im Austausch für die Weltherrschaft ist in der Tat ein geringer Preis, der zu zahlen ist.

"Um Sie von der Gewissheit dieser Führung zu überzeugen, möchte ich Sie darauf hinweisen, wie wir alle Erfindungen des weißen Mannes in Waffen gegen ihn verwandelt haben. Seine Druckerpressen und Radios sind die Sprachrohre unserer Wünsche, und seine Schwerindustrie stellt die Instrumente her, die er aussendet, um Asien und Afrika gegen ihn zu bewaffnen. Unsere Interessen in Washington weiten das Point-Four-Programm zur Entwicklung der Industrie in den rückständigen Gebieten der Welt stark aus, so dass die Weißen, nachdem die Industrieanlagen und Städte Europas und Amerikas durch einen Atomkrieg zerstört sind, keinen Widerstand gegen die größeren Massen der dunklen Rassen leisten können, die eine unangefochtene technologische Überlegenheit aufrechterhalten werden. "

"Und so, mit der Vision des Weltsieges vor Augen, geht zurück in eure Länder und intensiviert eure gute Arbeit, bis zu dem nahenden Tag, an dem Israel sich in seiner ganzen glorreichen Bestimmung als das Licht der Welt offenbaren wird! "

Dieses Dokument, das dieses Land ursprünglich auf Jiddisch erreichte, wurde von Henry H. Klein übersetzt, einem Juden, der über die Pläne seines Volkes, einen Atomkrieg herbeizuführen, entsetzt war. Klein starb später unter mysteriösen Umständen in New York, nachdem ein Mitarbeiter der Central Intelligence Agency ihn besucht hatte. Das Original dieses Dokuments befindet sich heute in den Akten der CIA in Washington.

Ein Doppelagent, P............, der in den inneren Kreis der Anti-Defamation League of B'nai B'rith eingedrungen war, teilte diesem Autor 1956 mit, dass die Veröffentlichung und

Verbreitung der Rede von Rabbi Rabinovich im Jahr 1952 durch eine Handvoll amerikanischer Patrioten die Juden veranlasst habe, alle ihre Pläne zu verschieben und die Schrecken eines Dritten Weltkriegs abzuwenden. Die CIA berichtete auch, dass die Rede des Rabbiners indirekt den Tod Stalins verursacht habe. Stalin war so verärgert, als er von der Geheimpolizei eine Kopie der Rede erhielt, dass er strenge Maßnahmen gegen wichtige Juden in der sowjetischen kommunistischen Führung anordnete. Bevor diese Maßnahmen durchgeführt werden konnten, verabreichten ihm die Juden K.o.-Tropfen in einem Glas Tee, und neun jüdische Ärzte wurden gerufen, um sich um ihn zu kümmern. Sie sorgten dafür, dass er nie wieder das Bewusstsein erlangte.

1958 meldete die *Londoner Times* den Tod von Rabbi Rabinovich, erwähnte aber die berühmte Rede nicht, obwohl sie in viele Sprachen übersetzt worden war und in allen Ländern Europas bekannt war.

Das Erscheinen der Rabbinerrede im Jahr 1952 und ihre anschließende Verbreitung, die die Juden veranlasste, die Schrecken des Dritten Weltkriegs aufzuschieben, kann nur der wohlwollenden Gegenwart Jesu Christi zugeschrieben werden. Die sorgfältige Verfolgung der Geschichte der Juden in diesem Buch beweist, dass die Christen noch die Möglichkeit haben, sich zu retten. In der Gegenwart des absolut Bösen, wie es die Juden verkörpern, kann uns nur das absolut Gute retten. Nur die absolutste Aufrichtigkeit kann irgendeine Veränderung unter dem Himmel bewirken. Wenn wir sehen, dass ein Jude wie Arthur Goldberg für unsere Außenpolitik verantwortlich ist, und dann ins Orientalische Institut gehen und eine Terrakottastatue eines Sumerers von vor fünftausend Jahren sehen, mit der gleichen Hakennase und den prallen Augen wie Goldberg, das Gesicht verzerrt durch den gleichen bösen Hass auf alle nichtjüdischen Menschen, können wir nur zu dem Schluss kommen, dass Gott dieses Volk für einen bestimmten Zweck gezeichnet hat. Dieser Zweck besteht darin, die tiefsten Ressourcen des Guten in unseren Herzen aufzurufen, um den Worten Jesu Christi zu gehorchen: "Nimm das Kreuz auf dich und folge mir nach. "Glaube, Hoffnung und Nächstenliebe, ein Leben in Liebe und Gnade im Gehorsam gegenüber der Botschaft Jesu Christi, das ist die Entscheidung, die wir treffen *werden*, weil die Gegenwart des Juden uns dazu herausfordert.

Als Präsident des Internationalen Instituts für Jüdische Studien und nach sechsunddreißig Jahren ständiger Forschung über das jüdische Problem kann ich mit Gewissheit sagen, dass jüdisch zu sein bedeutet, zu überleben. Die jüdische Vorherrschaft zu akzeptieren bedeutet nicht nur, dass man alle Regeln der menschlichen Zivilisation aufgibt, die sich in fünftausend Jahren aufgezeichneter Geschichte herausgebildet haben: es bedeutet auch, dass man eine Zombie-Existenzform akzeptiert, ein Leben im Tod, das alle Herrlichkeit und Ehre des Lebens in Christus ausschließt.

Jüdisch zu sein bedeutet, dass man die Grundregeln des jüdischen Problems anerkennt. Das erste Gebot lautet: "DER JUDEN IST IMMER IN EINEM KRIEGSZUSTAND MIT ALLEN ZIVILISIERTEN NATIONEN".

Es kann keinen Frieden zwischen dem biologischen Parasiten und dem Wirtsvolk geben. Das zweite Gebot lautet: "JEDER Jude ist ein Diener des Staates Israel". Kein Jude kann ein Amt in einer nichtjüdischen Regierung bekleiden, es sei denn, er nutzt dieses Amt, um die Sache des Staates Israel voranzubringen. Selbst wenn er das wollte, könnte kein Jude der totalen Mobilisierung des jüdischen Volkes in seinem Krieg gegen die Nichtjuden entgehen.

Das dritte Gebot lautet: "DER Jude weiß immer, wer er ist". Als ich zum ersten Mal Juden begegnete, war ich leicht beunruhigt über die kühle Selbstsicherheit, mit der sie mich betrachteten. Ich verstand nicht, dass sie mich von ihrem Podest der Selbsterkenntnis aus ansahen, während ich noch nicht wusste, wer ich war, wer meine Feinde waren und wer meine Freunde waren. In fast allen Fällen versteht der Nichtjude nicht, was in dem Kampf zwischen dem biologischen Parasiten und dem Wirtsvolk vor sich geht, oder wenn er eine Ahnung davon bekommt, was vor sich geht, erfährt er zu wenig und zu spät.

Das vierte Gebot lautet: "WELCHE ANSPRÜCHE DU auch immer haben magst, DU KANNST DIESE ZIELE AUFGRUND DER PRÄSENZ DER JUDEN NICHT VERWIRKLICHEN". Es ist die Aufgabe des Juden, den Lebensraum und die Lebensweise des Wirtsvolkes systematisch zu zerstören. Das macht sie unfähig, seiner parasitären Präsenz zu widerstehen oder sie zu verdrängen. Zu Beginn dieser biologischen Beziehung ist der Jude der Vertriebene, der einen Platz für sich selbst sucht, während das Wirtsvolk in seinem Haus sicher ist. Bei der Etablierung seiner biologischen Präsenz im Wirtsvolk arbeitet der Jude fieberhaft daran, den Lebensstil des Wirts durch eine völlig synthetische Umgebung zu ersetzen, die auf die Bedürfnisse und Ziele des Juden zugeschnitten ist. Mit spinnenartiger Präzision spinnt der Jude sein Netz um das Wirtsvolk, wobei er Satire, Pornographie und das eigene Kommunikationssystem des Wirts benutzt, um es in das Netz des Juden zu verstricken. Wenn das Netz vollständig ist, kann sich der Wirt nicht mehr bewegen und ist der Gnade des Juden ausgeliefert, der nicht zögert, sein tödliches Gift zu verabreichen.

DER BIOLOGISCHE JUDE

VORWORT

Seit fünfundzwanzig Jahren beschäftige ich mich mit den Problemen des menschlichen Scheiterns, des Scheiterns an den Versprechungen und des Verfalls und Zusammenbruchs großer Reiche. Dieses Phänomen gibt es seit fünftausend Jahren, in denen der Mensch die Geschichte seiner Bemühungen aufgezeichnet hat. In den ersten zwanzig Jahren, die ich dieser Studie gewidmet habe, habe ich riesige Datenbestände über die verschiedenen Zivilisationen zusammengetragen. Ich verglich diese Fakten, um einen gemeinsamen Nenner zu finden, der zu einer Lösung führen könnte. Dabei berücksichtigte ich auch Faktoren wie die Umwelt des Menschen, seine Natur und das Fortbestehen bestimmter Verhaltensmuster in seinem Verhalten.

Dies führte mich zu einer eingehenden Untersuchung des Tierreichs und zu einer Zusammenstellung der Faktoren, die es mit dem Pflanzenreich gemeinsam hat. Vor etwa fünf Jahren entdeckte ich den gemeinsamen Nenner der menschlichen Zivilisationen. Ich war durch mein Biologiestudium direkt darauf gestoßen, denn dieser gemeinsame Nenner findet sich im gesamten Pflanzen- und Tierreich. Da es sich um ein natürliches Phänomen handelte, und zwar ein so allgegenwärtiges, ein gewöhnlicher und akzeptierter Teil aller Ebenen des pflanzlichen und tierischen Lebens, hatte zuvor kein Gelehrter daran gedacht, diesen Faktor als Hauptursache für die Degeneration und den Fall von Imperien zu untersuchen.

Dieser Faktor war der Parasitismus. Bei den großen Fortschritten, die die Medizin im letzten Jahrhundert gemacht hatte, war eine ihrer beeindruckendsten Errungenschaften das sich rasch entwickelnde Gebiet der Parasitologie. Man hatte festgestellt, dass viele der schwersten Krankheiten des Menschen durch Parasiten verursacht wurden. Es war nur eine Frage der Zeit, bis die Gelehrten daraus ableiten würden, dass ein ähnlicher Zustand auch in den Zivilisationen der Menschen auftreten und

Krankheit und Tod verursachen könnte. Es war zu erwarten, dass die Wissenschaftler bei ihren Autopsien der verschütteten Reiche zu dem Schluss kommen würden, dass dieser Zustand, der Parasitismus, ein entscheidender Faktor bei den tödlichen Krankheiten war, die die menschlichen Zivilisationen heimsuchten.

Aber kein Wissenschaftler hat diese Schlussfolgerung gezogen. In der gesamten Library of Congress findet sich kein Werk, das sich mit den sozialen Auswirkungen des Parasitismus auf die Zivilisation befasst. Es gibt Hunderte von Werken über die medizinischen Aspekte des Parasitismus, aber keines über seine ebenso schwerwiegenden sozioökonomischen Auswirkungen. Warum ist das so? Warum sind die Tausenden von Wissenschaftlern auf diesem Gebiet, die verzweifelt nach dem kleinsten Anhaltspunkt suchen, auf dem sie ihre fadenscheinige These aufbauen können, die ihnen als Doktorarbeit dienen soll, nicht in der Lage gewesen zu erkennen, was vor ihnen liegt, nämlich die zerstörerischen Auswirkungen parasitärer Gruppen auf die Zivilisation?

Lassen Sie uns die einfachste Erklärung anbieten, da sie in der Regel die richtige ist. Die parasitäre Gruppe in der Zivilisation hat ihre Vorherrschaft über die akademische und gelehrte Welt gefestigt. Sie würde keine akademische Studie dulden, die ihre fortgesetzte Vorherrschaft bedroht. Ist das eine weit hergeholte Schlussfolgerung? Dann lassen Sie uns nach einer besseren suchen, und wenn wir sie nicht finden können, lassen Sie uns einige anerkannte Faktoren untersuchen. Erstens wissen wir, dass es in der Menschheit Parasitismus gibt. Zweitens ist die Gruppe der Schmarotzer eine kompakte, gut ausgerichtete (und innerlich ausgerichtete) Spezies. Drittens muss die parasitäre Gruppe, um ihre parasitäre Position aufrechtzuerhalten, eine Art von Kontrolle über ihren Wirt ausüben, denn kein Wirt duldet freiwillig die Anwesenheit des Parasiten. Eine offensichtliche Form der Kontrolle wäre die Kontrolle darüber, worüber der Wirt denkt, was er liest und was er als Unterhaltung, Bildung und Nachrichten sieht.

Die Erforschung des Parasitismus hat im zwanzigsten Jahrhundert phantastische Fortschritte gemacht, und es ist nicht mein besonderes Verdienst, die soziale Theorie der parasitären Gruppe in der menschlichen Zivilisation formuliert zu haben, denn diese Theorie liegt seit mindestens zwei Generationen vor unseren Augen. Ich bin mir bewusst, dass ich auch jetzt nur die Tür für eine Vielzahl von Wissenschaftlern öffne, die mit dieser Theorie ein viel größeres Licht auf die menschlichen Probleme werfen können, als ich es in dieser vergleichsweise kurzen Zeit tun konnte.

Soweit es möglich war, habe ich versucht, diese Arbeit so untechnisch wie möglich zu gestalten, so weit es die Natur der Theorie zuließ, so dass Wissenschaftler in vielen anderen Bereichen sie in ihrer eigenen Arbeit verwenden können. Die Verzweigungen dieser Theorie zeigen, dass sie in den Bereichen der Soziologie, der Regierung und der Geschichte sowohl für den professionellen Wissenschaftler als auch für den Laien unmittelbar nützlich und gewinnbringend sein kann.

Eustace Mullins,
Washington, D.C.

KAPITEL 1

DER PARASITE

Die meisten von uns denken bei einem Parasiten an etwas Ekelhaftes, dessen Aufgabe im Leben darin besteht, sich auf Kosten eines anderen zu ernähren. Daher ist der Begriff, wenn er auf den Menschen angewandt wird, immer mit Abscheu verbunden. Auch im Tier- und Pflanzenreich ist der Parasit allgemein verpönt. Das *Oxford English Dictionary* (1933) definiert den Begriff wie folgt.

"Parasit -

1. Jemand, der am Tisch eines anderen oder auf dessen Kosten isst; immer eine abfällige Bezeichnung.
2. Biol. Ein Tier oder eine Pflanze, das/die in oder auf einem anderen Organismus (technisch gesehen sein/ihr Wirt) lebt und seine/ihre Nährstoffe direkt von ihm/ihr bezieht.
3. (fig.) eine Person, deren Rolle oder Tätigkeit der eines tierischen Parasiten ähnelt".

Ein Parasit ist also jemand, der nicht gemocht wird, der sich auf Kosten eines anderen ernährt und der in oder auf einem anderen Organismus lebt, der als Wirt bezeichnet wird. Wir stellen auch fest, dass der Begriff auf eine Person angewendet werden kann, deren Leben dem klassischen Lebensmuster des Parasiten folgt.

Bei der Untersuchung der Menschheit stellen wir fest, dass es eine Gruppe oder Klassifizierung von Personen gibt, die in den Aufzeichnungen der großen Zivilisationen immer wieder auftauchen. Sie sind immer unbeliebt, aber sie bleiben inmitten der Menschen, die sie nicht mögen, und wenn sie vertrieben werden, bestehen sie darauf, zurückzukehren, koste es, was es wolle. Wir stellen auch fest, dass es ihnen immer gelingt, auf Kosten der anderen zu leben.

Die Encyclopaedia Britannica definiert Parasitismus wie folgt:

"Parasitismus - eine einseitige Nahrungsbeziehung zwischen zwei Organismen unterschiedlicher Art, die für den Wirt mehr oder weniger schädlich, aber in der Regel nicht tödlich ist; eine Beziehung, die den Parasiten darüber hinaus von einem Großteil der Aktivität oder des Kampfes entlastet, die normalerweise mit der Nahrungsbeschaffung verbunden sind, und somit dazu neigt, einen gewissen Grad an Vereinfachung oder Entartung zu begünstigen oder hervorzurufen".

In den Aufzeichnungen vieler Zivilisationen finden wir, dass die Anwesenheit der parasitären Gruppe in vielen Fällen tödlich für das Wirtsvolk ist, weil sie grundlegende Veränderungen im Lebensmuster des Wirtsvolkes bewirkt und seine Hauptenergien auf die Ernährung der Parasiten lenkt. Diese Veränderung wirkt sich auf jeden Aspekt der Existenz des Wirtsvolkes aus und schwächt es unweigerlich bis zu dem Punkt, an dem es zerstört wird. Da in der Encyclopaedia Britannica von einem rein biologischen Parasitenbefall im Tier- und Pflanzenreich die Rede ist, stimmt es, dass die parasitäre Beziehung über einen gewissen Zeitraum hinweg schädlich sein kann, ohne tödlich zu sein, doch selbst in diesen Fällen gibt es viele Beispiele dafür, dass Pflanzen und Tiere von Parasiten getötet werden, eine Tatsache, die dem gelehrten Gelehrten, der den maßgeblichen Artikel der Encyclopaedia Britannica über diesen Zustand verfasst hat, offenbar nicht bekannt war.

Wir stellen auch fest, dass die parasitäre Gruppe ständig von den moralischeren Elementen des Wirtsvolkes angeprangert wird, weil die parasitäre Gruppe jeder bekannten Art von Entartung frönt. Die Gründe dafür sind offensichtlich. Wie der Artikel in der Encyclopaedia Britannica zeigt, führt ein parasitäres Leben zur Entartung. Da der Parasit sich nicht um die aktive Nahrungsbeschaffung kümmern muss, hat er reichlich Zeit und Energie, um sich den übelsten Beschäftigungen und der Verderbnis von Mitgliedern des Wirtsvolkes zu widmen.

In der Encyclopaedia Britannica wird auch ein wichtiger Faktor für die vorliegende Studie erwähnt, nämlich die Lokalisierung des Parasiten im Wirt. Der Britannica-Artikel weist darauf hin, dass,

> "Parasiten sind oft an einem bestimmten Ort im Wirt lokalisiert".

Da der Parasit seine Lebensziele auf ein Ziel reduziert hat, nämlich auf dem Wirt zu bleiben und sich auf dessen Kosten zu ernähren, muss er einen Ort wählen, an dem dies möglich ist. Es muss sich um einen Ort handeln, von dem der Wirt ihn nicht ohne weiteres vertreiben kann, und es muss ein Ort sein, der es dem Parasiten ermöglicht, sich ohne große Anstrengung zu ernähren. Daher wählt der Parasit in der Regel einen Ort in oder in der Nähe der Fortpflanzungsorgane oder der Ausscheidungsorgane des Wirts.

Im Laufe der Geschichte hat sich die parasitäre Gruppe immer in der Nähe der Fortpflanzungs- oder Ausscheidungsorgane des Wirts angesiedelt. In den meisten Fällen bedeutete dies, dass sie sich in den großen Städten des Wirtsvolkes niederließen, obwohl es der parasitären Gruppe in Nationen, die hauptsächlich landwirtschaftlich geprägt waren, gelang, sich auf die Dörfer zu verteilen.

Webster's Third International Dictionary definiert den Parasiten als "2a - ein Organismus, der in oder auf einem anderen lebenden Organismus lebt, einen Teil oder die Gesamtheit seiner organischen Nährstoffe von ihm bezieht und im Allgemeinen einen gewissen Grad an strukturellen Veränderungen aufweist.

DIE FÄHIGKEIT ZU ÄNDERN

Dies ist ein wichtiges Merkmal der parasitären Gruppe in der Geschichte der Menschheit. Sie hat eine erstaunliche Fähigkeit bewiesen, sich zu verändern oder zu modifizieren, um ihr parasitäres Ziel zu erreichen. Sie hat äußerst raffinierte Techniken entwickelt, um auf dem Wirt zu verbleiben, und ausgeklügelte Methoden, um sich weiterhin auf Kosten des Wirts zu ernähren. Es hat viele Verkleidungen angenommen und eine enorme Anpassungsfähigkeit an den Tag gelegt, um in verschiedenen Formen zu erscheinen und an seinem Platz zu bleiben.

Um mit Webster's Third International Dictionary fortzufahren - "Parasit 3. etwas, das dem biologischen Parasiten in der Abhängigkeit von etwas anderem für die Existenz ähnelt, ohne eine nützliche oder angemessene Gegenleistung zu erbringen (illus. the great city is a parasite on the country - Francois Bondy)."

Dies ist der letzte wichtige Schlüssel zur Lösung unseres Problems, des Verfalls der menschlichen Zivilisation. Der Parasit ist für seine Existenz von etwas anderem abhängig, ohne eine nützliche oder angemessene Gegenleistung zu erbringen. Beim Studium der Geschichte stellen wir immer wieder fest, dass die parasitäre Gruppe niemals eine Gegenleistung erbringt oder Dankbarkeit dafür zeigt, dass sie sich vom Wirt ernähren darf. Das Motto der Parasiten lautet "immer nehmen". Sollte es uns also überraschen, dass dieses Motto tatsächlich in der schriftlichen Literatur einer bekannten parasitären Gruppe auftaucht?

Wir fragen nun den Leser: Welche Gruppe taucht in der Geschichte einer Zivilisation nach der anderen immer wieder auf? Welche Gruppe wurde von ihren Gastvölkern immer aktiv abgelehnt? Welche Gruppe hat oft eine entscheidende Rolle beim Verfall und Zusammenbruch einer Zivilisation nach der anderen gespielt? Welche Gruppe gibt sich jeder Art von Entartung hin? Welche Gruppe lokalisiert sich immer auf bestimmte Positionen bei den Wirtsvölkern? Und welche Gruppe weigert sich, eine konstruktive Rolle in irgendeiner Zivilisation zu spielen, sondern bleibt stattdessen ihrem Motto "Immer nehmen" treu, während sie sich weigert, eine nützliche oder angemessene Gegenleistung zu erbringen?

BEKANNT ALS DIE JUDEN

Diese Gruppe ist, wie der Leser vielleicht schon aus seinen eigenen Studien erahnt hat, in der Geschichte als Juden bekannt. Vor der vorliegenden Studie wurden menschliche Individuen oder Gruppen, die auf Kosten anderer leben, oft als Parasiten bezeichnet, aber dieser Begriff wurde rein soziologisch verwendet, ohne jeden biologischen Bezugspunkt. Plantagenbesitzer wurden als Parasiten bezeichnet, weil sie auf Kosten ihrer Sklaven lebten, Aristokraten wurden als Parasiten bezeichnet, weil sie auf Kosten des Volkes lebten, Armeen wurden als Parasiten bezeichnet, weil sie auf Kosten der Arbeiter lebten.

Aber in jedem Fall erfüllten die vermeintlichen Parasiten bestimmte Aufgaben und Verantwortlichkeiten in der Gesellschaft. So ist es möglich, im rein soziologischen Sinne viele Gruppen als Schmarotzer zu bezeichnen, wie z. B. Kinder und Menschen, die zu alt zum Arbeiten sind. Sie ernähren sich sicherlich auf Kosten anderer, verrichten keine nützliche Arbeit und bringen keine angemessene Gegenleistung. Aber diese Gruppen haben entweder in der Vergangenheit nützliche Arbeit geleistet, oder es wird von ihnen erwartet, dass sie dies in Zukunft tun. Sie fallen also nicht in den akzeptierten Rahmen der biologischen Definition eines Parasiten. Im Verlauf dieser Arbeit werden wir feststellen, dass die biologischen Hinweise in erstaunlichem Maße zutreffen, wenn es darum geht, die Geschichte und die Anwesenheit einer parasitären Gruppe festzustellen, und dass die Aufzeichnungen der Juden in jedem Fall beweisen, dass sie die Rolle von biologischen Parasiten erfüllen.

ANDERE BIOLOGISCHE ASPEKTE

In der Natur versucht der Parasit oft, seinen parasitären Lebenszyklus zu verschleiern und sich wie normale Pflanzen und Tiere zu verhalten. So eine Beschreibung der biologischen Pflanze Krameria in "The Conditions of Parasitism in Plants" von D. T. MacDougal und W. A. Cannon (Carnegie Institute of Washington, 1910):

"Der Wüstenstrauch Krameria im Westen der Vereinigten Staaten ist ein Schmarotzer an einer Reihe von holzigen Wirten. Auf den ersten Blick scheint Krameria kein Parasit zu sein, denn er wächst nicht direkt auf seinem Wirt, sondern seine Wurzeln reichen unter die Erde und zapfen die Wurzeln seines Wirts an, um daraus Nährstoffe zu ziehen. Sein bevorzugter Wirt ist Covillea tridentata, aber auch die Akazie und eine Reihe anderer Pflanzen werden von ihm parasitiert. Sein Parasitismus wurde entdeckt, nachdem sich die Wissenschaftler darüber gewundert hatten, dass er keine tiefreichende Pfahlwurzel hat. Es handelt sich um einen gräulichen Strauch, der zu bestimmten Jahreszeiten Früchte und Blätter trägt."

Der Parasit in der Natur findet es oft bequem, sich und seine Ziele zu verschleiern und andere davon zu überzeugen, dass er etwas anderes ist, um seine parasitäre Mission zu erfüllen. Außerdem ist der Parasit keine Spezies, sondern eine *Lebensform*, die sich von vielen anderen Arten ernährt. In dieser Hinsicht ist der Jude als biologische Spezies nicht so sehr eine Rasse, sondern eine Art, die alle anderen Rassen ausbeutet. Wie Geoffrey LaPage in seinem Hauptwerk "Parasitic Animals" (Cambridge University Press, 1951, Seite 1) feststellt,

"Ein parasitäres Tier ist keine bestimmte Tierart, sondern ein Tier, das sich eine bestimmte Lebensweise angeeignet hat".

Was das Versäumnis der Krameria betrifft, eine tiefe Pfahlwurzel zu entwickeln, die für ihre parasitäre Existenz nicht notwendig ist, können wir feststellen, dass der Jude niemals tiefe

Wurzeln in irgendeiner Kultur eines Wirtsvolkes entwickelt, sondern sich auf die oberflächlichsten und am schnellsten profitablen Aspekte seiner Existenz beschränkt.

Daher ist der Jude in der zivilisierten Welt nicht so sehr eine besondere Spezies, sondern ein Typus, der eine bestimmte Form des parasitären Lebens angenommen und sich an die Existenz eines Wirts angepasst hat, der seine Nahrung liefern kann.

LaPage fährt fort,

"Im Gegensatz zu vielen anderen biologischen Begriffen sind das Wort Parasit und sein Adjektiv parasitär in die Alltagssprache der Menschen eingegangen und haben im Laufe des allgemeinen Sprachgebrauchs emotionale und moralische Konnotationen angenommen, mit denen die Wissenschaft - und damit die Biologie - nichts zu tun hat. Die Sichtweise des Biologen ist wissenschaftlich, und weil das so ist, tut er alles, was in seiner Macht steht, um alle menschlichen Vorlieben und Abneigungen und alle menschlichen moralischen Urteile aus seinen Studien zu entfernen. Er verachtet oder bewundert, mag oder mag nicht, verurteilt oder billigt den parasitären Organismus nicht. Er studiert ihn und seine Lebensweise so leidenschaftslos wie möglich und betrachtet Parasiten als eine der verschiedenen Lebensweisen, die von verschiedenen Tierarten praktiziert werden."

DIE WISSENSCHAFTLICHE HERANGEHENSWEISE

Wir stimmen der Mahnung von Professor LaPage von ganzem Herzen zu, völlig wissenschaftlich zu sein und dem Entschluss zu folgen, sich nicht von emotionalen Urteilen leiten zu lassen. Es war genau diese Methode des unvoreingenommenen Studiums, die diesen Autor zu seiner Definition des biologischen Juden geführt hat. Nur wenn wir ihn emotionslos als biologisches Phänomen studieren, können wir hoffen zu lernen, wie wir den schädlichen Einfluss bekämpfen können, den der parasitäre Körper unweigerlich auf die fortgeschritteneren menschlichen Zivilisationen ausübt.

LaPage weist darauf hin, dass es im Allgemeinen zwei Arten von Tierverbänden gibt, nämlich solche, die zu einer Art gehören, wie Herden, Korallenkolonien, Bienengemeinschaften usw., und zweitens Verbände verschiedener Arten in ein und demselben Gebiet. Zu dieser zweiten Kategorie gehört der Parasitismus, denn wir finden Gruppen, die in einem Gebiet verwurzelt sind und Parasiten unterhalten, die in diesem Gebiet nicht verwurzelt sind. Eine der interessanteren Facetten des Parasitismus ist, dass der Parasit eine Existenz führt, die oft über die üblichen Gesetze der Natur und des Menschen hinausgeht. Der Parasit scheint nicht an die begrenzenden Faktoren des Klimas, der Geographie und anderer Elemente gebunden zu sein, die im Leben der meisten Gruppen eine beherrschende Rolle spielen. So kann ein Parasit in einem Gebiet überleben, in dem er nicht verwurzelt ist, während sein Wirt in diesem Gebiet verwurzelt ist und dort über einen längeren Zeitraum seine Existenz aufgebaut hat.

NICHT KOMMENSALISMUS

LaPage weist auch darauf hin, dass Parasitismus etwas anderes ist als Kommensalismus, ein häufig anzutreffender biologischer Begriff, der so viel bedeutet wie "am selben Tisch essen". Als Beispiele für Kommensalismus nennt er die Ochsenpickervögel, die sich auf den Rücken von Nashörnern, Elefanten und anderen großen Tieren in den afrikanischen Ebenen niederlassen. Diese Vögel fressen nicht nur Zecken, Läuse und andere Parasiten, die die Tiere befallen, sondern sie warnen die Tiere auch vor nahenden Gefahren.

In England leben Stare und Schafe in einer ähnlichen Lebensgemeinschaft. Es gibt auch das Phänomen der Symbiose, ein biologischer Begriff, der "Zusammenleben" bedeutet. Dabei handelt es sich um eine etwas intimere Lebensgemeinschaft als die Kommensalistik, denn bei der Symbiose besteht eine physiologische Abhängigkeit der beiden Partner voneinander.

Jeder liefert dem anderen etwas an Nahrung, ohne die das Leben schwieriger oder sogar unmöglich wäre, und keiner von beiden führt ein unabhängiges Leben.

Parasitismus hingegen wird von LaPage als ähnlich wie Kommensalismus und Symbiose definiert, da die Assoziation auf der Notwendigkeit einer angemessenen Nahrungsversorgung beruht. Er erklärt, dass Parasitismus eine Verbindung zwischen einem Partner, dem so genannten Parasiten, ist, der seine Nahrung auf verschiedene Weise aus dem Körper des anderen Partners, des so genannten Wirts des Parasiten, bezieht. Aber, so fragt LaPage, hat der andere Partner, der Wirt, einen Nutzen davon? Er antwortet, dass er nie profitiert. Der Wirt wird immer durch den Parasiten geschädigt. Der Parasitismus unterscheidet sich also in zwei Punkten von Kommensalismus und Symbiose: Erstens gewinnen nicht beide, sondern nur einer der Partner, der Parasit, an Nahrung, und zweitens profitieren nicht beide, sondern nur einer der Partner, während der Wirt immer einen Schaden erleidet.

MODIFIZIERUNG DES ORGANISMUS

LaPage vermutet, dass der erste Parasit ein nichtparasitärer Organismus gewesen sein könnte, der auf irgendeinem Weg in den Körper einer anderen Tierart eingedrungen ist und dort Nahrung gefunden hat, z. B. Blut, das reich an Nährstoffen und leicht verdaulich war, und dass im Laufe der Evolution die Nachkommen dieses ersten Parasiten diese Lebensweise mochten und eine solche Verbindung mit einem anderen Tier beibehielten. Schließlich wurden diese Arten völlig abhängig vom Parasitismus als Mittel zur Nahrungsbeschaffung und konnten ohne ihn nicht überleben. So wurde er zu einem "obligatorischen Parasiten", der physiologisch völlig von seinem Wirt abhängig ist. Wie LaPage hervorhebt, duldet der Wirt diese Verbindung mit dem Parasiten nicht passiv, sondern reagiert auf die Verletzung, die er erleidet. Er sagt,

"Der Kampf zwischen Wirt und Parasit verlief nach den Gesetzen der Evolution, und dieser Kampf wird auch heute noch ständig geführt.

Parasitismus unterscheidet sich von der Beziehung zwischen Beute und Raubtier, bei der ein Körper seine Nahrung durch Tötung und Absorption des Körpers eines anderen erhält. Hier ist das Raubtier immer größer und stärker als seine Beute, während der Parasit immer kleiner und schwächer ist als sein Wirt."

VERLETZT DIE NATUR

Damit verstößt der Parasit einmal mehr gegen ein grundlegendes Naturgesetz. Es ist ein Naturgesetz, dass der Stärkere auf Kosten des Schwächeren überlebt, das Überleben des Stärkeren, da der Schwächere gefressen wird, um den Stärkeren zu ernähren. Beim Phänomen des Parasiten jedoch überlebt der Schwächere auf Kosten des Stärkeren, derjenige, der am wenigsten zum Überleben geeignet ist, wird zum Sieger, und der Stärkere wird besiegt.

Auch dies ist ein grundlegender Aspekt des Lebenszyklus des biologischen Juden. Im Laufe der Geschichte war er immer kleiner und schwächer als sein nichtjüdischer Gastgeber, und doch ist es ihm oft gelungen, ihn zu unterwerfen. Der mickrige Schwächling, wie er von dem jüdischen Komiker Charlie Chaplin gefeiert wurde, schafft es immer, seinen größeren und stärkeren nichtjüdischen Gegner zu überlisten und zu besiegen. Wir stellen fest, dass dieses Fest ein grundlegender Ansatz im gesamten jüdischen Humor, in der Literatur und in der Kunst ist. Der kleine David wird gezeigt, wie er den größeren Goliath besiegt, der listige Mordechai wird gezeigt, wie er den stärkeren nichtjüdischen Beamten, Haman, besiegt. David ist natürlich der kleine Parasit, und Goliath ist der große Wirt, der aus der Ferne niedergestreckt wird, bevor er seine überlegene Kraft gegen den schwachen Herausforderer einsetzen kann.

Vorübergehende Parasiten

Als "temporäre Parasiten" bezeichnet LaPage Insekten wie Stechmücken und Blutegel, die das Blut des Wirts saugen. Er nennt sie Ektoparasiten, weil sie nicht in den Körper des Wirts eindringen. Andere Läuse, die unter der Haut ihrer Wirte leben, werden als Endoparasiten eingestuft. Es gibt auch Hyperparasiten, die von anderen Parasiten leben (die rabbinischen Dynastien), und Brut- oder Sozialparasiten, die in Ameisen- und Bienenfamilien zu finden sind und von der Gemeinschaft leben.

Evolution und Parasiten

LaPage weist darauf hin, dass jedes Tier, unabhängig von seiner Lebensform, durch die langsamen Prozesse der Evolution allmählich verändert wird. Er sagt, dass der Parasit, weit davon entfernt, eine Ausnahme von dieser Regel zu sein, sie sogar veranschaulicht.

"Sie entwickelt Zähne, mit denen sie das Gewebe des Wirts raspelt, Saugapparate, um dessen Säfte aufzusaugen, und Gerinnungsstoffe, um sich am Wirtskörper festzuhalten. Die bemerkenswerte Gerissenheit, mit der sich einige Arten blutsaugender Fledermäuse an ihre Opfer heranpirschen und ihnen das Blut rauben, muss ebenfalls zu den Veränderungen gezählt werden, die ihre vorübergehenden parasitären Gewohnheiten hervorgebracht haben. Desmodus-Arten greifen Rinder, Pferde und andere Tiere, einschließlich Menschen und Geflügel, an, wenn diese nachts schlafen. Sie beobachten ihre Opfer genau, und wenn sie schlafen, gehen sie auf sie zu oder schleichen sich an sie heran und schaufeln ein Stück Fleisch so vorsichtig heraus, dass das schlafende Tier den Biss oft nicht bemerkt, bis die Blutung am Morgen entdeckt wird."

Eine der speziellen Modifikationen des Juden ist seine Fähigkeit, das Blut des nichtjüdischen Wirtes auszusaugen, ohne sein Opfer zu erschrecken, es zu schwächen, ohne entdeckt zu werden, und zwar durch die hochentwickelten und raffinierten Instrumente und Techniken, die der Jude über einen Zeitraum von Jahrhunderten für diese speziellen Zwecke entwickelt hat und die bei keiner anderen Spezies ein Gegenstück haben. In Anbetracht dieser Techniken muss es uns nicht überraschen, dass einige der Nichtjuden, die durch die Aderlässe des Juden am meisten geschwächt wurden, zu seinen lautesten Verteidigern gehören und bis zum Tod kämpfen, um ihre jüdischen "Wohltäter" zu schützen. Sie sind völlig unfähig, ihre Gefahr oder die heimtückische Natur des parasitären Angriffs zu erkennen.

SPEZIALISIERUNG UNTER PARASITEN

LaPage beschreibt eine Art von Parasiten, den Schleimaal, der zu den Cyclostomata gehört, ein Name, der sich auf die kreisförmige Öffnung im Inneren der Panzer bezieht. Er sagt,

"Alle diese Fische haben eine wurmartige Form, und der bekannteste von ihnen ist vielleicht das Neunauge. Der Schleimaal hat zwei Reihen von Zähnen auf seiner kräftigen Zunge und einen mittleren Zahn auf dem Munddach. Seine Augen sind sehr wichtig und liegen unter der Haut verborgen, wahrscheinlich weil der Schleimaal sich tief in das Gewebe der Fische, die er angreift, eingräbt, so dass seine Augen nutzlos geworden sind. Aus demselben Grund sind seine Kiemenöffnungen durch lange Röhren mit einer einzigen Öffnung an der Oberfläche verbunden, die viel weiter hinten liegt als die Kiemenöffnungen des Neunauges, so dass der Schleimaal Wasser atmen kann, während sein Kopfende im Körper des Fisches steckt, an dem er parasitiert. Einige Schleimaalarten können sich mit ihrem Saugmaul so fest an den lebenden Fisch heften, dass dieser sie nur selten abschütteln kann. Sie raspeln dann das Fleisch der Fische ab und saugen ihr Blut. Manche Arten fressen die Muskeln des Fisches auf, bis von dem lebenden Fisch nur noch die Gräten und Eingeweide übrig sind und der Fisch stirbt."

Damit steht LaPage in völligem Widerspruch zum maßgeblichen und wissenschaftlichen Artikel der Encyclopaedia Britannica über Parasitismus, in dem behauptet wird, dass der Parasit für den Wirt niemals tödlich ist. Die Tätigkeit des Schleimaals, das Blut des noch lebenden Fisches zu saugen, bis dieser stirbt, entspricht dem alten jüdischen religiösen Ritus des Ritualmordes, bei dem das gesunde nichtjüdische Opfer auf einen Tisch geschnallt wird, rituelle Schnitte in sein Fleisch gemacht werden und das fließende Blut von den feiernden Juden in einer der wichtigsten symbolischen Handlungen ihrer parasitären Existenz getrunken wird. Die Zeremonie des Bluttrinkens wird so lange fortgesetzt, bis das nichtjüdische Opfer stirbt, in einer sozialen Nachstellung der körperlichen Aktivitäten von Parasiten wie dem Schleimaal. Hier zeigt sich der enge Zusammenhang zwischen den Aktivitäten der Parasiten im Pflanzen- und Tierreich und denen, die sich im Laufe der Jahrhunderte der menschlichen Zivilisation entwickelt haben.

LaPage stellt fest, dass viele Blutegel Anheftungsorgane mit Saugorganen kombinieren, während andere nur Anheftungsorgane haben, wie die von vielen Arten parasitärer Tiere entwickelten Häkchen, die entweder an der Außenseite oder an den inneren Organen des Wirts befestigt werden. Wenn das Wirtsvolk einer jüdischen Parasitengemeinschaft versucht, den Parasiten loszuwerden, stellt es fest, dass der Parasit seine spezialisierten Tentakel der Anhaftung tief in alle Bereiche des Lebens des Wirtsvolkes ausgedehnt hat. Diese Tentakel sind so tief verwurzelt, dass die Entfernung nicht nur schwierig, sondern auch so anstrengend und schmerzhaft ist, dass die Entfernung selbst für den Wirt tödlich sein kann.

Der Gastgeber stellt fest, dass seine Hypotheken von jüdischen Bankiers gehalten werden, dass seine Kinder von jüdischen Lehrern unterrichtet werden, dass seine Regierung von jüdischen "Beratern" oder "Consultants" verwaltet wird, die, auch wenn sie kein Wahl- oder Ernennungsamt innehaben, dennoch die wichtigen Entscheidungen treffen. Sie wenden sich zum Trost ihrer Religion zu und stellen fest, dass jüdische Konvertiten, unterstützt durch entsprechende Geldgeschenke, in die Ämter ihrer Konfessionen eingedrungen sind und rasch aufgestiegen sind, bis die religiösen Überzeugungen so verändert sind, dass sie alle Lehren der parasitären Gemeinschaft der Juden umfassen. Was bleibt dem nichtjüdischen Gastgeber dann noch? Das scheinbar unausweichliche Schicksal, langsam zu verbluten, woraufhin die Parasiten den Körper ihres Opfers verlassen und sich einen anderen Wirt suchen werden.

ADULTE PHASEN DES PARASITEN

LaPage weist darauf hin, dass sich die erwachsenen Stadien des Parasiten in vielen Fällen nicht viel im Körper des Wirts bewegen, weil sie von Nahrung umgeben sind und diese ohne die Hilfe von Fortbewegungsorganen aufnehmen können. So sind die Juden nicht sonderlich am Transportwesen interessiert und bevorzugen eher sitzende Tätigkeiten. Die parasitäre Gemeinschaft kann tatsächlich über lange Zeiträume hinweg völlig unbeweglich in ihrem Wirt leben, denn sie zeichnet sich durch die Fähigkeit aus, zu ruhen, sich über Jahre hinweg nicht zu bewegen und dabei nichts von ihrer Potenz zu verlieren. Wir haben festgestellt, dass Zecken, die Infektionskrankheiten übertragen, bis zu hundert Jahre lang im Boden bleiben können, und wenn sie wieder auftauchen, sind sie immer noch infektiös.

Jüdische Gemeinschaften haben sich in nichtjüdischen Nationen niedergelassen und sind dort Hunderte von Jahren geblieben, ohne irgendwelche Anzeichen einer Gefahr für ihre Wirte zu zeigen, aber wenn der nichtjüdische Wirt versucht, sie zu vertreiben, stellen sie sich sofort der Herausforderung und bringen ihre speziellen Modifikationen ins Spiel, um auf dem Wirt zu bleiben. LaPage weist darauf hin, dass Parasiten von Natur aus dazu neigen, ein sesshaftes Leben zu führen, "und sich den Modifikationen unterziehen, zu denen diese Lebensweise führt."

Infolge ihrer parasitären Lebensweise haben die jüdischen Gemeinschaften sitzende Gewohnheiten entwickelt, die wiederum zu bestimmten Krankheiten geführt haben, die direkt auf diese sitzende Lebensweise zurückzuführen sind und für ihr häufiges Auftreten unter den Juden bekannt sind. So wird Diabetes in vielen medizinischen Wörterbüchern als "die jüdische Krankheit" bezeichnet.

Diabetes tritt hauptsächlich deshalb auf, weil das sitzende und parasitäre Leben die Juden daran hindert, den überschüssigen Blutzucker zu verbrennen, den sie mit der Nahrung aufnehmen und der für die Verwendung in direkten Energieformen vorgesehen ist. Dies führt zu einem Überschuss an Zucker im Körper, der sich zu Diabetes entwickelt. Außerdem verursachen Generationen von sitzenden Menschen Funktionsstörungen oder eine allmähliche Schwächung der Bauchspeicheldrüse und anderer Organe, die für die Kontrolle des Blutzuckerspiegels zuständig sind. So wird Diabetes zu einer Erbkrankheit unter Generationen von sitzenden Menschen.

Die jüdische Gemeinschaft hat eine Reihe von degenerativen Krankheiten entwickelt, wie Blutkrankheiten, verschiedene Krebsarten und andere Formen der körperlichen Degeneration, die direkt auf ihre parasitäre Lebensweise und die dadurch hervorgerufene körperliche Degeneration zurückzuführen sind. In dem Maße, in dem sie mit der nichtjüdischen Gemeinschaft zusammenleben und ihre sesshafte Lebensweise immer mehr Verbreitung findet, beginnen diese degenerativen Krankheiten in der gesamten Wirtsgemeinschaft aufzutreten.

Laut LaPage besteht eine der wichtigsten physischen Korrelationen zwischen der jüdischen Gemeinschaft und den bekannten Arten von parasitären Organismen im Pflanzen- und Tierreich:

"Zu den anderen Organen, die bei einer parasitären Lebensweise oft reduziert werden oder verloren gehen, gehört das Nervensystem. Es kann in seiner Gesamtheit reduziert sein oder die Reduktion kann hauptsächlich die Augen und andere Organe betreffen. Besondere Sinnesorgane sind am besten bei aktiven Tieren entwickelt, die sich von anderen Tieren ernähren und sich gegen ihre Feinde verteidigen müssen. Sie werden nicht von parasitären Tieren benötigt, die ein relativ geschütztes Leben auf oder im Körper ihrer Wirte inmitten eines relativen Überflusses an Nahrung führen."

Die Auswirkungen einer parasitären Lebensweise auf das Nervensystem, die bei vielen Arten von Parasiten zu beobachten sind, sind beim Juden besonders bemerkenswert. Die Degeneration des Nervensystems in einen Zustand schwerer Geisteskrankheit bei durchschnittlich dreißig Prozent aller Juden wurde von Soziologen lange Zeit als Folge der physischen Vermischung in der jüdischen Gemeinschaft angesehen, aber das hohe Auftreten von Geisteskrankheiten bei Juden, deren Familien sich mit Nichtjuden vermischt haben, entspricht der gleichen Rate wie bei denen, die innerhalb der jüdischen Gemeinschaft geblieben sind. Dies deutet auf einen streng biologischen Ursprung dieser Degeneration des Nervensystems hin und bestätigt die Behauptung von Professor LaPage, dass die Führung einer parasitären Existenzweise unweigerlich zu einer Verringerung oder Degeneration des Nervensystems führt.

AUSGEPRÄGTE VERÄNDERUNGEN AN DER SKELETTSTRUKTUR

Eine der bemerkenswertesten Beobachtungen, die LaPage bei seinen Studien über tierische Parasiten gemacht hat, ist seine Entdeckung, dass "da diese Lebensform dazu neigt, einen Verlust von (Skelett-)Strukturen zu verursachen, die widerstandsfähig genug sind, um als Fossilien erhalten zu werden, haben wir nur wenige geologische Beweise für die frühere Geschichte der parasitären Tiere. Mindestens sechs Arten fossiler Spulwürmer sind jedoch beschrieben worden, zwei davon, Hydonius antiquus und H. matutinus, in der eozänen Braunkohle und die anderen vier in baltischem Bernstein."

Das mühelose Dasein des Parasiten wirkt sich nicht nur auf sein Nervensystem aus, das wie jedes andere körperliche Attribut dazu neigt, zu verkümmern, wenn es vom Tier nicht benutzt oder benötigt wird, sondern es führt im Laufe der Zeit auch zu weitreichenden skelettalen Veränderungen in der Struktur des Tieres, die zu einer weichen, amorphen Knochenstruktur tendieren, die sich nach dem Tod des Parasiten bald auflöst. Hier zeigt sich ein weiterer bemerkenswerter Zusammenhang zwischen den Lebenszyklen parasitärer Tiere und dem Lebenszyklus des Juden. Aufgrund ihrer parasitären Lebensweise haben die Juden keine Artefakte hinterlassen, die in den Ruinen alter Zivilisationen entdeckt werden könnten, obwohl bekannt ist, dass sie während dieser Zivilisationen über lange Zeiträume präsent waren. Trotz der historischen Aufzeichnungen über ihre Anwesenheit können wir keine konkrete Artefakte finden, die ihre Existenz belegen.

Kulturelle Artefakte

Weil wir so viel über die großen jüdischen Kulturen der Vergangenheit gehört haben und immer noch hören, haben Archäologen große Anstrengungen unternommen, um einige Beispiele jüdischer Kunst, Skulptur und Architektur in alten Kulturen zu entdecken, die soliden Beweise, die den Zahn der Zeit und Naturkatastrophen überleben. Doch sie haben nichts gefunden. Die einzigen Ergebnisse dieser Suche sind ein paar rohe, aus Lehm gefertigte Wassertöpfe, die ein Steinzeitmensch mit seinen bloßen Händen hätte herstellen können, da er den Gebrauch der Töpferscheibe, die in den frühen Zivilisationen aufkam, nicht kannte. Diese spärlichen Zeugnisse der großen jüdischen Vergangenheit sind nur ein weiterer Beweis für das biologische Schmarotzerdasein, das der Jude seit jeher als weiches, amorphes und wurzelloses Wesen führt, das sich auf Kosten anderer ernährt und keine konkreten Artefakte hinterlässt, die an seine Präsenz erinnern.

LaPage sagt: "Menschliche Aufzeichnungen über einige Arten von parasitären Tieren reichen bis zu den frühesten Aufzeichnungen über den Menschen zurück. Der ägyptische Papyrus aus dem Jahr 1600 v. Chr. spricht von Bandwürmern, Blutegeln und Hakenwürmern des Menschen".

Der biologische Parasit ist also seit Beginn der aufgezeichneten Geschichte ein Problem des Menschen. Obwohl sich die Menschen der körperlichen Beschwerden und der

Gefahr, die tierische Parasiten für sie darstellen, immer bewusst waren, haben sie die spezifische Gefahr des jüdischen Parasiten immer erst dann erkannt, als es zu spät war.

LaPage sagt: "Das parasitäre Tier ist mit Schwierigkeiten und Risiken konfrontiert, denen Nicht-Parasiten nicht ausgesetzt sind. Es mag einen Unterschlupf und reichlich Nahrung gefunden haben, aber es hat dies um den Preis einer teilweisen oder vollständigen Abhängigkeit von seinem Wirt erlangt. Das parasitäre Tier muss ihn finden und in ihn oder auf seine Oberfläche gelangen und sich in diesen Situationen behaupten."

Der Jude sieht sich also mehreren Gefahren ausgesetzt, die andere Arten von Gemeinschaften normalerweise nicht bedrohen. An erster Stelle steht die Gefahr des Völkermords, des Vorgehens gegen seine Gemeinschaft als Gruppe, wenn der Gastgeber feststellt, dass seine Anwesenheit seine Gesundheit gefährdet. Das Judentum ist die einzige menschliche Gruppe, die wiederholt Massenaktionen oder Pogrome gegen sie erlebt hat.

Aufgrund ihrer parasitären Existenzweise hat die jüdische Gemeinschaft in den Jahrtausenden der aufgezeichneten Geschichte keine Anstrengungen unternommen, eine Nation oder einen unabhängigen Staat aufzubauen. Dies bedeutete, dass der Jude kein stehendes Heer zu seiner Verteidigung gegen Feinde hatte. Als schließlich ein jüdischer Staat, Israel, gegründet wurde, wies der Staatshaushalt ihn als eine Erweiterung der parasitären Gemeinschaft aus, denn siebzig Prozent des Staatshaushalts bestanden aus Beiträgen aus dem Ausland und dreißig Prozent aus dem Verkauf von Anleihen, die natürlich wertlos waren und nie zurückgezahlt werden würden.

HASS

Aufgrund seiner völligen Abhängigkeit vom nichtjüdischen Wirt entwickelt der jüdische Parasit einen tiefen Hass und eine Verachtung für die Tiere, die ihm Nahrung und Schutz bieten. Dieser Hass ist ein Schutzrahmen, der als Schild für die jüdische Gemeinschaft fungiert und sie daran hindert, das Leben und die

Ziele des Wirtsvolkes als ihre eigenen zu akzeptieren. Herbert Spencer könnte sich auf das jüdische Parasitenphänomen konzentriert haben, als er schrieb,

"Wenn eine Gruppe die Qualität der Feindschaft gegenüber der Qualität der Freundschaft hervorhebt, entwickelt sich ein krimineller Typus".

Da das Judentum die einzige Gruppe ist, die die Qualität der Feindschaft besonders hoch einschätzt, muss Spencer einen indirekten Hinweis auf den jüdischen Parasiten gegeben haben. Aus der Sicht des Wirtsvolkes ist alles, was der Jude tut, eine kriminelle Handlung, aber aus der Sicht des Parasiten folgt er nur den Verfahren seines Lebenszyklus, die sich über einen Zeitraum von Tausenden von Jahren entwickelt und etabliert haben. Der Konflikt ergibt sich aus zwei getrennten und unvereinbaren ethischen Kodizes, dem des Wirts, der Anstand, Ehre und Selbstvertrauen hochhält, und dem des Parasiten, der von einem etablierten Modus vivendi des Parasitismus ausgeht.

Der Jude lebt in ständiger Angst vor Ablehnung, davor, vom Wirt verstoßen zu werden, was seinen Hunger und Tod bedeuten würde. Infolgedessen sieht der Jude alles unter dem Gesichtspunkt, wie er sich zum Wirt "verhält", oder wie er seine parasitäre Situation aufrechterhält.

ANPASSUNGSFÄHIGE ÄNDERUNGEN

Die adaptiven Veränderungen des Parasiten sind Versuche, mögliche Veränderungen des Wirts zu antizipieren. Der monogenetische Egel Polystoma integerrimum, der in der Schwimmblase des Frosches lebt, ignoriert alle Kaulquappen, die noch nicht das Entwicklungsstadium erreicht haben, in dem sie in der Blase überleben können. Wenn er jedoch auf eine Kaulquappe trifft, die dieses Stadium erreicht hat, hört sein zielloses Verhalten auf; er scheint innezuhalten und auf seine Gelegenheit zu warten, durch die tüllenartige Öffnung in den Sack um die inneren Kiemen zu springen. Woher sie weiß, dass die Kaulquappe dieses Stadium der inneren Entwicklung erreicht hat, wissen wir nicht, aber vielleicht wird sie durch ihre Augenflecken und ihr Nervensystem unterstützt oder durch chemische Substanzen, die von der Kaulquappe ins Wasser abgegeben werden und die Miracidium-Larve stimulieren."

Die übersinnliche Fähigkeit des Parasiten, einen entsprechend entwickelten Wirt ausfindig zu machen, war schon immer charakteristisch für die Juden. Seit der frühesten Geschichte hat er sich zielsicher die fortschrittlichsten und vielversprechendsten Zivilisationen ausgesucht und die rückständigeren oder unterentwickelten Völker ignoriert. So finden wir den Juden nicht in der spartanischen Existenz der Pygmäen im Regenwald von Uturi, sondern er lebt in einer komfortablen Wohnung in New York und isst Kaviar und Champagner.

FORTPFLANZUNGSPHASEN

LaPage bemerkt, dass der Zeitpunkt der Freisetzung der Fortpflanzungsphasen der parasitären Tiere, damit sie den Wirt infizieren können, auch bei einigen Arten von Protozoen, die im Rektum des Frosches leben, zu beobachten ist. Auch hier zeigt sich die Affinität des Parasiten zu den Ausscheidungsorganen, dem bereits erwähnten Polystoma integerrimum, das sich in der Blase des Frosches aufhält, und den Protozoen, die das Rektum des Frosches als geeignetsten Lebensraum bevorzugen.

LaPage stellt fest, dass die Ruhephase von Parasiten ein ständig zu beobachtendes Phänomen ist, das seine Wirksamkeit über viele Jahre der Inaktivität und Isolation hinweg beibehält. So kann eine jüdische Gemeinschaft jahrhundertelang träge in ihrem Ghetto leben, scheinbar in sich selbst versunken in ihrer eigenen begrenzten Existenz, und wenig Wirkung auf ihren nichtjüdischen Wirt haben, bis eine Kombination von Faktoren ihn dazu bringt, rasend aktiv zu werden. In kurzer Zeit durchdringt sie jeden Aspekt der Existenz des Gastvolkes und bringt es an den Rand der Zerstörung. Die jüdische Gemeinde im Ghetto von Frankfurt am Main ist ein gutes Beispiel für diese Art von parasitärem Schlummer. Sie schlummerte dreihundert Jahre lang und brachte innerhalb einer einzigen Generation eine

Gruppe von Bankiers und Händlern hervor, die schon bald die Geschicke der westlichen Zivilisation lenkten.

ABWEHRREAKTIONEN

LaPage weist darauf hin, dass Parasiten im Wirt Abwehrreaktionen gegen einen parasitären Eindringling hervorrufen, z. B. Bemühungen, die schädlichen Auswirkungen des Parasiten zu lokalisieren und zu neutralisieren, Versuche, den entstandenen Schaden zu reparieren, und Bemühungen, den Parasiten zu töten oder zu entfernen. Er bezeichnet diese Reaktionen als "Gewebereaktionen", und es handelt sich dabei in erster Linie um lokale Reaktionen, aber weitergehende Reaktionen, wie etwa eine Resistenzimmunität, können vom Wirt als Reaktion des gesamten Organismus entwickelt werden. Er sagt, dass Gewebereaktionen Entzündungen sind, die durch Bakterien, "Viren und unbelebte Organe verursacht werden und akut oder chronisch sein können. Sie sind das Ergebnis von Verletzungen oder Reizungen, die durch Organe oder Zähne des parasitären Tieres, durch seine Wanderung durch diese Gewebe oder durch chemische Substanzen, die es in den Körper des Wirts absondert oder ausscheidet, verursacht werden."

PARASITÄRE SCHÄDEN

LaPage beschreibt ausführlich die verschiedenen Arten von Schäden, die der Parasit dem Wirt zufügt. Er sagt, dass die Parasiten neben diesen verschiedenen Gewebeschäden auch andere Arten von Parasiten in den Wirt einschleppen, ebenso wie gefährliche Viren. Die Parasiten können für den Wirt schädliche Stoffe, Gifte oder andere Arten von Giften produzieren. Der Parasit beginnt also, einen gefährlichen Einfluss auf den Lebenszyklus des Wirts auszuüben, der weit über das einfache Ziel hinausgeht, sich an den Wirt zu heften und sich von ihm zu ernähren. Unabhängig davon, ob der Parasit dies bewusst beabsichtigt oder nicht, wird er allmählich zum wichtigsten einzelnen Einfluss im Leben des Wirts. Die Geschichte des Zeitungswesens in den Vereinigten Staaten ist ein typisches Beispiel dafür. Vor einem Jahrhundert waren die Zeitungen in diesem Land klein und unbedeutend, und der Beruf des Journalisten rangierte nur wenig über den Berufen des Rattenfängers und der Müllabfuhr. Als die Juden begannen, eine wichtigere Rolle im Leben des nichtjüdischen Volkes zu spielen, stellten sie fest, dass Zeitungen ein wichtiges Instrument für ihre Ziele waren. Sie begannen, jeden mit Zeitungen zu überschwemmen, und die Zeitungen wurden zu Virusträgern verschiedener Formen von Geistesgiften und Toxinen, die den nichtjüdischen Wirt entweder betäubten, verwirrten oder lähmten und ihn in einen Zustand des Scheintods versetzten, solange diese Gifte aufrechterhalten werden konnten.

ANDERE PARASITEN

Wie LaPage hervorhebt, schleust der Parasit andere Arten von Parasiten in den Wirt ein. Als die Juden in den 1890er Jahren durch jüdische Kommissare wie Straus und Cohen die Kontrolle über die Einwanderungsbehörde der Vereinigten Staaten erlangten, wurden die Tore für eine Flut jüdischer Einwanderer aus den Ghettos Europas geöffnet, von denen die meisten zuvor aufgrund von Analphabetismus, kriminellem Hintergrund und verschiedenen Formen von körperlichen Ansteckungen oder psychischen Krankheiten ausgeschlossen worden waren.

LaPage sagt auch: "Parasiten können biologische Veränderungen hervorrufen, wie z. B. Arten, die Veränderungen in den Fortpflanzungsdrüsen des Wirts verursachen, parasitäre Kastration, wie z. B. der parasitäre Krebs Sacculina, der die Fortpflanzungsorgane des Wirts zerstört, die Kurzschwanzspinnenkrabbe Inacus mauritanicus, die von Sacculina neglecta befallen wird. Die Auswirkungen von Sacculina führen dazu, dass siebzig Prozent der männlichen Krabben einige der sekundären Geschlechtsmerkmale der weiblichen Tiere annehmen. Der Hinterleib dieser Männchen wird breiter, sie können zusätzlich zu ihren männlichen Kopulationsstilen Anhängsel erwerben, die für die Eiablage modifiziert sind, und ihre Zangen werden gleichzeitig kleiner.

Es ist unvermeidlich, dass die enorme Wirkung, die der Parasit auf den Wirt hat, zu einigen biologischen Veränderungen führen würde, wie die Wirkung von Sacculina auf Inacus mauritanicus. Wir haben in Amerika während des letzten Vierteljahrhunderts, zeitgleich mit der großen Macht, die die Juden in allen Lebensbereichen erlangt haben, verblüffende Veränderungen im Aussehen und in den Gewohnheiten amerikanischer Männer sowie eine enorme Zunahme der öffentlichen Praxis männlicher Homosexualität beobachtet. Amerikanische Männer haben einige der sekundären Geschlechtsmerkmale der Frau übernommen, und sie haben einen erstaunlichen Rückgang der primären männlichen Eigenschaften wie Energie, Aggressivität und körperliche Stärke gezeigt.

Auch die traditionellen Geschlechterrollen haben sich grundlegend verändert, was vor allem auf die jüdischen Bestrebungen nach "sexueller Gleichberechtigung" zurückzuführen ist.

Diese Kampagne hat nicht zu einer Gleichstellung der Geschlechter geführt, da diese nur durch die Beseitigung aller körperlichen Unterschiede zwischen Männern und Frauen erreicht werden kann. Sie hat jedoch zu einem Rückgang der männlichen Eigenschaften des amerikanischen Mannes und zu einer psychologischen Verwirrung hinsichtlich seiner Rolle geführt. Diese Entwicklung kann mit dem schädlichen Einfluss gleichgesetzt werden, den der Parasit auf den Wirt ausübt, wie LaPage bei der Begegnung von Sacculina mit Inacus mauritanicus beschreibt. Auch hier zeigt sich die bemerkenswerte Aktivität und der Einfluss des Parasiten auf die Fortpflanzungs- und Ausscheidungsorgane des Wirts.

REAKTIONEN GEGEN DEN PARASITEN

LaPage stellt in seinen grundlegenden Studien über die Parasit-Wirt-Beziehung fest, dass die Verteidigung des Wirts gegen den Parasiten immer aktivistischer oder reaktionärer Natur ist, wie z. B. Rinder, die ihre Schwänze umdrehen, Fische, die in plötzlichen, unvorhersehbaren Drehungen und Wendungen ausweichen, und andere wilde Aktionen, von denen sie hoffen, dass sie den Parasiten vertreiben. In den fünftausend Jahren, in denen die Geschichte die Anwesenheit des biologischen Parasiten in zivilisierten Gemeinschaften aufgezeichnet hat, finden wir nicht den geringsten Beweis dafür, dass das Wirtsvolk das Parasitenphänomen jemals anders als aktivistisch behandelt hat, d. h. durch eine unbedachte, unwillkürliche Handlung, um den Parasiten zu vertreiben.

Der Wirt reagiert instinktiv gegen die Anwesenheit des Parasiten, weil er weiß, dass er durch diese fremde Kreatur mit ihrem anderen Lebenszyklus und ihren anderen Zielen Schaden nehmen wird. Aus diesem Grund bezeichnen die Juden diejenigen, die sich ihnen widersetzen, immer als "Reaktionäre", d.h. als diejenigen, die gegen die Anwesenheit des Parasiten reagieren. Folglich besteht eine der Hauptaufgaben des Parasiten darin, alle potenziellen "Reaktionäre" im Wirtsvolk ausfindig zu machen und sie zu eliminieren.

KENNTNISSE ÜBER DEN PARASITEN

Aufgrund dieser blinden, unüberlegten Reaktion, die selten wirksam ist, um den Wirt von dem Parasiten zu befreien, sagt LaPage,

> "Die grundlegende Voraussetzung für jede Kampagne gegen ein parasitäres Tier ist eine gründliche Kenntnis aller Phasen seiner Lebensgeschichte und auch seiner Beziehungen zu allen Wirten, mit denen es leben kann. Wir müssen alle Wirte kennen, weil einige von ihnen Reservoir-Wirte sein können, die Quellen der Parasiten beherbergen, die dann den Menschen infizieren können. Mit diesem Wissen können wir die schwächsten Punkte in der Lebensgeschichte und Biologie des parasitären Tieres für einen Angriff auswählen."

Forschung und Bildung sind also die Werkzeuge, die wir brauchen, um dem bösen Einfluss des Parasiten entgegenzuwirken. Vor allem müssen wir blinde, instinktive

Reaktionen vermeiden, denn der Parasit hat längst gelernt, solche Reaktionen vorherzusehen, zu kontrollieren und sogar zu seinem Vorteil zu nutzen.

IMMER EIN FEIND

LaPage weist darauf hin, dass "Wirt und parasitisches Tier immer zusammen betrachtet werden müssen, weil das parasitische Tier, wie alle anderen Lebewesen, während seiner gesamten Existenz eng mit seiner Umwelt verbunden ist. Die Tatsache, dass die Umwelt für einen Teil oder die gesamte Zeit seines Lebens die Oberfläche oder das Innere eines anderen Tieres ist, entbindet den Parasitologen nicht von der Praxis des Biologen, Tier und Umwelt zusammen als Ganzes zu betrachten. Ein zweites Ziel ist der Nachweis, dass einige Arten von parasitären Tieren zu den mächtigsten Feinden des Menschen und seiner Zivilisation gehören."

Die Beschäftigung des Parasiten mit seiner Umwelt wirft ein Licht auf eine der wichtigsten intellektuellen Entwicklungen des modernen Menschen, die Aufklärung, jene revolutionäre Kraft, die die wachsende Kontrolle des Parasiten über den Wirt vorangetrieben hat. In den Jahrhunderten vor der Aufklärung wurde die Umwelt des Menschen als zweitrangig betrachtet, weil man an die Kräfte des Individuums glaubte und der Überzeugung war, dass der Einzelne über seine Umwelt triumphieren könne. Nach der plötzlichen Bedeutung, die französische Intellektuelle wie Jean Jacques Rousseau erlangten, wurde der Mensch nicht mehr als so wichtig angesehen wie seine Umwelt. Auf einmal entschieden unsere führenden Denker, dass die Umwelt das Wichtigste im Leben ist. Und in der Tat ist sie das für den Parasiten, dessen Umgebung der Wirt ist, der ihn ernährt.

Aber für den Wirt, der seinen eigenen Weg im Leben geht, ist die Umwelt nicht der wichtigste Faktor in seiner Entwicklung. Aber für den Parasiten ist die Umwelt alles. Alle sozialistischen Denker und die verschiedenen soziologischen Denkschulen, die sich aus dieser Entwicklung herausgebildet haben, messen der Umwelt des Menschen die größte Bedeutung bei, und nicht seinen Fähigkeiten, diese Umwelt zu nutzen und sich ein Leben zu schaffen, während er seine Lebensziele erreicht.

Wenn wir die Theorie des Parasiten verstehen, sind wir in der Lage, ZUM ERSTEN MAL die gesamte moderne sozialistische Denkschule zu verstehen, weil wir sie als das erkennen können, was sie ist: die Umweltpsychologie, die der Parasit um seinen eigenen Lebenszyklus herum entwickelt hat. Als solche negiert sie das gesamte Denken, die Ziele und die Kultur des Wirts.

LaPage mahnt uns, daran zu denken, dass der Parasit zu den mächtigsten Feinden des Menschen und seiner Zivilisation gehört. Auch hier scheint er kurz davor zu sein, auf das jüdische Problem einzugehen, aber er scheut sich, seine Theorien auf die Probleme der Soziologie des Menschen anzuwenden. Sicherlich kann er nicht die parasitären Viren oder die blutsaugenden Moskitos gemeint haben, denn selbst wenn sie den Bau des Panamakanals behindert haben, kann man nicht behaupten, dass sie den Zusammenbruch einer menschlichen Zivilisation verursacht haben. Was könnte er anderes meinen als den biologischen Parasiten, der die menschliche Zivilisation seit dem Beginn der aufgezeichneten Geschichte befallen hat und der den Untergang eines Reiches nach dem anderen herbeigeführt hat? Vielleicht fordert er uns deshalb auf, "die schwächsten Punkte in der Lebensgeschichte und der Biologie des parasitären Tieres" zum Angriff auszuwählen.

KAPITEL 2

DER BIOLOGISCHE JUDE

Im zwanzigsten Jahrhundert hat der Mensch begonnen, sich mit dem Problem des Zusammenbruchs von Weltkulturen zu befassen, von großen Imperien, die auf ihrem Höhepunkt stehen und dann auf mysteriöse Weise untergehen. Wir wissen, warum sie aufsteigen. Sie wachsen, weil ein Volk eine Aufgabe hat oder weil es Techniken zur Beherrschung seiner Umgebung entwickelt. Ein Volk nutzt die günstigen Bedingungen, weil es den Willen hat, seine Mission zu erfüllen. In der Zeit, in der das Volk in der Lage ist, seine Energien konstruktiv zu kanalisieren, wächst ein Volk in einem geometrischen Verhältnis erstaunlich an Größe und Macht. Dann, ganz plötzlich, beginnt sie zu kränkeln und zu sterben. Ein Beispiel dafür war das elisabethanische England, das die Juden vertrieben hatte. Als Oliver Cromwell die Juden zurückbrachte, verlor das englische Volk seinen Orientierungssinn, und obwohl sein Schwung noch ausreichte, um es durch das viktorianische Zeitalter hindurch auf einen Aufwärtskurs zu bringen, stellen wir heute fest, dass seine Aristokratie enteignet worden ist und sein Vermögen, wenn auch stark reduziert, von Ausländern verwaltet wird.

Zwei Wissenschaftler haben Theorien formuliert, die in jahrelangen Studien entwickelt wurden, um diesen Prozess des Untergangs von Nationen zu erklären.

Der erste, Oswald Spengler,[4] , war ein deutscher Gelehrter von einzigartiger Kraft und Energie. Er stellte ineinander greifende Aufzeichnungen über jede bekannte Zivilisation zusammen und führte komplizierte vergleichende Studien durch, die heute nur von einem elektronischen Computer durchgeführt werden könnten, so komplex war seine Beherrschung der konjunktiven, ineinander greifenden Faktoren.

Spengler kam zu dem Schluss, dass eine Zivilisation ein Körper wie jeder andere ist, der den Gesetzen unterliegt, die für natürliche Körper gelten. Er sah, dass eine Zivilisation ein Geburtsstadium, ein junges und starkes Stadium und ein Alter hat, in dem sie schwach und eine Beute ihrer Feinde wird. Indem er dieses biologische Muster für Zivilisationen vorschlug, war Spengler auf dem richtigen Weg. Er war auch nicht unsensibel gegenüber der Tatsache, dass Zivilisationen interne Probleme entwickeln, die wie eine tödliche Krankheit wirken. Nur in einem Punkt schien er blind zu sein, nämlich beim Konzept des Parasiten. Das ist nicht weiter verwunderlich, denn Spengler interessierte sich sehr für die feineren Aspekte der menschlichen Kultur, für die größten Errungenschaften des Menschen, seine Kunst, seine Musik, seine Poesie, seine Architektur. Natürlich wollte sich ein Gelehrter dieser gehobenen Gesinnung nicht mit den degenerativen Dingen befassen, die sich um die Fortpflanzungs- und Ausscheidungsorgane des Menschen schleichen und ranken, jene parasitären Organismen, die Unbehagen, Krankheit und Tod verursachen.

EINE SPÄTE THEORIE

Ein zweiter Entdecker auf diesem Gebiet war Arnold Toynbee, ein donnischer Engländer. Er war ebenso wenig bereit, sich der allgegenwärtigen und geschmacklosen Tatsache des biologischen Juden zu stellen. Er begann eine umfangreiche Studie über die Zivilisation, die im Wesentlichen dasselbe Gebiet

---

[4] *The Decline of the West*, von Oswald Spengler, englische Ausgabe, Knopf, NY 1926.

wie Spengler abdeckte und nur wenig zu Spenglers Erkenntnissen beitrug. Sein einziger origineller Beitrag war eine Theorie, die bei den intellektuellen Leichtgewichten seiner Zeit sofort Anklang fand, da sie ihren eigenen Vorurteilen entsprach. Sie wurde in den üblichen pseudo-soziologischen Jargon gegossen, mit dem die Schwachköpfe an den Universitäten ihre Studenten und sich gegenseitig verwirren.

Zivilisationen fallen, erklärte Toynbee, aufgrund eines "Versagens der Nerven". An einem bestimmten Punkt in ihrer Entwicklung versagt eine Zivilisation, die nach einem System von "Herausforderung und Antwort" lebt, bei einer Herausforderung und geht vor ihr unter.

Dies könnte sich auf den biologischen Juden beziehen, da der Parasit eine Herausforderung für die anhaltende Bedrohung des Wirts darstellt. Es ist jedoch eine Herausforderung, auf die kein nichtjüdischer Wirt jemals vorbereitet war. Es handelt sich um einen Keim, der am besten durch eine Impfung oder durch persönliche Sauberkeit und sorgfältige Pflege der Gesundheit bekämpft werden kann.

Spenglers Geschichte vom Niedergang und Fall der Zivilisationen konnte nicht aufrechterhalten werden, weil sie die offensichtliche Tatsache außer Acht ließ, dass nur wenige, wenn überhaupt, Zivilisationen an Altersschwäche gestorben waren. Fast alle wurden auf die eine oder andere Weise ermordet, aber Spengler war zu sehr mit den schönen Künsten beschäftigt, um sich für die Probleme von Verbrechen und Krankheiten zu interessieren.

Toynbee hingegen konnte in diesem Fall nicht der Detektiv sein, da er die meiste Zeit seines Lebens von Subventionen der kriminellen Klassen gelebt hatte. Seine Studienjahre waren durch großzügige Zuschüsse des Royal Institute of International Affairs finanziert worden, einer der Organisationen, die von internationalen jüdischen Bankiers als nützliche Schachfiguren für ihre Operationen eingerichtet worden waren. Die Schwesterorganisation des RIIA in den Vereinigten Staaten ist der Council on Foreign Relations (Rat für auswärtige Beziehungen), den ich als erster als die wichtigste Machtholding des parasitären Establishments in diesem Land entlarvt habe. In der ersten Ausgabe von *Mullins on the Federal Reserve*, 1952, kündigte eine biografische Notiz auf der hinteren Umschlagseite an, dass ich eine Fortsetzung des Buches Federal Reserve fertigstellen würde, die den Council on Foreign Relations entlarven würde. Dies war das erste Mal, dass ein amerikanischer Nationalist öffentlich die Aufmerksamkeit auf diese Organisation lenkte. Einige Monate später brachte ein New Yorker Jude, der über Ungarn kam, Dr. Emanuel Josephson, ein Buch über den Rat für Auswärtige Beziehungen heraus, in dem er zu zeigen versuchte, dass dieser ein Instrument von Nichtjuden wie den Rockefellers und nicht eine Fassade für die parasitäre jüdische Gemeinschaft war. Ich besuchte ihn und wir sprachen sieben Stunden lang. Es war ganz offensichtlich, dass er alles wusste, was ich über den Rat für Auswärtige Beziehungen wusste, dessen Büros nur ein paar Türen von seinem Haus entfernt waren, und es war auch offensichtlich, dass er seine Erkenntnisse anders interpretiert hatte.

So wie Emanuel Josephson sich weigerte, den Tatsachen über den Rat für Auswärtige Beziehungen ins Auge zu sehen, so fand Arnold Toynbee, der von bequemen Stipendien der Familie Rothschild lebte, in seinem umfangreichen Werk ("*A Study of History*", von Arnold Toynbee, Oxford, 1934) keine Beweise für die parasitäre Schwächung von Zivilisationen. Stattdessen untersuchte Toynbee oberflächlich die Nervenmuster von Kulturen und die Reize, die sie beeinflussten, ohne den bösartigsten Feind des Nervensystems, den Parasiten, auch nur zu erwähnen. Wenn Toynbee sagt, dass eine Zivilisation nicht auf eine Herausforderung reagiert hat, verlangt er von uns zu glauben, dass ein Mann, der an einer Straßenecke steht und von hinten von einem heranrasenden Lastwagen überfahren wird, nicht auf eine Herausforderung reagiert hat. Tatsache ist, dass er getötet worden ist.

Bedeutung der Biologie

Hat Toynbee jemals etwas von Biologie gehört? Hat er jemals etwas von Parasiten gehört? Wir finden in seinen enzyklopädischen Studien keinen Hinweis darauf. Hat er eine Ahnung davon, dass Zivilisationen es zulassen, dass sich fremde Körper in ihrer Mitte niederlassen, gedeihen und ohne Überwachung und Kontrolle wirken, egal wie schädlich ihr Einfluss auch sein mag? Wie konnte Toynbee zwanzig Jahre mit dem Studium antiker Zivilisationen verbringen, ohne zu wissen, dass die Juden den persischen Invasoren die Tore Babylons öffneten, ohne zu wissen, wie die Juden Rom in die Knie zwangen, ohne zu wissen, wie die Juden Ägypten dreihundert Jahre lang einer schrecklichen Diktatur unterwarfen, bis die Ägypter sich erhoben und sie vertrieben? Nur ein großer intellektueller Perverser, der von den Parasiten bezahlt wird, könnte solche Informationen verschweigen, nachdem er sie aufgedeckt hat. Eine vergleichbare Tat wäre es, wenn Pasteur die Aufzeichnungen über seinen Tollwutimpfstoff vernichten würde, nachdem er ihn entdeckt hatte, oder wenn Jenner die Formel für sein Pockenmittel verbergen würde.

Muster des Parasiten

Das Studium des biologischen Parasiten offenbart ein Muster, eine Reihe von charakteristischen und miteinander verwobenen Tatsachen der Natur: 1. der Parasit bevorzugt einen gesunden Organismus als Nahrungsgrundlage; 2. der Lebenszyklus des Parasiten hängt davon ab, dass er einen Wirt findet, von dem er sich ernähren kann; 3. ein gesunder Organismus, in den ein parasitärer Organismus eindringt, wird unweigerlich geschädigt und stirbt oft an den bösen Folgen der parasitären Präsenz. In den meisten Fällen führt der Parasit dazu, dass der Wirt seinen Orientierungssinn verliert, so dass er hilflos wird und sich nicht mehr gegen seine äußeren Feinde verteidigen kann.

Dieses Muster umfasst eine Reihe von Faktoren, die jeder großen Zivilisation, die plötzlich erkrankte und starb, gemeinsam waren. War Herr Toynbee in seinen jahrzehntelangen konzentrierten Studien nicht in der Lage, auch nur einen einzigen dieser Faktoren zu erkennen? Offenbar lautet die Antwort ja. Wir sehen einen Zustand, in dem ein Volk aus eigener Kraft ein großes Reich aufgebaut hat, dessen Schiffe mit fernen Ländern Handel treiben und dessen Armeen unbesiegbar sind. Dieses Volk ist stark, selbstbewusst und ist sich seiner Tugenden bewusst. Warum sollte es sich vor ein paar schäbigen, verstohlenen Fremden fürchten, die von unbekannten Orten her eingewandert sind und sich so unauffällig im Herzen der Stadt niederlassen, dass es scheint, als wären sie schon immer dort gewesen? Diese Außerirdischen sind zu allem bereit, sie verrichten jede Art von unangenehmer Arbeit, die die Einheimischen als unter ihrer Würde empfinden. Die Außerirdischen handeln mit Mädchenleichen, richten Spielhöllen ein, handeln mit gestohlenen Waren, verleihen Geld, errichten Häuser, in denen man jede erdenkliche Art von sexueller Entartung ausüben kann, und bieten Auftragsmörder an.

DER UNENTWIRRBARE HALT

In kurzer Zeit kennen die Fremden alle Geheimnisse der Führer der Völker und haben sie in ihre Gewalt gebracht. Die Kolonie der Außerirdischen vermehrt sich rasch, und schon bald steht ein einst gesundes Volk hilflos da, weil seine einheimischen Tugenden wie Stärke, Mut und Ehre, die es groß gemacht haben, gegen die Neuankömmlinge nichts ausrichten können. Der Wirt versteht den Parasiten nicht, der wie ein Wesen von einem anderen Planeten ist, denn er hat nicht die gleichen Ziele und reagiert nicht auf die gleichen Reize wie das Wirtsvolk. Sie scheinen sogar andere Nervenmuster zu haben. In dem Maße, wie der schädliche Einfluss zunimmt, wird die Armee demoralisiert, die einheimischen Führer werden ermordet oder ins Exil geschickt, und der Reichtum der Nation geht rasch in die Hände der Außerirdischen über. Das Volk wird ausgeplündert, vor allem aber seine Selbstachtung. Kein Mitglied eines Wirtsvolkes kann seine Selbstachtung oder seine Privatsphäre bewahren, sobald der Parasit das Kommando übernommen hat.

Eines Morgens tauchen die Schiffe einer rivalisierenden Nation im Hafen auf. Im Austausch gegen gewisse Garantien heißen die Parasiten sie willkommen. Das Wirtsvolk leistet keinen Widerstand, ein Imperium ist verschwunden. Nun ist dieser Prozess kein typisches Lebensmuster einer Kultur à la Spengler; er ist auch keine Herausforderung und Antwort à la Toynbee. Das Wirtsvolk hätte jeden anderen Angriff eines bewaffneten Eindringlings abwehren können, aber es konnte sich nicht gegen den Einfall eines heimlichen Parasiten und den unvermeidlichen Verfall wehren, den er mit sich brachte, eine Krankheit, die den gesamten Organismus des Volkes befallen und gelähmt hat.

FREMDKÖRPER

Die Theorie des biologischen Parasiten erklärt zum ersten Mal den Untergang von Ägypten, Babylon, Rom, Persien und England. Ein wohlhabendes, gesundes Volk lässt zu, dass sich ein Fremdkörper in seiner Mitte etabliert. Der Fremdkörper lähmt und vernichtet es. Dieses neue Geschichtskonzept bringt sowohl Spengler als auch Toynbee auf den neuesten Stand. Und es bietet einer Zivilisation zum ersten Mal die Möglichkeit, dem Schicksal ihrer Vorgänger zu entgehen.

Der ernsthafte Student mag von den eher abstoßenden Aspekten des Studiums der biologischen Parasiten entsetzt sein. Er stellt fest, dass eine Fischart in der Südsee einen langen, spitz zulaufenden Körper hat, der in das Hinterteil größerer Fische eindringt und sich von den dortigen Fäkalien ernährt. Der Mensch wird von einem Bandwurm geplagt, der in seinen Körper eindringt, sich mit einem Haken, den er nur zu diesem Zweck entwickelt hat, im Dickdarm festhakt und beginnt, die Nahrung aus der vom Menschen verzehrten Nahrung aufzunehmen. Verschiedene Formen von Läusen siedeln sich um die Fortpflanzungs- oder Ausscheidungsorgane des Menschen an und verursachen ihm extreme Beschwerden.

Parasiten finden in den vom Menschen ausgeschiedenen Abfällen einen fruchtbaren Nährboden für sie, denn der Mensch ist eine höhere Lebensform, die große Mengen an Nahrung verbraucht und vieles davon mit den intakten Nahrungswerten ausscheidet. Diese Ausscheidungen bieten dem Parasiten reiche Nahrung, aber seine Anhaftung daran stellt für den Menschen ein gesundheitliches Problem dar. Daher versucht der Mensch, seine Ausscheidungen so zu entsorgen, dass sie nicht zu einem Nährboden für verschiedene unangenehme Parasiten werden. Der Parasit hält dies für sehr grausam und ungerecht, und er versucht mit allen Mitteln, es zu erreichen. Wenn er dabei das Leben des Menschen gefährdet, was soll's? Eine Fliege auf einem Misthaufen kümmert sich nicht darum, ob sie eine Gefahr für die Gesundheit des Menschen darstellt.

DIE HALTUNG DES PARASITEN

Daraus folgt, dass es dem Parasiten, der sich auf dem nichtjüdischen Wirt niedergelassen hat, egal ist, wie sehr er den Wirt schädigt. Sein einziges Ziel ist es, ein parasitäres Leben auf Kosten des Wirts zu führen, und seine natürlichen Ziele sind gewöhnlich die Fortpflanzungs- und Ausscheidungsorgane. Im Laufe der Geschichte hat sich der Jude um die Fortpflanzungsorgane des nichtjüdischen Wirts gewunden wie eine parasitäre Rebe, die einen gesunden Baum langsam erwürgt. Der Jude hat immer am besten als Panderer, Pornograph, Meister der Prostitution, Apostel der sexuellen Perversion und Feind der vorherrschenden sexuellen Normen und Verbote der nichtjüdischen Gemeinschaft funktioniert. Als der Titel "Amerikas größter Pornograph" von der Polizei verliehen wurde, wer war der Inhaber dieses Titels? Ein gewisser Irving Klaw aus New York, der ein riesiges Geschäft mit Nacktfotos und anderen Artikeln aus diesem Bereich betrieb.

Andere Juden mit großen intellektuellen Ambitionen sind Schriftsteller geworden und verwandeln unsere Literatur in öde Aufzeichnungen sexueller Handlungen und machen es unmöglich, etwas zu veröffentlichen, das nicht ihren Standards der Verderbtheit entspricht. Andere intellektuelle Juden haben einen neuen Beruf geschaffen, der so charakteristisch für sie ist, dass er überall als jüdischer Beruf bekannt ist. Es handelt sich dabei um den Beruf des Psychiaters, ein Auswuchs der Besessenheit des Parasiten von den Fortpflanzungs- und Ausscheidungsgewohnheiten des Wirts. Was ist die Grundlage der "Wissenschaft" der Psychiatrie, wie sie von ihrem jüdischen Gründer und Schutzpatron, Sigmund Freud, formuliert wurde? Die Grundlage der Psychiatrie ist der "Analkomplex", die Theorie, dass die Besessenheit vom Anus den Haupteinfluss auf unsere emotionale Entwicklung hat. Über dieses Thema sind viele Millionen Wörter geschrieben worden, trotz seiner geschmacklosen Konnotationen, und gelehrte Reden über den analen Zwang werden von Gelehrten vor den gelehrten Gremien der Welt gehalten.

DER ANALKOMPLEX

Während der Analkomplex den geschmackvollen Ton für die Obsessionen des Parasiten angibt, hat der Jude weitere Theorien über die Vorgänge der menschlichen Ausscheidung entwickelt. Der wichtigste Einfluss in der modernen Schule der fortschrittlichen Erziehung ist die Wissenschaft des Toilettentrainings, während ein Großteil der modernen Kunst auf dem Fäkalienkomplex oder dem Umgang des Vorschulkindes mit seinem Stuhl beruht und in seinen Ursprüngen leicht erkennbar ist. Andere wichtige Beiträge des jüdischen psychiatrischen Denkens, die als bedeutende intellektuelle Entwicklungen von enormer Tiefe und Tragweite gepriesen wurden, sind zu schmutzig, um hier wiederholt zu werden.

Wenn man den Anblick eines großen Saals betrachtet, der mit gut gekleideten und gebildeten Männern und Frauen aus vielen Ländern gefüllt ist, die einem kleinen Juden im Smoking, der eine gelehrte Abhandlung über die analen und exkretorischen Gewohnheiten der Menschheit hält, aufmerksam zuhören und gelegentlich applaudieren, wird einem ein weiterer Aspekt des Juden bewusst. Egal, was er tut, der Jude ist so fantastisch, dass er zu einer komischen Figur wird. Als der frühere französische Premierminister Mendes-France ankündigte, dass sein Land die riesigen französischen Investitionen in Vietnam an die Kommunisten abtreten würde, wusste man kaum, ob man lachen oder weinen sollte, so komisch war das Bild eines Lumpensammlers mit großen Augen und schwarzen Brüsten, der "O-o-o-l-l-d-d-r-a-a-a-a-g-g-z-z-uh" durch die Straßen brüllte.

Der Dichter Ezra Pound bemerkte einmal zu mir, dass, als er anfing, den Leuten zu suggerieren, dass die Juden in der nichtjüdischen Welt ungebührliche Macht ausübten, ihn niemand ernst nahm, weil jeder wusste, dass die Juden nur Clowns waren. Wie üblich nutzte der Jude diesen Eindruck, um seine Position gegenüber dem nichtjüdischen Gastgeber zu festigen. Charlie Chaplin, mit seinen rassentypischen Gesten, nutzte seine typisch obszönen Bewegungen, um von der unermüdlichen internationalen jüdischen Clique als großes komisches Genie gefeiert zu werden. Er verdiente Millionen von Dollar, indem er dem Publikum mit dem Hintern wackelte, sich hektisch am Gesäß kratzte und die übliche, uralte Beschäftigung des Parasiten mit den Fortpflanzungs- und Ausscheidungsorganen zur Schau stellte.

Sigmund Freud ist für sich genommen ein noch größerer Komiker als Charlie Chaplin, denn die Freudschen Theorien über das menschliche Verhalten beruhen, wie uns der große nichtjüdische Psychologe Carl Jung in Erinnerung rief, auf den enormen Missverständnissen des biologischen Parasiten über die Natur seines nichtjüdischen Wirts, und Freuds Theorien sind noch komischer als die Verrenkungen von Charlie Chaplin. Dennoch lachen wir über Chaplin und studieren die Theorien von Freud ernsthaft.

PARASITEN IN VIELEN BEREICHEN DES LEBENS

Eine weitere Besessenheit des Parasiten ist, dass er sich in jeden Aspekt der Existenz des Wirts einmischen muss. Er kann den Gedanken nicht ertragen, dass eine Gruppe von Nichtjuden irgendetwas bespricht, ohne dass der Parasit oder einer seiner shabez goi-Agenten anwesend ist, um Notizen zu machen. So versucht der Jude, in jede nichtjüdische Organisation einzudringen, sei es eine soziale oder religiöse, eine Privatschule, ein Verein oder eine Nachbarschaft, überall dort, wo die

Nichtjuden sich versammeln und über Dinge sprechen können, die der Jude wissen will.

Diese Besessenheit ist auf die Tatsache zurückzuführen, dass der Jude in seiner parasitären Existenz niemals wirkliche Sicherheit erfahren kann. Er lebt täglich mit der schrecklichen Angst, dass der Wirt ihn verstößt, und selbst wenn er auf allen Ebenen des Lebens des Nichtjuden die Kontrolle erlangt hat, fühlt sich der Jude immer noch unsicher. Wenn der Nichtjude es schafft, ihn von irgendetwas fernzuhalten, wird der Jude wild vor Wut.

DER FALL DREYFUS

Diese Besessenheit von Sicherheit war die eigentliche Triebfeder für die Aufregung um den Fall Dreyfus in Frankreich im letzten Jahrhundert. Einem Juden namens Hauptmann Dreyfus war es gelungen, in das ehemals rein nichtjüdische französische Oberkommando einzudringen. Bald darauf wurde er angeklagt, französische Militärgeheimnisse an den Meistbietenden verkauft zu haben. Obwohl der Fall eigentlich klar war, starteten die Juden, wie üblich, eine verzweifelte internationale Kampagne, um ihn zu befreien. Es schien seltsam, dass das Schicksal eines einzigen französischen Offiziers so viel Aufsehen erregte, aber die Theorie des biologischen Parasiten erklärt das Geheimnis. Der Parasit war in eine der letzten Bastionen des nichtjüdischen Wirts eingedrungen. Nun kannte er alle militärischen Geheimnisse und war auch in der Lage, seine Leute zu informieren, falls die Armee in eine Reaktion gegen die Präsenz der Parasiten verwickelt werden sollte. Aber der Parasit wurde verhaftet und als Verräter angeklagt, was er auch war, denn seine primäre Loyalität galt der parasitären Gemeinschaft. Die Tragödie ist nicht, dass er verurteilt wurde, sondern dass die Juden ihren Mann im Sicherheitsrat der Nation verloren haben. Sofort stürzt sich die gesamte Parasitengemeinschaft auf ihn, um ihn zu verteidigen, und zeigt dabei schreckliche Angst und Wut. Diese Ablehnung oder dieser Ausschluss ist das Schicksal, das den Parasiten verfolgt, denn für ihn geht es um Leben und Tod. Wenn er vom Wirt zurückgewiesen wird, kann er kein parasitäres

Leben führen und wird sterben. Daher auch die große Aufregung um den Fall Dreyfus.

UNSERE EIGENEN DREYFUS-FÄLLE

Demokratische Regierungen in den Vereinigten Staaten hatten in den letzten Jahren eine Fülle von Dreyfus-Fällen, in denen ein Parasit, der sich in den Sicherheitsräten der Nation eingenistet hatte, der Illoyalität angeklagt wurde. Einer von ihnen war Dr. Oppenheimer, ein Jude, dessen sozialer Kreis sich aus engagierten kommunistischen Agenten zusammensetzte, von denen die meisten als solche bekannt waren, während er an den wichtigsten Verteidigungsgeheimnissen unserer Nation arbeitete. Schließlich wurde ihm die Sicherheitsfreigabe verweigert, weil die Öffentlichkeit über seinen Hintergrund beunruhigt war, und die internationale jüdische Gemeinschaft erhob einen furchtbaren Aufschrei, der jahrelang anhielt. Wir wissen bis heute nicht, wie viel Schaden er der Nation zugefügt hat.

Ein berühmterer Fall war ein Jude russischer Herkunft, Walt Rostow. Er ist nur die Person, die für unsere nationale Sicherheit zuständig ist! Doch vor einigen Jahren verweigerten loyale Mitarbeiter des Außenministeriums Rostow nicht nur einmal, sondern gleich dreimal eine Sicherheitsfreigabe wegen seiner berüchtigten Verbindungen. Doch als John F. Kennedy Präsident wurde, übertrug er Walt Rostow die Verantwortung für unsere nationale Sicherheit!

Drew Pearson enthüllte kürzlich, dass es dieser Jude war, der persönlich die Entscheidung traf, amerikanische Truppen in großer Zahl in Vietnam einzusetzen, einem der größten Siege des Kommunismus seit 1917. Während die Amerikaner in Vietnam abgeschlachtet wurden, konnte sich Russland zurücklehnen und zusehen, wie wir verbluteten, ohne dass die kommunistische Welt auch nur im Geringsten geschwächt wurde. Im Fall Dreyfus haben die Juden jede Runde gewonnen, während der Nichtjude, der ihn entlarvte, Otto Otepka, immer noch von "unserer" Regierung verfolgt wird.

Nichtjüdische Opportunisten

In Frankreich witterten ein paar clevere Nichtjuden, in welche Richtung der Wind im Fall Dreyfus wehte, auch wenn sie die Parasitentheorie nicht verstanden. Ein obskurer Schreiberling namens Emile Zola schrieb einige feurige Artikel wie "J'Accuse", in denen er die Freilassung von Dreyfus forderte, und die internationale jüdische Propagandamaschine begann sofort, Zola als großen Schriftsteller hochzujubeln. Für den Rest seines Lebens genoss er großen Ruhm und Reichtum, obwohl seine Romane heute ignoriert werden.

Ein kleiner, pompöser Anwalt vom Lande, Clemenceau, machte ebenfalls Karriere im Fall Dreyfus. Er setzte sich für Dreyfus ein, und die Juden machten ihn zum Premierminister von Frankreich. Der Weg des shabez goi kann geebnet werden.

Die Bedrohung durch Ablehnung löst im Parasiten immer eine Flut von Angst und Wut aus. Dieser Autor erlebte ein Beispiel dafür, als er in Jersey City eine gebrauchte Matratze kaufte. Spät in der Nacht wurde er von einer unwillkommenen Präsenz geweckt. Er schaltete das Licht an, und auf seinem Bauch saß eine fette kleine Bettwanze, die von ihrem Festmahl angeschwollen war und selbst im Licht der Sonne nicht von ihrem Wirt weichen wollte.

Als das Licht anging, stieß die Wanze einen wütenden Schrei aus und watschelte aus dem Haus. Zu diesem Zeitpunkt brachte der Autor diese Episode nicht sofort mit der Theorie des biologischen Parasiten in Verbindung, aber später dachte er darüber nach, dass diese Wut der Bettwanze, die ihrer üblichen Tätigkeit nachging, verständlich war. Wir können nicht erwarten, dass der Jude jede Anstrengung des nichtjüdischen Wirtes, ihn zu vertreiben und vom Fest zu entfernen, zu schätzen weiß. Deshalb arbeitet er Tag und Nacht, um so etwas zu verhindern.

Notwendigkeit der Kontrolle

Deshalb MUSS der Jude unsere Kommunikation kontrollieren; deshalb MUSS er unsere Bildung kontrollieren; deshalb MUSS er unsere Regierung kontrollieren; und am wichtigsten, deshalb MUSS er unsere Religion kontrollieren. Wenn er das nicht tut, egal in welchem Bereich, gefährdet er seine weitere Existenz als biologischer Parasit. Sogar in der Sowjetunion mit ihrem idealistischen Slogan "Jedem nach seinen Möglichkeiten, jedem nach seinen Bedürfnissen" erlangt der Parasit die Kontrolle über nichtjüdische Arbeiter und lässt sie Waren produzieren, die er dann verkauft und den Erlös einsteckt. Fette Juden und ihre blonden Geliebten flanieren von ihren luxuriösen Villen am Schwarzen Meer, während strenge, dogmatische nichtjüdische Kommissare wie Michail Suslow im Kreml sitzen und verzweifelt versuchen, ein System zu entwickeln, das der Jude nicht zu seinem eigenen Vorteil verdrehen kann. Das gelingt ihnen nicht, denn der Parasit ist ihnen immer einen Schritt voraus.

Aggression

Als die Juden 1948 das Land friedlicher arabischer Bauern durch Aggression an sich rissen, glaubten viele Nichtjuden in der ganzen Welt, dass eine neue Ära begonnen habe. Diese Nichtjuden versicherten sich gegenseitig, jetzt, wo sie ihr eigenes Land haben, werden die Juden dorthin gehen und aufhören, uns auszubeuten. Stattdessen intensivierten die parasitären Gemeinschaften in allen Teilen der Welt die Ausbeutung ihrer nichtjüdischen Gastgeber, um den enormen Bedarf des neuen Staates Israel zu decken. Den Bekleidungsarbeitern in den berüchtigten New Yorker Sweatshops, zumeist Neger und puertoricanische Frauen und Kinder, wurden von dem kaltblütigen Juden David Dubinsky, dem faschistischen Diktator der Bekleidungsgewerkschaft, große Teile ihres Verdienstes abgepresst. Diese Gelder wurden an den Staat Israel weitergeleitet.

Dies veranschaulicht die Fähigkeit des Juden, auf allen Seiten zu stehen und immer auf der Gewinnerseite zu sein. Chaim Weizmann, der Gründer des Staates Israel, zitiert in seiner Autobiographie "Trial and Error", Harper, New York, 1949, Seite 13, einen oft wiederholten Ausspruch seiner Mutter,

"Was auch immer geschieht, mir wird es gut gehen. Wenn Schemuel (der revolutionäre Sohn) Recht hat, werden wir alle in Russland glücklich sein; und wenn Chaim (der Zionist) Recht hat, werde ich nach Palästina gehen."

DER HAUSHALT DES PARASITEN

Am 17. April 1950 gab die *New York Times* bekannt, dass der Jahreshaushalt des Staates Israel veröffentlicht worden war. Er setzte sich zu siebzig Prozent aus Spenden aus dem Ausland und zu dreißig Prozent aus dem Verkauf israelischer Anleihen zusammen, die niemals einen einlösbaren Wert haben würden und die nur als Beiträge bezeichnet werden konnten. Keine andere Nation auf der Welt könnte sich einen solchen Haushalt vorstellen, denn selbst Indien, der ewige Bettler unter den Nationen, mit seiner aufgeblähten, durchmischten Bevölkerung, kann nur ein Prozent seines Haushalts aus dem Ausland aufbringen, und das ist ausschließlich eine Spende der Vereinigten Staaten. Dennoch plant der Staat Israel selbstbewusst einen Staatshaushalt, der auf Jahre hinaus aus Wohltätigkeit und dem Verkauf von zweifelhaftem Papier besteht. Dies ist der Haushalt einer Nation von Parasiten, die immer noch von den nichtjüdischen Gastgebern abhängig ist.

TENDENZ ZUR ENTARTUNG

Die bizarre, ungesunde Existenz des Parasiten mit seinem Hang zur Entartung und seinem verfallenden Nervensystem stellt ihn außerhalb jedes bekannten Systems von Moral und menschlichem Anstand. Nun hat er eine jüdische Höllenbombe perfektioniert, die nicht nur den Wirt, sondern auch ihn selbst zu vernichten droht. Als Alechsander Sachs von der internationalen jüdischen Bankfirma Lehman Brothers, New York, und Albert

Einstein Präsident Roosevelt "vorschlugen", Hunderte von Millionen Dollar in die Herstellung einer Höllenbombe zu investieren, wie konnte Roosevelt da ablehnen? Nun brauchten sie eine nichtjüdische Fassade für ihr Projekt. Generalmajor Leslie Groves wurde gebeten, das Projekt zu leiten, aber als er herausfand, dass die meisten Wissenschaftler Juden waren, bat er darum, entlassen zu werden, da er glaubte, dass ein jüdischer Direktor in dieser Atmosphäre effizienter sein würde.

"Ganz und gar nicht", wurde ihm versichert. "Wir brauchen einen Nichtjuden als vermeintlichen Leiter des Projekts. Keine Sorge, wir übernehmen die gesamte Verantwortung."

Wir wissen, dass der Nichtjude vom Juden niemals Barmherzigkeit erwarten kann. Die schreckliche Praxis des Ritualmordes ist ein ausreichender Beweis dafür. Der rituelle Mord an nichtjüdischen Kindern durch Verblutenlassen und Trinken ihres Blutes ist die höchste symbolische Offenbarung der Theorie des biologischen Parasiten.

SYMBOL DES SIEGES

Der primitive Mensch trank manchmal das Blut gefallener Feinde als Symbol des Sieges und um etwas von der Kraft des Feindes zu absorbieren, aber eine andere Praxis des Bluttrinkens, nämlich die des Ritualmordes, ist die einzige, die bis in die Neuzeit überlebt hat. Diese religiöse Zeremonie, bei der das Blut eines unschuldigen nichtjüdischen Kindes getrunken wird, ist grundlegend für die gesamte Vorstellung des Juden von seiner Existenz als Parasit, der vom Blut des Wirts lebt. Deshalb weigert er sich, diesen Brauch aufzugeben, auch wenn er ihn schon oft an den Rand der Ausrottung gebracht hat.

Wenn der Jude seine Rolle nicht mehr dadurch symbolisieren kann, dass er ein perfekt geformtes nichtjüdisches Kind entführt, es in eine Synagoge verschleppt und seinen Körper rituell an den Stellen durchsticht, an denen sie sich rühmten, den Leib Christi verwundet zu haben, und das Blut des sterbenden Kindes trinkt, dann ist er nach jüdischem Glauben dem Untergang geweiht.

Seine Propheten haben ihn gewarnt, dass, wenn dieser Brauch nicht mehr eingehalten werden kann, sich der Griff des jüdischen Parasiten auf den Wirt lockert und er ausgestoßen wird. Auch wenn diese Zeremonie so schrecklich ist, dass die meisten Juden sich weigern, daran teilzunehmen, und alle ihre Praxis verleugnen, bleibt sie doch die letzte Methode, mit der die jüdischen Führer ihre Kontrolle über dieses Volk signalisieren und aufrechterhalten. Würden sie die Praxis des Ritualmordes aufgeben, bestünde vielleicht die Möglichkeit, dass der Jude von seiner historischen Rolle als biologischer Parasit entwöhnt und zu einem konstruktiven Mitglied der nichtjüdischen Gemeinschaft wird, indem er einer Aufzeichnung von fünftausend Jahren Blutvergießen, Verrat und Mord den Rücken kehrt, die seine gesamte Geschichte ausmacht. Wir sagen vielleicht, denn wir wissen es nicht.

DAS BIOLOGISCHE MUSTER

Aus biologischer Sicht scheint es unwahrscheinlich, dass der Jude seiner Vergangenheit abschwören und sich der nichtjüdischen Gesellschaft als beitragendes Mitglied anschließen könnte. Sicherlich finden wir in den Schriften der Juden selbst keine Beweise dafür, auch nicht in der heutigen Zeit. Von den religiösesten bis zu den weltlichsten unter ihnen ist ihre Haltung gegenüber der nichtjüdischen Schar dieselbe, ein grimmiger, unsterblicher Hass. Man bedenke, was die Hohepriesterin der modernen jüdischen Intellektuellen, Susan Sontag, im jüdischen Hausorgan, der *Partisan Review*, 1967 zu sagen hat:

> "Die weiße Rasse ist das Krebsgeschwür der Geschichte. Es ist die weiße Rasse und nur sie - ihre Ideologien und Erfindungen - die die autonome Zivilisation ausrottet, wo immer sie sich ausbreitet."

Diese siebenundzwanzig Worte enthalten eine enorme Menge an Informationen über die Beziehung zwischen Parasit und Wirt. Erstens ist es ein Ausdruck des unsterblichen Hasses, den der Parasit auf seinen Wirt, die weiße Rasse, hegt. Zweitens offenbart sie, dass der Jude sich nie als Teil der weißen Rasse gesehen hat und auch nie sehen wird, da er diese als eine eigene Spezies betrachtet. Drittens wird in dieser Passage die Wildheit nur der weißen Rasse zugeschrieben - nicht den blutrünstigen Stämmen im Kongo, nicht den Massenmördern in China und auch nicht irgendjemandem außer der hoch entwickelten nordeuropäischen Zivilisation in Europa und Amerika. Und viertens entlarvt Susan Sontag die gesamte Situation in ihrer Formulierung "autonome Zivilisation". Was meint sie mit autonomer Zivilisation? Sie meint die Parasitengemeinschaft, die die totale Freiheit fordert, sich an den Wirt zu heften, ihn zu beherrschen und zu verhindern, dass der Wirt sie abstößt. Und sie sagt hier, dass die weiße Rasse, weil sie sich in der Vergangenheit gegen die "autonome Zivilisation" des jüdischen Parasiten gewehrt hat, völlig wild und böse ist.

KAPITEL 3

DIE SCHABEZ GOI

Wir haben auf das merkwürdige Fehlen von Werken hingewiesen, die man in unseren Bibliotheken erwarten würde, Werke, die das Phänomen der parasitären Gemeinschaften in menschlichen Zivilisationen behandeln. Und wir haben die Vermutung geäußert, dass diese Werke nicht geschrieben worden sind, weil der Parasit das akademische und wissenschaftliche Leben des Wirts kontrolliert. Ist das eine fantastische Schlussfolgerung? Keineswegs... Da der Wirt körperlich stärker ist als der Parasit, kann der Parasit ihn natürlich nicht durch körperliche Kraft kontrollieren. Dann muss er geistige Kontrolle ausüben.

Wie wird das gemacht? Der jüdische Parasit kontrolliert den nichtjüdischen Wirt durch eine ganze Klasse von Nichtjuden, die er geschaffen hat, und die ihm dienen, indem sie die Kontrolle über den nichtjüdischen Wirt aufrechterhalten. Diese Klasse ist bekannt als die shabez goi.

DIE FORTGESCHRITTENEN ZIVILISATIONEN

Wir haben darauf hingewiesen, dass der jüdische Parasit eine Krankheit der höher entwickelten Zivilisationen ist. Der Jude teilt sich nicht die feindliche Wüste mit dem australischen Aborigine. Der primitive Mensch hatte keine Erfahrung mit Parasiten. Es gab wenig Nahrung und noch weniger Schutz. Aber diejenigen, die überlebten, begannen, ihre Umwelt zu beherrschen, das Land zu bestellen, Tiere zu zähmen, und es gab allmählich einen Überschuss an Nahrung. Nun tauchten Ratten und Kakerlaken auf, die sich von diesen Überschüssen ernährten (einer der Helden der jüdischen Intellektuellenbewegung, Franz

Kafka, schrieb ein Werk, in dem sich ein Mensch als Kakerlake vorstellte, und zwar aus einem uralten rassischen Gedächtnis heraus, das Tausende von Universitätsstudenten verwirrt hat, die es von ihren Professoren in den Rachen gestopft bekamen, ohne eine Erklärung für seine Untertöne zu erhalten).

Mit diesen Überschüssen tauchte auch ein neuer Menschentyp auf, eine Variante der Spezies, die zwar keine Waren oder Dienstleistungen produzierte, aber geschickt den Anschein erweckte, als würde sie Waren und Dienstleistungen anbieten. Dies war der Jude, der auf der Bühne der Geschichte als Magier, Wahrsager, kleiner Dieb oder, auf dem Lande, als verräterischer und kaltblütiger Bandit auftrat. Er wurde Arzt, Lehrer, Gefolgsmann in irgendeiner religiösen Gruppe. Von Anfang an war er im Geldverleih tätig, und zwar stets zu Wucherzinsen.

Alle diese jüdischen Berufe haben eines gemeinsam: die Möglichkeit zum Betrug. Der Jude arbeitete immer auf der Grundlage von Betrug und schlüpfte leicht von einem Beruf in einen anderen. Ein Jude praktiziert in einer Stadt als Arzt und taucht, nachdem er eine Spur von Leichen hinterlassen hat, in einer anderen Stadt als Wahrsager auf. Nachdem einige Witwen um ihre Ersparnisse betrogen wurden, macht er sich erneut auf den Weg, wie immer mit Hilfe der internationalen jüdischen Gemeinschaft. In einer anderen Stadt wird er Priesterschüler, und schon bald bietet er gewagte Neuinterpretationen des religiösen Glaubens an, bis seine Vorgesetzten feststellen, dass er heimlich jeden Grundsatz ihres Glaubens in ein seltsames und barbarisches Dogma umwandelt. Er zieht weiter und taucht in einer anderen Stadt als hochrangiger Regierungsbeamter auf, der von allen respektiert wird, bis eines Abends die Tore der Stadt für eine Invasion geöffnet werden und der Jude zum Großwesir der Eroberer wird.

Eine Definition

Aber ist das Schmarotzertum oder ist es nur ein Verbrechen? Es ist ein Verbrechen, ja, denn jedes einzelne dieser Ereignisse ist ein Verbrechen, aber das Ganze ist nicht nur ein Verbrechen, es ist Schmarotzertum. Verrat, Betrug, Perversion, all das sind die Kennzeichen des jüdischen Lebens unter den Nichtjuden in der Diaspora. Und es ist Schmarotzertum. All diese Dinge sind nicht nur Verbrechen an sich, sie sind Verbrechen, die als wesentliche Bestandteile der parasitären Beziehung des Juden mit dem nichtjüdischen Wirt begangen werden. Wir müssen uns daran erinnern, dass es kein jüdisches Verbrechen an sich gibt, denn die Existenz des jüdischen Parasiten auf dem Wirt ist ein Verbrechen gegen die Natur, weil seine Existenz die Gesundheit und das Leben des Wirts gefährdet. Somit ist alles, was der Jude im Zusammenhang mit dieser parasitären Existenz tut, eine kriminelle Handlung und Teil einer insgesamt kriminellen Existenz.

VERURTEILUNG UND AUSWEISUNG

Eine nichtjüdische Regierung, der es um die Gesundheit der Nation geht, würde den jüdischen Parasiten verurteilen und ihn aus dem Land werfen. Das ist in der Geschichte Hunderte von Malen geschehen. Daher weiß der Jude, dass seine erste Aufgabe bei seiner Ankunft in einer nichtjüdischen Gemeinschaft darin besteht, die Regierung zu unterwandern und zu übernehmen und die Menschen mit subtilen Giftinjektionen zu lähmen, so dass sie hilflos und unfähig werden, sich zu verteidigen. So beginnt der Jude mit der Agitation, um eine "fortschrittliche" Regierung zu errichten, auch bekannt als "Volksfront", "demokratische" Regierung, "Volksregierung", "liberale" Regierung, und all dies sind Synonyme für die jüdische Regierung, die die Anwesenheit des Parasiten schützen und sie vor dem Zorn der ausgebeuteten Nichtjuden bewahren wird.

Wenn er diese Regierung errichtet hat, in der Regel durch Umsturz, macht sich der Jude daran, alle ehemaligen nichtjüdischen Führer auszurotten, die er als "Reaktionäre" verunglimpft, d. h. als diejenigen, die gegen die Anwesenheit des Parasiten reagieren könnten. Zunächst werden sie daran gehindert, eine Erwerbstätigkeit auszuüben. Dann werden ihnen und allen ihren Familienmitgliedern der Grundbesitz, die

Bankkonten und andere Vermögenswerte entzogen. Schließlich hetzt der Jude nach ausgiebiger Hetze gegen sie die Bevölkerung gegen sie auf und sie werden gejagt und getötet, weil sie eine "reaktionäre" Regierung einsetzen könnten, wenn man sie am Leben lässt. So hat der Jude den blutrünstigen Brauch des Völkermords oder der Ausrottung von Gruppen in das Weltgeschehen eingeführt.

Kommt Ihnen das nicht bekannt vor, die Beschlagnahmung von Vermögenswerten, die Massenmorde? Ach ja, Russland, 1917, der Sieg der Bolschewiki, die Verwirklichung des Marx'schen Programms des Kommunismus, als eine Regierung eingesetzt wurde, die an das Prinzip der "Solidarität" glaubte, um das nichtjüdische russische Volk zu versklaven. Der Zar, seine Frau und seine Kinder wurden kaltblütig ermordet, denn der biologische Jude schert sich nicht um Ritterlichkeit in seinem Kampf um die Kontrolle über den nichtjüdischen Wirt. Man braucht nur das sadistische Buch Esther in der Bibel zu lesen, um die jüdische Sitte des Massenmords im Detail zu erkennen.

SCHWÄCHE DES GASTGEBERS

Ist die Hilflosigkeit des nichtjüdischen Wirtes gegenüber dem Ansturm des Parasiten eine wesentliche Schwäche? Wir müssen nur an den starken, gesunden Mann denken, der vom Grippevirus befallen ist, um die Antwort zu erhalten. Gesundheit in allen Belangen ist die wichtigste Verteidigung gegen den Angriff des parasitären Virus. Seit Jahrhunderten ist der größere und stärkere nichtjüdische Wirt dem kleineren und schwächeren, aber tödlicheren parasitären Virus unterlegen. Das Überleben des nichtjüdischen Wirts ist eine Frage des Verständnisses biologischer Gesetze. Die nichtjüdische Gemeinschaft hat ausgefeilte Kodizes aufgestellt, nach denen sie lebt, Ehrenkodizes, Gesetzeskodizes und das Vertrauen, das die Einhaltung dieser Kodizes bei den Mitgliedern der Gemeinschaft hervorruft. Sie respektieren das Gesetz, sie respektieren die Familien der anderen, sie respektieren das Eigentum der anderen, und sie verteidigen die Nation, wenn sie angegriffen wird.

An keine Codes gebunden

Es ist der Ehrenkodex, der dem jüdischen Parasiten die erste Öffnung in der Rüstung des nichtjüdischen Wirts verschafft, denn dieser Kodex ist für den nichtjüdischen Wirt verbindlich, und seine Mitglieder erlangen nur dann einen Status in der Gemeinschaft, wenn sie ihn einhalten. Aber der Parasit ist nur durch seine Entschlossenheit gebunden, einen parasitären Status auf dem Wirt zu erreichen. Der Kodex des Nichtjuden ist selbst ein biologisches Phänomen, da er aus seiner Einstellung gegenüber allem Leben erwächst, und er ist Ausdruck seines angeborenen Mutes, seiner Ehre und seines Fleißes, der Tugenden, auf denen er seine Nation aufbaut.

Der Kodex des Juden ist ganz anders: Es ist ein Kodex, der sich über alle anderen Kodizes hinwegsetzt. Er erklärt sich bereit, einen Preis zu zahlen und begleicht später nur die Hälfte davon; er erscheint vor Gericht mit gefälschten Urkunden und Testamenten, bezahlt falsche Zeugen und hält die Richter hin und bemächtigt sich so des Eigentums der Nichtjuden. Er nutzt die nichtjüdischen Ehefrauen aus, während ihre Männer bei der Arbeit sind, und beschämt sie so, und in Kriegszeiten meidet der Jude den Armeedienst und stört das zivile Leben zu Hause. In Zeiten größter Gefahr macht er Geschäfte mit dem Feind und verrät die Nation.

Das Paradoxon des Parasiten

Da der Parasit auf den Wirt angewiesen ist, um sich zu ernähren, würden wir annehmen, dass er alles in seiner Macht stehende tun würde, um der nichtjüdischen Gemeinschaft zu helfen, reicher und mächtiger zu werden. Aber über allen anderen Überlegungen steht die Entschlossenheit des Parasiten, seine Position auf dem Wirt zu halten. Seit fünftausend Jahren hat die Geschichte die Bemühungen der nichtjüdischen Wirte aufgezeichnet, ihre jüdischen Parasiten zu verdrängen.

Imperien entstehen und fallen, Kontinente werden entdeckt, Wildnisgebiete erforscht und besiedelt, und der Mensch macht

Fortschritte durch neue Erfindungen. Doch bei all dem bleibt ein Faktor konstant. Der nichtjüdische Wirt, der sich vor dem Schaden fürchtet, den er durch die Anwesenheit des jüdischen Parasiten erleidet, versucht, ihn zu verdrängen. Der Parasit hat sich auf solche Bemühungen, die er immer voraussieht, vorbereitet, indem er sich so fest an den Wirt heftet, dass dieser sich bei seinen wilden Kämpfen nur selbst schädigt. In manchen Fällen vernichtet sich der nichtjüdische Wirt bei diesen Bemühungen selbst. Der jüdische Wirt zieht es vor, den nichtjüdischen Wirt vernichtet zu sehen, anstatt sich friedlich von einem noch lebenden Wirt zu trennen. Wenn der Wirt stirbt, sucht sich der Parasit einen anderen Wirt. Er hegt keinerlei Gefühle für den Wirt, der ihn mit Nahrung versorgt hat. Diese gefühllose Haltung ist typisch für die Philosophie des Juden, und sie wird durch den im jüdischen Hollywood so beliebten Satz "Wer braucht das schon?" veranschaulicht.

Wie andere jüdische Sprichwörter ist auch diese Redewendung Teil des heutigen amerikanischen Lebens geworden, doch die Nichtjuden wissen nicht, was sie bedeutet. Es bedeutet, dass der Jude den nichtjüdischen Gastgeber nicht braucht, weil er immer einen anderen finden kann.

HARTE ARBEIT

Millionen nichtjüdischer Amerikaner arbeiten ihr ganzes Leben lang hart, ziehen ihre Familien groß und ernähren sich selbst. Wenn sie sterben, bleibt kaum genug übrig, um die Beerdigungskosten zu bezahlen. Obwohl sie ein nützliches und produktives Leben geführt haben, ist kein einziger Gewinn an sie oder ihre Familien geflossen, sie waren nicht in der Lage, etwas von den Gütern der Welt anzuhäufen. Doch Millionen von Juden, die nichts produzieren, häufen riesige Vermögen an und sterben mit einem unverhältnismäßig großen Anteil am Reichtum der Nation, der dann an die Schmarotzergemeinschaft geht. Warum ist das so? Liegt es daran, dass der nichtjüdische Arbeiter faul ist? Nein, er hat sein ganzes Leben lang hart gearbeitet. Hat er seinen Verdienst verspielt? Nein, er hat nie gezockt. Es sind die Juden, die die Mehrheit der Glücksspieler der Nation ausmachen.

Die Theorie des biologischen Parasitismus

Wir finden die Antwort auf diese Frage in der Theorie des biologischen Parasitismus. Der nichtjüdische Arbeiter hat sein Leben damit verbracht, den jüdischen Parasiten zu ernähren, so dass der Parasit im Luxus leben kann, während der nichtjüdische Arbeiter jeden Tag lange schuftet, um am Existenzminimum zu überleben. Der Verdienst des nichtjüdischen Arbeiters verschwindet vor seinen Augen im jüdischen Geldsystem, da berechnete und abstruse Geldgesetze in Kraft treten. In der Zwischenzeit lehrt das jüdische Bildungssystem die Kinder des nichtjüdischen Arbeiters, dass sie sich auf das Privileg freuen können, ihr ganzes Leben lang zu arbeiten, um das auserwählte Volk Gottes zu unterstützen, das in dem Stil lebt, an den es sich gewöhnt hat.

Das jüdische Geldsystem ist eine Reihe von Variationen des Muschelspiels auf dem Jahrmarkt. Der Nichtjude ist sich sicher, dass sich die Erbse unter der linken Schale befindet, aber als er darauf wettet, befindet sich unter der linken Schale nichts. Der Nichtjude setzt sein Geld auf andere jüdische Erbsen, aber alles, was er kauft, verliert plötzlich an Wert. Die Anleihen, die er kauft, verlieren an Wert, und er verkauft mit Verlust, um nicht alles zu verlieren, was er hat.

Viele Menschen wanderten nach Amerika aus, weil die Rothschilds in Europa plötzlich an die Macht gekommen waren und nun den Kontinent ausplünderten. Während diese Nichtjuden flohen, erhöhten die gierigen jüdischen Parasiten die Steuern für die Zurückgebliebenen, zwangen die Jugendlichen in Armeen, die an andere Nationen vermietet wurden, und drangen mit ihrem verderblichen Einfluss in alle Lebensbereiche ein.

Ein Merkmal des Parasiten ist seine Mobilität. Wenn sich der Wirt bewegt, folgt der Parasit ihm, holt ihn ein und setzt sich erneut fest. Die amerikanischen Pioniere ärgerten sich über die Bemühungen der Parasiten, ihnen zu folgen, und eine der längsten Debatten auf dem Kontinentalkongress betraf einen Vorschlag zum dauerhaften Ausschluss der Juden. Dieser

Vorschlag wurde schließlich mit dem merkwürdigen Argument abgelehnt, dass die Juden derzeit kein Problem darstellten und es unwahrscheinlich sei, dass sie in Zukunft zu einem solchen würden. Dies widersprach sicherlich allem, was über die Juden und ihre Methoden bekannt war. Die Aufzeichnungen dieser Debatten sind nur in einigen wenigen Notizen einiger Delegierter überliefert. Die Entwürfe der Verfassung, die den Vorschlag zum Ausschluss der Juden enthalten, sind alle vernichtet worden. Einer der jüdischen Berufe ist der des Händlers mit alten Büchern und seltenen Dokumenten. Bei diesen Geschäften können Unterlagen, die unvorteilhafte Hinweise auf die Vergangenheit enthalten, beschlagnahmt und vernichtet werden. Andere seltene Dokumente, die keine unvorteilhaften Hinweise auf die Juden enthalten, werden mit großem Gewinn an nichtjüdische Sammler verkauft. Wie üblich hat der Jude beide Möglichkeiten: Er schützt seine Flanken, indem er alle Hinweise auf seine Aktivitäten vernichtet, und finanziert diese Aufgabe mit dem Geld der Nichtjuden.

DIE FUNKTION DER REGIERUNG

Was ist die Aufgabe der Regierung? Die Aufgabe der Regierung ist es, die Menschen mit wesentlichen Dienstleistungen zu versorgen, die Verteidigung der Nation zu leiten und Gerechtigkeit und freies Unternehmertum zu fördern. Was ist nun die Funktion einer nichtjüdischen Regierung, die unter die Leitung des Parasiten gekommen ist? Die Hauptfunktion einer Regierung, die vom Parasiten kontrolliert wird, besteht darin, sein Recht zu garantieren, sich vom Wirt zu ernähren, ihn davor zu schützen, ausgestoßen zu werden, und anderen Parasiten das Recht zu gewähren, in den Wirt einzudringen und sich von ihm zu ernähren. Die Hauptaufgabe einer solchen Regierung besteht also darin, sich für die Bürgerrechte von Minderheiten einzusetzen, alle Einwanderungsgesetze zu liberalisieren und andere Wirte anzugreifen, die drohen, ihre Parasiten zu vertreiben. Alle anderen Überlegungen zur Regierung werden bei der Ausübung dieser Funktionen, die für das Wohlergehen des Parasiten so wichtig sind, beiseite geschoben.

So finden wir in den Vereinigten Staaten das Federal Bureau of Investigation, das die steigende Kriminalitätsrate ignoriert, während seine Agenten ihre ganze Zeit damit verbringen, die nichtjüdischen "Reaktionäre" zu bekämpfen, die gegen die schädliche Präsenz des Parasiten reagieren. Wir stellen fest, dass die amerikanische Regierung zu einer riesigen Steuereintreibungsbehörde zugunsten der Parasiten geworden ist und dass vierundachtzig Prozent der Einkünfte der Nichtjuden gewaltsam von ihnen genommen und an die Parasiten gegeben werden. Wir stellen fest, dass jede Abteilung der Regierung sich für die zusätzliche Funktion interessiert hat, die Sicherheit des Parasiten in seiner Position auf dem Wirt zu garantieren. Sie haben viele neue wirtschaftliche Tochtergesellschaften gegründet, deren Aufgabe es ist, alle wirtschaftlichen Ressourcen der Nation in die Hände der Parasiten zu leiten. Wir stellen fest, dass das Verteidigungsministerium, anstatt unsere Nation zu schützen, die Nation mit einem ungeheuren Aderlass bestraft, indem es viele Tausende unserer besten Jugendlichen in Kriege schickt, die die jüdischen Parasiten nur zu diesem Zweck heraufbeschworen haben, um sie in Dschungeln abzuschlachten, die viele Tausende von Meilen von unseren Küsten entfernt sind.

WELCHE GERECHTIGKEIT?

Anstatt gleiches Recht für alle zu schaffen, sind die Gerichte der Nation zu Sternkammern für die Verfolgung derjenigen Nichtjuden geworden, die auf die Anwesenheit des Parasiten reagieren. Diese nichtjüdischen "Reaktionäre" werden unter dem einen oder anderen Vorwand verhaftet, oder es werden von FBI-Agenten Beweise gegen sie untergeschoben, und sie werden zu langen Haftstrafen verurteilt.

Wie steht es mit der Bildung? Wir stellen fest, dass der jüdische Parasit einen Fetisch aus der Bildung macht. Es muss eine allgemeine Bildung geben, Bildung für alle. Aber welche Art von Bildung erhält der nichtjüdische Wirt in einem Staat, der vom jüdischen Parasiten beherrscht wird? Zunächst wird ihm beigebracht, dass er niemals selbst denken darf, denn das ist die Erbsünde. Ihm wird sorgfältig beigebracht, wie er für den Rest seines Lebens ein gefügiger Sklave sein kann, ein roboterhafter Zombie, der niemals in der Lage sein wird, seinen Verstand zu seinem eigenen Schutz oder zu seinem eigenen Fortkommen einzusetzen.

Warum muss der jüdische Parasit die angeborene Intelligenz des Nichtjuden kontrollieren? Erstens ist der Jude nicht unsichtbar, er hat eine hohe Sichtbarkeit. Er weiß, dass der Nichtjude ihn zwangsläufig sehen wird, dass seine Anwesenheit ihn irritiert und dass er ihn vertreiben möchte. Der Nichtjude braucht sich nur die Straße entlang einer beliebigen Hauptstraße in Amerika umzusehen, um zu sehen, dass die meisten Geschäfte im Besitz von Juden sind. Der Ort, an dem er arbeitet, gehört einem Juden. Er zahlt jeden Monat Miete oder eine lebenslange Hypothek an eine jüdische Bank. Er weiß, dass er von einem fremden Körper, dem Königreich Israel, erbarmungslos ausgebeutet wird. Deshalb beginnt der biologische Parasit seine Belehrung des nichtjüdischen Kindes, noch vor dem Alphabet, mit der Definition der verbotenen Sünde. Was ist die verbotene Sünde? Man darf niemals "Vorurteile" gegenüber einem anderen Menschen zeigen. Diese Ermahnung hören die Kinder täglich, wenn sie in den Kindergarten kommen. Sie sind verwundert darüber, denn Kinder sind von Natur aus offen und großzügig, sie hassen niemanden. Sie begreifen nicht, dass die Erzieherin entlassen wird, wenn sie es versäumt, ihnen diese tägliche Lektion über "Vorurteile" zu erteilen.

DIREKTER EINFLUSS

In der High School und im College kommen die Nichtjuden unter den stärkeren Einfluss der jüdischen Lehrer. Sie finden, dass die jüdischen Lehrer interessant sind, weil sie scheinbar einen Freibrief haben, im Unterricht zu sagen oder zu tun, was sie wollen, während die nichtjüdischen Lehrer in allem, was sie tun, gelähmt zu sein scheinen. Die jüdischen Lehrer empfehlen den Kindern pornografische Bücher, diskutieren ausführlich über sexuelle Perversionen und halten ihren Klassen oft stundenlang Vorträge über die Übel des Nationalsozialismus. Da es nirgendwo eine Nazi-Regierung gibt, sind die nichtjüdischen

Kinder darüber verwundert. Sie verstehen nicht die schreckliche Angst und den Hass, der das jüdische Volk bei der Erinnerung an ein nichtjüdisches Volk erfüllt, das gegen sie vorgegangen ist und sie vertrieben hat.

Zu Hause sieht das nichtjüdische Kind Fernsehprogramme, die größtenteils Anti-Nazi-Themen gewidmet sind. Das ist nicht verwunderlich, da die drei Fernsehsender vollständig im Besitz der jüdischen Parasiten sind und kein Programm zu sehen ist, das nicht ihrer verdrehten Zensur unterworfen ist. An den Universitäten wird den Nichtjuden beigebracht, dass die gesamte Weltkultur aus den Schriften der drei jüdischen Parasiten Marx, Freud und Einstein hervorgegangen ist. Nichtjüdische Künstler und Schriftsteller werden nicht mehr erwähnt.

Die größte Gefahr

Fragen Sie einen amerikanischen College-Absolventen: "Was ist das größte Übel, das jemals auf dieser Erde existiert hat?" Er wird sehr schnell und energisch antworten: "Der Nazismus!"

Er gibt diese Antwort, weil es das ist, was man ihm beigebracht hat. In der Tat *ist das alles, was man ihm* beigebracht hat, und es ist das einzige Ergebnis von vier Jahren Hochschulbildung. Fragen Sie ihn nicht, WARUM der Nationalsozialismus das größte Übel ist, das es je gegeben hat, denn er weiß es nicht. Sie werden ihn nur verblüffen und verwirren und ihn wütend auf Sie machen, weil er das WARUM von nichts weiß. Er wurde nur mit konditionierten Antworten indoktriniert, er wiederholt die Lektion, die ihm von seinen jüdischen und shabez goi Professoren eingetrichtert wurde, bis er sie auswendig gelernt hat. In all den Hunderten von Büchern, die über den Nationalsozialismus geschrieben wurden, werden Sie keine Definition dessen finden, was der Nationalsozialismus ist. Das ist durchaus verständlich. Die Juden wollen nicht, dass jemand weiß, was der Nationalsozialismus ist. Der Nationalsozialismus ist ganz einfach der Vorschlag, dass sich das deutsche Volk von den parasitären Juden befreien soll. Der nichtjüdische Wirt hat es gewagt, gegen die ständige

Anwesenheit des Parasiten zu protestieren, und versucht, ihn loszuwerden. Es war eine unwirksame Reaktion, denn sie war emotional und uninformiert, wie alle nichtjüdischen Reaktionen, die ihr seit fünftausend Jahren vorausgingen. Und wie vergeblich war das alles, denn heute besitzen jüdische Bankiers sechzig Prozent der deutschen Industrie, und ihre Besitztümer werden von der amerikanischen Besatzungsarmee geschützt.

WAS IST SHABEZ GOI?

Da der Parasit kleiner und schwächer ist als der Wirt, muss er ihn vor allem durch List kontrollieren. Und da er zahlenmäßig unterlegen ist, muss er sich auf aktive Agenten unter den Nichtjuden verlassen. Sobald er die einheimische Führung des Wirtsvolkes zerstört hat, schafft er eine neue herrschende Klasse, eine Gruppe, die sich aus den schwächsten und verdorbensten Nichtjuden rekrutiert. Diese Klasse wird als "die neue Klasse" bekannt und setzt sich aus Regierungsbeamten, Erziehern, Richtern und Anwälten sowie religiösen Führern zusammen. Diese "neue Klasse" ist dem Juden als sein "*shabez goi*" oder sein "nichtjüdisches Sabbatvieh" bekannt.

Die Schaffung der Klasse shabez goi zeigt, dass die jüdische Religion im Grunde eine Ritualisierung der Techniken des Parasiten zur Kontrolle des Wirts ist. Ein zentraler Grundsatz der jüdischen Religion ist, dass er an seinem Sabbat nicht die geringste Arbeit verrichten darf. Er kann seinen Gottesdienst erst beginnen, wenn die Kerzen angezündet sind, aber seine Religion verbietet es ihm, die Kerzen anzuzünden, weil das Arbeit wäre. Er muss einen Nichtjuden finden, der die Kerze für ihn anzündet. Dieser Nichtjude wird "shabez goi" genannt. Die jüdische Religion kann also nicht ausgeübt werden, bis der Jude einen Nichtjuden findet, der seine Arbeit für ihn erledigt.[5] Die jüdische

---

[5] Drew Pearson beschrieb diesen Prozess in einer Kolumne in der *Washington Post* vom 5. Juli 1968, als er den Bürgermeister von San Francisco, Joseph Alioto, einen Katholiken, wie folgt zitierte: "Ich bin im Schatten der Synagoge gegenüber aufgewachsen, und mein Gemeindepfarrer war Rabbi Fine. Jede Woche zünde ich eine Kerze in der Synagoge an, und Cyril Magnin zündet eine

Religion verbietet es dem Juden auch, für einen Nichtjuden zu arbeiten, obwohl es für kurze Zeiträume erlaubt ist, wenn der Jude es für notwendig hält, eine solche Position während der Zeit einzunehmen, in der er plant, das Geschäft des Nichtjuden von ihm zu stehlen!

Die Nichtjuden, die für die Juden zu shabez goi werden, führen ein bequemes Leben auf Kosten ihrer Mitmenschen, aber sie können ihre Schande nie überwinden, egal wie reich und mächtig die Juden sie machen. Die Ausbeuterklasse, die die Juden aus den unterwürfigsten und verächtlichsten Nichtjuden schaffen, sind die verachtenswertesten Menschen, die je die Erde befallen haben. Obwohl sie die gebildeten und wohlhabenden Klassen in einem Gastland bilden, das den jüdischen Parasiten zum Opfer gefallen ist, führen die shabez goi Elendsgestalten niemals ein glückliches Leben. In den Vereinigten Staaten stellen wir fest, dass die nichtjüdischen Bankiers, Richter, College-Präsidenten und Führer religiöser Konfessionen, deren Aufgabe es ist, in Pawlowscher Manier jede Laune der Juden nachzuplappern, auch diejenigen sind, die die höchste Rate an Alkoholismus, die höchste Scheidungsrate, die höchste Selbstmordrate und die höchste Rate an Jugendkriminalität unter ihren Kindern aufweisen.

SEXUELLE ENTARTUNG

Diese "Wohlstandsgesellschaft" der shabez goi hat auch eine massive Welle von Homosexualität und Entartung in Amerika hervorgebracht. Ist das überraschend? Wir müssen uns nur an die Beschreibung von Professor LaPage über die Auswirkungen des Parasiten Sacculina auf seinen Wirt, die Kurzschwanzspinnenkrabbe Inacus mauritanicus, erinnern. LaPage sagt, seine Forschungen hätten gezeigt, dass siebzig Prozent der männlichen Spinnenkrabben einige der sekundären Geschlechtsmerkmale der weiblichen erworben und ihre

---

Kerze in meiner Kathedrale an." Aliotos politischer Erfolg ist auf seine Tätigkeit als shabez goi, als Kerzenanzünder für die Juden, zurückzuführen.

Fortpflanzungsorgane durch den Befall mit Sacculina neglecta zerstört hätten. Er stellte außerdem fest, dass "der Hinterleib dieser Männchen breiter wird, sie zusätzlich zu ihren männlichen Kopulationsstilen Anhängsel erwerben können, die zum Tragen von Eiern modifiziert sind, und ihre Zangen gleichzeitig kleiner werden".

Wie könnte man einen College-Professor mittleren Alters besser beschreiben, der im Kielwasser eines strammen Footballspielers schwächelt? Eines der Merkmale von Nationen, die von den Juden kontrolliert werden, ist die allmähliche Auslöschung des männlichen Einflusses und der Macht und die Verlagerung des Einflusses auf weibliche Formen. Das ist verständlich. Die männliche Kraft ist von Natur aus aggressiv und durchsetzungsfähig, unabhängig und selbständig, mutig und bereit, für ihre Rechte zu kämpfen. Die weibliche Kraft hingegen ist eher passiv, nimmt Befehle entgegen und vermeidet direkte Aktionen. So sind Russland und Amerika, die beiden einflussreichsten Mächte der heutigen Welt, einer Welt, die von den jüdischen Parasiten kontrolliert wird, im Grunde genommen weibliche Mächte, aber die beiden Mächte, die in ihren Eigenschaften eher männlich waren, Deutschland und Japan, und die den jüdischen Parasiten keine Macht gaben, sind klein und von geringerem Einfluss. Dennoch behalten sie als männliche Mächte den Willen, erneut Macht auf die Welt auszuüben, während Russland es vorzieht, seinen Einfluss für finstere Intrigen, ein weltweites Netz von Agenten und Attentätern, die in den Rücken fallen, einzusetzen. Nun ist Amerika mit der weltweiten Macht der Central Intelligence Agency in die Fußstapfen Russlands getreten, und zu Hause zielen die heimlichen Operationen des FBI einzig und allein darauf ab, die "Reaktionäre" in diesem Wirtsvolk zu kontrollieren.

Weich und Tückisch

In einem jüdisch kontrollierten Umfeld werden nichtjüdische Männer weich und zu jedem Verrat fähig, denn ihre neue Klasse, die shabez goi, sind Inbegriffe der lebendigen Lüge mit ihren heimtückischen Verschwörungen im Namen der geheimen

Regierung der Parasiten. In einer solchen Welt werden Männlichkeit, Stärke und Ehre verachtet.

Das wichtigste Merkmal der Shabez Goi als liberale, gesichtslose Vertreter jüdischer Interessen ist, dass sie niemals ein Problem lösen. Wenn wir heute ein nationales Problem haben, können wir sicher sein, dass es in zehn Jahren schlimmer sein wird, und in fünfundzwanzig Jahren noch schlimmer. *Alle Probleme verschärfen sich,* das *ist* das Grundgesetz der shabez goi Regierung.

Wir brauchen uns nur das Rassenproblem in Amerika anzusehen, um ein typisches Beispiel zu finden. Vor hundert Jahren führten wir einen blutigen Krieg, der große Teile der Nation verwüstete, um das Problem der Neger-Minderheit in Amerika zu lösen. Hundert Jahre später steht die Nation kurz davor, erneut von diesem Problem zerrissen zu werden, da die "shabez goi wretches" seit 1900 unablässig daran arbeiten, dieses Problem zu verschärfen, das in der Zeit von 1870 bis 1900 geschlummert hatte. De Tocqueville hat vor mehr als einem Jahrhundert alles gesagt, was über das Rassenproblem in Amerika gesagt werden musste, aber niemand hat ihm die geringste Aufmerksamkeit geschenkt.

EIN HOFFNUNGSLOSES LEBEN

Einer der auffälligsten Identifikationspunkte der neuen Klasse der shabez goi ist ihre völlige Auslöschung jeglichen Verantwortungsbewusstseins. Da das Leben der shabez goi bedeutet, dass sie nur für sich selbst leben, als Feinde ihres Volkes, ist es verständlich, dass sie wenig an die Zukunft denken, aber es geht noch weiter, als direktes biologisches Ergebnis der Wirkung des jüdischen Parasiten auf die schwächsten und schäbigsten des Wirtsvolkes. Heute ist die Hauptgruppe in Amerika, die sich dieser biologischen Wirkung widersetzt hat, die Arbeiterklasse. Dies ist auf mehrere Faktoren zurückzuführen, erstens, weil die Arbeiterklasse weniger von den Auswirkungen jahrelanger "höherer Bildung" betroffen ist, die in dieser Nation einfach eine erweiterte Unterweisung darin ist, wie man ein shabez goi ist, und zweitens, weil sie als Arbeiter, die ihren eigenen Lebensunterhalt produzieren, mehr Selbstvertrauen haben und ihr Sinn für Verantwortung und Selbstachtung weniger ausgehöhlt ist.

Obwohl ich jede mögliche schädliche Wirkung, die der jüdische Parasit oder der shabez goi auf mich haben könnte, hinter mir gelassen habe, kenne ich die Hoffnungslosigkeit des Lebens meines Volkes. Ich wurde von dieser Lähmung, die der Jude den gesunden Mitgliedern eines Gastvolkes zufügt, auf zweierlei Weise befreit, erstens durch mein Leben in der Kunst und zweitens durch mein Leben in Christus.

DIE FREUDE AN EINEM GESUNDEN LEBEN

Als ich 1948 nach San Miguel de Allende, einem schönen Dorf in Mexiko, ging, begann ich, mein Leben in der Kunst zu leben. Im Alter von fünfundzwanzig Jahren war dies meine erste Erfahrung von Freude, denn mein Leben hatte ich in der Düsternis verbracht, die der jüdische Parasit über Amerika gelegt hatte. Ich begann zu verstehen, was D. H. Lawrence in den Jahren seiner verzweifelten Wanderschaft auf der Suche nach der Sonne und nach einem gesunden Leben erlebt hatte. D. H. Lawrence starb nicht nur an Tuberkulose, sondern auch an dem schrecklichen Unwohlsein, das sich über die europäische Zivilisation gelegt hatte, an dem Verlust des Lebenswillens, der durch die jahrhundertelange Sklaverei unter den Juden und die Missregierung durch die shabez goi ausgehöhlt worden war.

In den hellen, sonnendurchfluteten Straßen von San Miguel de Allende wusste ich zum ersten Mal, was Licht ist. Die Menschen waren zwar arm, aber stark und selbstbewusst, sie hatten keine Ähnlichkeit mit den Amerikanern, die ich zu Hause gelassen hatte. Auch wenn es mir damals nicht bewusst war, gab es hier keine Juden und kein shabez goi. Jetzt lernte ich die Freude am schöpferischen Leben kennen, mein Leben in der Kunst, das Leben des Geistes und die gottgegebenen Talente, zu denen wir alle geboren sind und derer wir von den Juden und den shabez goi beraubt werden.

Nun, es war nichts Egoistisches daran, diese Freude zu erlangen, denn ich nahm sie niemandem weg, und seitdem wünsche ich mir nichts sehnlicher, als diese Freude allen meinen Mitmenschen zu bringen. Da dieser Wunsch nun zur Hauptrichtung meines Lebens wurde, begann ich, mein Leben in Christus zu leben, weil ich anderen Freude bringen wollte. Als diese Bemühungen mir nichts als Armut und Verzweiflung brachten, wenn ich jemals verzweifelt wäre, fand ich Christus und kannte eine größere Freude als mein Leben in der Kunst.

Wenn die Amerikaner schon nichts von der Freude meines Lebens in der Kunst wussten, wie viel weniger wussten sie von der Freude meines Lebens in Christus! Die Frage war nun, wie sie von zweitausend Jahren geistiger Leibeigenschaft befreit werden konnten. Während dieser Jahrhunderte hatten die Juden ständig die Institution der körperlichen Sklaverei angeprangert, und während sie von der Möglichkeit der körperlichen Freiheit für alle sprachen, hatten sie den Nichtjuden auf subtile Weise ihre eigene Art der geistigen Leibeigenschaft aufgezwungen. Und wenn schon die körperliche Sklaverei ein Verbrechen ist, wie viel schlimmer ist dann die geistige Sklaverei, die Übernahme des Geistes eines frei geborenen Menschen!

Eines der größten Probleme, vor denen unsere Nation heute steht, ist die Entmündigung des amerikanischen Arbeiters und der Mittelschicht. Seine Stimme ist bedeutungslos, sie ist wertlos, denn egal, wen er wählt, seine persönliche Stellung im Leben verschlechtert sich. Seine Steuern werden erhöht, der Druck auf die Unternehmen nimmt zu, und sein Familienleben ist Terror und Schande durch aggressive Minderheiten ausgesetzt, die von den Schabbes goi und den jüdischen Oberherren angestachelt werden.

Da die shabez goi die Abteilungen unseres religiösen Lebens, unseres akademischen Lebens und unseres kulturellen Lebens leiten, müssen die amerikanischen Arbeiter und die Mittelschicht feststellen, dass sie, wohin sie sich auch wenden, mit dem Juden konfrontiert werden. Ein Jude leitet das Symphonieorchester, neunzig Prozent der Kunstgalerien werden von Juden betrieben, so dass nichtjüdische Künstler keine Möglichkeit haben, ihre Werke auszustellen, wenn sie sich nicht den degenerierten Zielen des Juden anschließen. Die drei Fernsehnetzwerke sind in jüdischem Besitz und werden von Juden betrieben, während die Studios, Produzenten und Autoren, die fast alle Juden sind, uns Programme bringen, in denen Nichtjuden nach jüdischer Pfeife tanzen. In der Tat hat eine fünfprozentige Minderheit die Kontrolle über jeden Aspekt des amerikanischen Lebens erlangt.

Tiefe Entfremdung

Diese unbewusste Erkenntnis bringt den amerikanischen Arbeiter und die Mittelschicht zur Verzweiflung, weil er ein tiefes Gefühl der Entfremdung, ein überwältigendes Gefühl des Verlustes verspürt. Er weiß, dass dies nicht seine Kunst, nicht seine Kultur, nicht seine Religion und nicht mehr sein Land ist, weil ein Fremder alle Bereiche seines Lebens übernommen hat. Infolgedessen verliert der amerikanische Arbeiter und das Mitglied der Mittelklasse seine Konzentrationsfähigkeit, er kann nichts mehr durchdenken, weil seine Bildung, sein kulturelles Leben und seine Regierung in den Händen des Fremden sind, und weil er seine Probleme nicht durchdenken kann, verliert er die Entschlossenheit zu handeln, er sinkt in die hoffnungslose Haltung lebenslanger geistiger Sklaverei, die ihm der Parasit aufgezwungen hat.

Intensives Leiden

Aber auch wenn der amerikanische Arbeiter oder das Mitglied der Mittelklasse seine Fähigkeit verloren hat, die Dinge zu durchdenken und nach seinem Willen zu handeln, ist er immer noch ein menschliches Wesen, er kann fühlen. So erträgt er intensives seelisches Leid, weil alles aus seinem Leben gestrichen wurde, außer der Aufgabe, für die Ernährung des jüdischen Parasiten zu arbeiten. Und obwohl ich dieses Leiden hinter mir gelassen habe, kann ich nicht ruhen, weil ich weiß, was dieses Leiden dem amerikanischen Volk antut. Ich fühle dieses Leiden nicht, denn ich habe Freude an meinem Leben in der Kunst und Freude an meinem Leben in Christus, und da ich diese Freude kenne, brauche ich Amerika nicht, und noch weniger brauche ich ein jüdisches Amerika. Aber Amerika ist eine Schöpfung Gottes, und als solche kann es nicht den jüdischen Parasiten überlassen werden, das Leiden des nichtjüdischen Wirts muss gelindert werden.

DIE VOR UNS LIEGENDE AUFGABE

Obwohl ich in Freude und Frieden lebe, weiß ich, dass Amerika zu Christus zurückgeführt werden muss. Ich möchte es im metaphysischen Bereich von seiner Knechtschaft gegenüber Satan und im biologischen Bereich von seiner Knechtschaft gegenüber den Juden befreien. Obwohl ich vom Leiden befreit wurde, weil ich Christus kennengelernt habe, weiß ich, was das Leiden meinem Volk antut, dem alles genommen wurde und das in geistlose Roboter verwandelt wurde, die mechanisch Aufgaben gemäß den Anweisungen ausführen, die ihnen durch eine jüdische Programmierung eingepflanzt wurden, und die auf jede Frage mit einer jüdischen Antwort antworten.

Ich ärgere mich darüber, dass meine Nation und mein Volk in ein Land von Pawlow'sch konditionierten Hunden verwandelt worden sind, und ich bin entschlossen, sie wieder zu Menschen werden zu lassen. Weil sie vom schöpferischen Leben abgeschnitten sind, weil sie vom Leben ihrer Nation durch den jüdischen Parasiten abgeschnitten sind, ist ihr Leben leer und sinnlos.

KEINE HELDEN

Eines der Probleme dieser Pawlowschen Konditionierung ist, dass wir keine Helden mehr haben. Nun kann eine Nation ohne Helden nicht gesund werden. In den letzten fünfzig Jahren waren unsere Helden die synthetischen Produkte des jüdischen Liberalismus, jene Amerikaner, die ihr Volk erfolgreich zum Nutzen der Juden ausgebeutet und die Vermischung des amerikanischen Volkes vorangetrieben haben. Diese synthetischen Helden sind aus Plastik, sie haben keine menschlichen Eigenschaften. Ein typischer synthetischer Held ist Hubert Humphrey, der Vizepräsident der Vereinigten Staaten, den man in jede beliebige Form pressen kann, wie eine Gummipuppe, weil er keine Skelettstruktur hat. Er hat jeden Aspekt der shabez goi-Rolle angenommen, und er hat keine Kultur und keine Ziele außer denen, die ihm von den jüdischen Programmierern eingepflanzt worden sind.

DER MULLINS-BERICHT

Im Jahr 1957 drängten mich einige meiner Mitarbeiter, alarmiert durch die Veröffentlichung eines Berichts, der als Gaither-Report bekannt wurde und in dem gefordert wurde, dass jeder Aspekt des Shabez-Goi-Lebens und des jüdischen Liberalismus in Amerika intensiviert werden müsse, eine formelle Antwort zu verfassen. Da sich dieses Ersuchen mit einigen Projekten überschnitt, mit denen ich damals beschäftigt war, konnte ich innerhalb weniger Wochen eine umfassende Antwort verfassen. Dieser Bericht wird hier genau so wiedergegeben, wie er im August 1957 von M & N Associates in Chicago, Illinois, veröffentlicht wurde:

(Infolge der öffentlichen Beunruhigung über den Gaither-Bericht, in dem zugegeben wird, dass die Vereinigten Staaten rasch zu einer zweitklassigen Macht werden, aber nicht zuzugeben wagt, warum dies unvermeidlich ist, hat M & N Associates beschlossen, den vertraulichen Mullins-Bericht zu veröffentlichen, der im August 1957 für eine Gruppe amerikanischer Industrieller erstellt wurde. Wir geben diesen Bericht als öffentlichen Dienst einer unparteiischen Forschungsorganisation heraus. Er ist bereits Geschichte.)

1980 WERDEN DIE VEREINIGTEN STAATEN IN DER INTERNATIONALEN POLITIK DIE GLEICHE STELLUNG EINNEHMEN WIE HEUTE INDIEN. Die Vereinigten Staaten werden dann ein überbevölkertes, verarmtes Land mit einem Lebensstandard sein, der 50 Prozent unter dem von 1957 liegt.

Folglich besteht für Russland keine Notwendigkeit und kaum die Möglichkeit, einen Krieg gegen die Vereinigten Staaten zu führen. Der rasche Niedergang der Vereinigten Staaten als Weltmacht wird es Russland ermöglichen, die amerikanischen Kontinente bis 1980 zu kommunistischen Satelliten zu machen, wenn es das will, aber diese Aussicht ist unwahrscheinlich. Unter geopolitischen Gesichtspunkten werden die Kontinente Nord- und Südamerika für Rußland von geringem praktischen Nutzen sein. Seine Europa- und Asienpolitik wird für seine nationale Sicherheit vorrangig bleiben, aber die amerikanischen Kontinente werden von geringerer geopolitischer Bedeutung sein als Afrika.

Aufgrund dieser Aussicht können der Rockefeller-Bericht und andere Forderungen der Regierung nach höheren "Verteidigungs"-Ausgaben als letzte Versuche gewertet werden, einen künstlichen und dem Untergang geweihten Wohlstand zu stützen. Wie konnte es dazu kommen, dass die Vereinigten Staaten, die 1945 unangefochten die höchste Weltmacht waren, so schnell untergehen konnten? Um dies zu verstehen, ist ein kurzer Rückblick auf die Geschichte der Nation notwendig. Das Land wurde von kühnen, tatkräftigen Nordeuropäern besiedelt, die bereit waren, ihr Leben in der Wildnis zu riskieren, um ihr eigenes Haus und Land zu besitzen. Man brauchte billige Arbeitskräfte, aber die Indianer weigerten sich, als Knechte zu arbeiten, und wurden deshalb getötet oder in Reservate gesteckt. Die Neuengländer importierten Neger, aber sie erwiesen sich als weniger produktiv als die Kosten für ihren Unterhalt, so dass sie an Plantagenbesitzer im Süden verkauft wurden, wo das Klima geeigneter und die Besitzer weniger anspruchsvoll waren. Dennoch wurde ihre Einfuhr bald wieder eingestellt, da sie unpraktisch war.

In der Zwischenzeit gediehen die ursprünglichen nordeuropäischen Siedler und vermehrten sich. Mit viel Platz und reichlich natürlichen Ressourcen entwickelten sie sich bald zu den am besten ausgebildeten und produktivsten Menschen, die die Welt je gesehen hat. Neue Erfindungen gingen von ihnen aus, und sie erlebten den größten Wohlstand in der Geschichte der Menschheit.

Mehrere Wellen von billigen Arbeitskräften kamen aus Europa. Eine beträchtliche Welle aus Irland brachte viele erwünschte Bürger hervor, aber nach 1860 kam nur noch wenig Zuwanderung aus Nordeuropa. Das meiste kam aus Mittel- und Südeuropa, mit einigen Asiaten. Seite an Seite mit den nordeuropäischen Siedlern lebten die aufkeimenden Familien der dunkleren Bürger. Während ihre Zahl in ihren Heimatländern aufgrund ihrer geringeren Produktivität begrenzt war, vermehrten sie sich hier aufgrund der höheren Produktivität ihrer Gastgeber in viel größerer Zahl.

Obwohl diese dunkleren Bürger hier dank der überlegenen Technologie der Nordeuropäer einen höheren Lebensstandard genossen, empfanden sie keine Dankbarkeit. Stattdessen wurden sie von Hass und Neid auf die Nordeuropäer zerfressen, von denen viele ein großes Vermögen angehäuft hatten und wie Fürsten lebten. Um 1900 hatten sich die dunkelhäutigen Amerikaner zu einem Wahlblock zusammengeschlossen, um die politische Führung der Nordeuropäer zu bekämpfen. Es hatte sich bereits eine tiefe rassische Spaltung gebildet, die die junge Republik auf dem Höhepunkt ihres Versprechens zum Scheitern verurteilte. Die Nordeuropäer bündelten ihre Kräfte bald in der Republikanischen Partei, während die dunkleren Bürger zu den Demokraten übergingen, einer Partei, die als Folge des Krieges zwischen den Staaten auch die weißen Südstaatler vertrat. Diese seltsame Allianz errang ihren ersten großen politischen Sieg 1912 mit der Wahl von Woodrow Wilson, einem fehlgeleiteten Idealisten, der die russische kommunistische Revolution von 1917 als "Sieg der Demokratie über die Kräfte des Despotismus" begrüßte. Wilson setzte die Nation auf eine selbstmörderische Außenpolitik, die durch die rassische Spaltung der Bevölkerung verursacht wurde. Diese Politik zielte darauf ab, alle rassischen Ungerechtigkeiten zu beseitigen, die Sünden des britischen Imperialismus zu sühnen, den französischen Imperialismus zu tadeln, den deutschen Imperialismus zu stoppen und ein weltweites Protektorat für die farbigen Völker zu errichten. Die nordeuropäischen Amerikaner hatten keine Ahnung, was diese Politik bedeutete, und waren zu beschäftigt und wohlhabend, um sich darum zu kümmern. Die Nation gewann durch den Eintritt in den Ersten Weltkrieg an Reichtum und Macht. Wenige Jahre später vernichtete der Börsenkrach von 1929 das Vermögen und den Besitz von mehr als der Hälfte der nordeuropäischen Amerikaner. Damit war der Weg frei für das Roosevelt-Regime, das die Herrschaft der dunkleren Bürger über die verarmten und entmutigten weißen Amerikaner begründete, eine Herrschaft, die von den Direktorien Truman und Eisenhower fortgesetzt wurde. Unser Eintritt in den Zweiten Weltkrieg sollte das "rassistische" Deutschland stoppen, als ob nicht jede Gruppe auf der Welt "rassistisch" und an ihrer Selbstverherrlichung interessiert wäre. 1945 bekräftigten die siegreichen Vereinigten Staaten ihre Rolle als Beschützer der farbigen Welt. Aber auch Sowjetrussland behauptete, der Beschützer der farbigen Welt zu sein, und wies darauf hin, dass weiße Amerikaner sich weigerten, sich mit den dunkleren Bürgern zu vermischen. Die meisten weißen Amerikaner unterhielten homogene Gemeinschaften, Schulen, Clubs und Gotteshäuser, so wie alle anderen Gruppen in den Vereinigten Staaten auch. Die Erben des Roosevelt-Regimes erklärten nun jedoch, dass es für weiße Amerikaner illegal sei, sich abzugrenzen, während alle anderen Gruppen dies ungehindert von der Regierung tun durften. Nun begann die Regierung, eine Politik der Rassenvermischung durchzusetzen, obwohl keine andere Nation der Welt, insbesondere Sowjetrussland, eine solche Politik verfolgte. Vor allem durch den Obersten Gerichtshof, ein Instrument, das mit den vom Kongress usurpierten Befugnissen arbeitete, wurden die weißen Amerikaner ihrer privaten Einrichtungen beraubt und in rassisch integrierte Schulen und Wohnviertel gezwungen. Mischehen waren unvermeidlich, vor allem aufgrund der Flut der "Integrations"-Propaganda.

Alle religiösen Gruppen in den Vereinigten Staaten erklärten es zur religiösen Pflicht, sich rassisch zu vermischen, obwohl keiner ihrer Führer auch nur einen einzigen Lehrsatz zitieren konnte, der dies verlangte. Weißen Kindern wurde in den Schulen und Kirchen beigebracht, dass es ihre Pflicht sei, sich mit den dunkleren Bürgern zu vermischen, und die Presse, das Radio, das Fernsehen und der Film trieben die Vermischungskampagne voran. Die Regierung ging weiterhin gerichtlich gegen die letzten Privilegien weißer Bürger vor, obwohl keine Maßnahmen gegen Einrichtungen für Neger, Juden oder andere Gruppen ergriffen wurden. Doch genau zu dem Zeitpunkt, als die weißen Amerikaner zur Rassenmischung gezwungen wurden, waren ihre technischen Fähigkeiten gefragter als je zuvor! Lenkraketen wurden von importierten deutschen Wissenschaftlern entwickelt, weil die verarmten weißen Amerikaner als Arbeiter arbeiteten und nicht in der Lage waren, ihre Kinder in technischen Schulen auszubilden. Aber der Mangel an Ingenieuren wurde darauf zurückgeführt, dass wir unsere feinen Neger-Talente nicht genutzt hatten; ein Volk, das 20.000 Jahre lang in staubigen Dschungel-Kraals hockte, ohne dass sich seine Lebensbedingungen auch nur im Geringsten verbessert hätten, wurde nun zu den rechtmäßigen Erben der amerikanischen Technologie erklärt! Unsere Universitäten wurden mit farbigen Studenten überschwemmt, deren Studiengebühren von staatlichen Stipendien und "rassistischen" Stiftungen nur für Farbige bezahlt wurden. Die weißen Amerikaner, die unsere untergehende Technologie hätten retten können, arbeiteten weiter als Arbeiter.

All dies war unvermeidlich. Der Amerikaner nordeuropäischer Abstammung, der sich seiner überlegenen Fähigkeiten bewusst war, hegte keinen Groll gegen die dunkleren Bürger. Aber der Farbige konnte keinen Weißen sehen, ohne ihn zu hassen, denn das weiße Gesicht erinnerte den Farbigen daran, dass er dunkel war. Entweder muss der Farbige heller oder der Weiße dunkler werden. Kein anderes Mittel würde ihn besänftigen. Jeder, der die Werbung für "Hautaufheller" in der Negerpresse gesehen hat, weiß, wie grundlegend dieser Drang bei den dunklen Menschen ist. Das entscheidende Votum der Neger führte dazu, dass der weiße Mann in der Nation, die er geschaffen hatte, per Gesetz aus dem Verkehr gezogen wurde, und der Oberste Gerichtshof erklärte: "Alle Amerikaner sind Neger!" M & N Associates äußert sich nicht zur Gerechtigkeit oder Ungerechtigkeit dieser Entwicklung. Wir bewerten lediglich die Fakten. Das unvermeidliche Ergebnis war, dass durch die Zerstörung des Wunsches des weißen Amerikaners, sich selbst als Manifestation von Gottes heiligem Willen zu bewahren, und durch den Zwang, sich mit Farbigen zu vermischen, die Nation dazu verdammt war, den Weg anderer großer Weltmächte, Indien, Ägypten, Griechenland und Rom, zu gehen, deren weiße Führer in der Vermischung mit dunkleren Völkern untergingen.

Das Ausscheiden einer großen Nation von der Bühne der Weltgeschichte ist weder ein Anlass zur Trauer noch zur Freude. Es ist einfach ein historisches Ereignis. In den Vereinigten Staaten musste dieser Prozess aufgrund des Tempos des modernen Lebens und des enormen Drucks, der hinter dem Willen der dunklen Bevölkerung stand, sich mit den Weißen zu vermischen, viel schneller vonstatten gehen. Gleichzeitig spezialisierte sich die weiße Führungselite Sowjetrusslands, die nicht die Absicht hatte, sich mit dunkleren Völkern zu vermischen, weiter. Selektive Züchtung wurde zur Staatspolitik, und so sicherte sich Russland die Zukunft, denn es war schon lange bekannt, dass die Zukunft derjenigen Nation gehörte, die den höchsten Typus einer technologischen Elite hervorbringen konnte.

Zu diesem späten Zeitpunkt wurde M & N Associates gebeten, festzustellen, ob die farbigen Bürger in ihrer Aggression gegen weiße Amerikaner gebremst werden können. Die Antwort ist nein. Sie werden sich nie damit zufrieden geben, ihren höheren Lebensstandard hier zu genießen, denn er kann sie nicht dafür entschädigen, dass sie sich ständig selbst daran erinnern, dass sie unterlegen sind. Wieder einmal werden mutigere Weiße auswandern, dieses Mal nach Australien und Neuseeland. Bestenfalls werden die Vereinigten Staaten zu einer Art Britisch-Guayana, einer farbigen Kolonie des weißen Kanada, dessen Dollar bereits mehr wert ist als unserer!

Für den nordeuropäischen Stamm, eine Minderheit von 50.000.000, ist es zu spät, die Führung über 120.000.000 Mischlinge wieder zu übernehmen. An die Farbigen kann man nicht aus patriotischen Gründen appellieren, denn sie können niemals ein Nationalgefühl kennen, sondern haben nur eine Rasse. Nur ein Volk, das in der Lage ist, sein Land zu verteidigen, kann Patriotismus kennen. Typisch war A. Philip Randolphs Rat an die Neger, den Dienst in der US-Armee zu verweigern. M & N Associates glaubt nicht, dass eine weiße Bewegung an die Macht kommen kann. Es gibt in den USA keinen weißen Markt mehr, weder in wirtschaftlicher noch in politischer Hinsicht. Bestenfalls könnten sich die Weißen wieder als weiße Südstaatenrepublik abspalten und den mulattischen Norden seinen eigenen Weg gehen lassen, aber das Ergebnis wäre das gleiche: das Verschwinden der Vereinigten Staaten als Weltmacht. Unsere mulattischen Enkel werden dem Verfall der Nation, die sie geerbt haben, gelassen zusehen, während der Rest der Welt, einschließlich Sowjetrussland, uns nicht mehr Aufmerksamkeit schenkt, als man gegenwärtig dem Geschwätz der mulattischen Einwohner Indiens schenkt. Die Welt ist realistisch.

VORWISSEN

Als dieser Bericht vor mehr als einem Jahrzehnt verfasst wurde, sagte ich, er sei bereits Geschichte. Seitdem hat sich die amerikanische Position genau in dem von mir festgelegten Rahmen verschlechtert. Ich habe gesagt, dass es keinen weißen Markt gibt, und jeder amerikanische Politiker hat mir seither Recht gegeben. Nur in einem Punkt habe ich mich geirrt: Ich habe es versäumt, die mögliche Rückgewinnung Amerikas durch die Erkenntnis Christi zu berücksichtigen, denn damals war ich noch nicht so weit fortgeschritten, ich sah diese einzige Möglichkeit der Rückgewinnung für Amerika nicht voraus.

Einige der Befürworter dieses Berichts waren der Meinung, er sei zu pessimistisch. Doch in weniger als einem Jahrzehnt lagen viele unserer großen Städte, darunter auch die Hauptstadt der Nation, in Schutt und Asche, während wir in eine Wirtschaftskrise geraten waren, die unmöglich zu lösen schien. Nicht einmal der Mullins-Report sagte den Staatsbankrott vor dem Hintergrund niedergebrannter und geplünderter Städte in weniger als zehn Jahren voraus! Wer wird es wagen, für die nächsten zehn Jahre ausreichend pessimistisch zu sein?

Lassen Sie uns rekapitulieren, wie es dazu kam. 1945 waren die Vereinigten Staaten die einzige militärische Supermacht der Welt, die einzige Industrienation, deren Anlagen im Zweiten Weltkrieg nicht zerstört worden waren. Militärisch und wirtschaftlich war Amerika der Herr der Welt, und die Welt wartete auf unser Kommando. Wir brauchten nur die Hand zu heben, und unser Befehl würde befolgt werden.

England, Frankreich, Italien, Russland und Deutschland sowie in Asien Japan lagen in Trümmern, ihre Fabriken waren nur noch Schutthaufen.

DURCH PARASITEN GELÄHMT

Aber wir haben keinen Befehl gegeben. Warum? Weil die Parasiten und ihre Schabracken nur den einen Wunsch hatten, das kommunistische Russland wiederaufzubauen. Dean Acheson schlug vor, über seine Anwaltskanzlei Covington and Burling, die neun kommunistische Nationen an unserem Bundestrog so gekonnt vertrat, umfangreiche neue Kredite an Russland zu vergeben. Die amerikanische Nachkriegswirtschaft wurde von kommunistischen Juden wie David Niles gelähmt, einem notorischen Homosexuellen, der damit prahlte, dass Harry Truman nie eine Entscheidung traf, ohne ihn zu konsultieren, und der eine Schwester im israelischen Geheimdienst in Tel Aviv und eine weitere Schwester hoch im sowjetischen Geheimdienst in Moskau hatte. Harry Dexter White, ein litauischer Jude und lebenslanger kommunistischer Agent, überwachte ebenfalls Trumans Entscheidungen als Präsident der Vereinigten Staaten.

An der Spitze dieses Wurmhaufens tummelte sich der Meisterparasit Bernard Baruch, ein gewandter jüdischer Spekulant, der durch Vorauswissen von Regierungsentscheidungen, die sich auf den Aktienmarkt auswirkten, bis zu einer Million Dollar am Tag verdiente. Kein Wunder, dass Harry Truman Bernard Baruch "den größten lebenden Amerikaner" nannte! Dieser Meisterparasit zog die Fäden einer Horde hinterhältiger politischer Schurken und sammelte Senatoren der Vereinigten Staaten ein, wie ein unbedeutenderer Mann einen Käfig voller Hamster einfangen könnte. Er prahlte öffentlich damit, dass er Senatoren wie Harry Byrd, James Byrnes, Harry Truman und viele andere in seiner Tasche hatte.

EINE GELÄHMTE WIRTSCHAFT

Nun wurde Amerikas Umstellung auf eine Friedenswirtschaft von diesen Juden aufgehalten, um Russland wertvolle Zeit für den Wiederaufbau seiner zerrütteten Wirtschaft zu geben. Die Vereinigten Staaten wurden nicht nur von jüdischen "Wirtschaftsplanern" gelähmt, deren einziges Ziel es war, den Aufbau einer florierenden Wirtschaft zu verzögern, sondern die Kommunisten fanden auch das ideale Instrument, um Amerika von innen heraus zu schwächen: einen geplanten Rassenkrieg. Mit dem Rassenkrieg und der gelähmten Wirtschaft in Amerika verschafften sich die Kommunisten Zeit, ein kostbares Jahrzehnt, damit Russland mit Hilfe der Rosenbergs und einer riesigen Horde jüdischer Spione eine Atombombe bauen konnte, während andere Agenten die Neger-Massen in einem rücksichtslosen und zerstörerischen Rassenkrieg auf die Barrikaden trieben. Jetzt hörte die Regierung der Vereinigten Staaten praktisch auf zu funktionieren, da die "spontane" und sorgfältig einstudierte "Forderung" des Negervolkes nach ihren "Bürgerrechten" in Washington Vorrang vor allem anderen hatte. Die Shabez-Goi-Schergen stürzten sich auf der Seite der Neger ins Getümmel, kläfften mit präzisen Antworten auf jedes Kommando der jüdischen Parasiten und fuchtelten mit den Pfoten in der Luft herum, wenn die Juden "Bürgerrechte" oder "Frieden" riefen, um ihr Stück rohes Steak zu ergattern.

OBERSTES GERICHT

Als Hohepriester der "shabez goi"-Schurken gab der Oberste Gerichtshof 1954 jeder Forderung des kommunistisch inspirierten Mobs offiziellen Status, als er entschied, dass alle Schulen integriert werden müssen. Keine andere Entscheidung des Obersten Gerichtshofs hat die Nation jemals in ein solches Chaos gestürzt. Die Amerikaner waren entsetzt, als Armeen amerikanischer Soldaten in amerikanische Städte einmarschierten und weiße Bürger, die ihre Rechte einfordern wollten, mit Bajonetten aufspießten und erschossen. Aber als wir ein Jahrzehnt später wieder amerikanische Soldaten in amerikanische Städte einmarschieren sahen, geschah dies, um die Negerbanden zu schützen, die ungestraft plünderten und brannten!

Wie bereits erwähnt, standen die Vereinigten Staaten 1945 als das neue Rom in der Welt an erster Stelle. Aber 1955 war Russland auf dem besten Weg, sich wieder als Weltmacht zu etablieren, während die Vereinigten Staaten schwächer waren als 1945! Und 1965 hatte das Pendel bereits zugunsten Russlands ausgeschlagen, denn in diesem Jahrzehnt war es den sowjetischen Agenten gelungen, in den Vereinigten Staaten einen regelrechten Rassenkrieg auszulösen und amerikanische Soldaten in das endlose Holocaust eines asiatischen Landkriegs zu verwickeln. Gefangen in einem Kampf Mann gegen Mann mit Asiens wimmelnden Milliarden, würden die Vereinigten Staaten langsam ausbluten, während Russland täglich stärker wurde, ohne einen Mann zu verlieren. Und Russland war zu Hause ruhig, während die Vereinigten Staaten in einen Rassenkrieg hineingezogen wurden, die Regierung gelähmt war, das Bildungssystem gelähmt war und das amerikanische Volk keinen einzigen Vertreter hatte, der seine Interessen vertreten würde.

DER ABSCHAUM DER MENSCHHEIT

Jüdisches Gold hatte den erbärmlichsten Haufen von Lumpenschwänzen, Bettlern und Dieben gekauft, der je die Hauptstadt unserer Nation heimgesucht hatte, Männer, die, während sie den Juden Milliarden überließen, sich selbst für ein paar Tausend Dollar pro Stück verkauft hatten! Unsere Senatoren und Repräsentanten verlangten für ihre Seelen nicht einmal den Preis eines gesunden Negersklaven auf dem Niveau vor dem Bürgerkrieg. Der Mullins-Bericht hatte sich um zehn Jahre geirrt, als er das Jahr 1980 als Termin für die Verkleinerung der Vereinigten Staaten auf den Status eines weiteren Indiens ansetzte. Jetzt scheint es, dass 1970 das wahrscheinlichere Datum ist.

DAS ENDE DER STRAßE?

Geopolitiker haben jahrelang gesagt, dass Amerika am Ende sei. Alles, was unsere Nation erreicht hat, geschah um den Preis eines enormen Aufwands an Energie und instinktiver Intelligenz. Es gab auch viel einheimische Gier und Grausamkeit, die gnadenlose Ausbeutung von eingewanderten Arbeitern, die Massenschlächtereien des Bürgerkriegs und die systematische Zerstörung von Amerikas einziger einheimischer Kultur, der griechischen Erweckungsmentalität des Südens. Dies sind dunkle Kapitel in der Geschichte Amerikas. Aber es gibt auch helle Seiten, als Amerika sein Freiheitsversprechen und seine Hoffnungsangebote an eine kranke und verrottete europäische Zivilisation erfüllte, die aufgrund der von den jüdischen Parasiten an ihr begangenen Exzesse langsam ausstarb. Und nun ist Amerika an der Reihe, am Rande des Abgrunds zu taumeln, da seine Wirtschaft unter dem Ansturm des revolutionären Mobs im Inland und den wahnsinnigen jüdischen Abenteuern im Ausland ins Wanken gerät. Aber es gibt immer noch Wissenschaftler, die neue Wege für die Welt bahnen, vielleicht ein Prozent der Nation bleibt angesichts dieser Katastrophen konstruktiv.

1957 konnte ich nicht vorhersehen, dass amerikanische Städte brennen würden, während die Polizei und die Nationalgarde bereitstanden und den Befehl hatten, "den Randalierern jede erdenkliche Höflichkeit entgegenzubringen". Ich konnte nicht vorhersehen, dass ein Jude, dem dreimal die Sicherheitsfreigabe verweigert worden war, amerikanische Truppen in großem Umfang nach Vietnam entsenden würde, um unsere nationale Wirtschaft zu sabotieren, eine Anstrengung, die als Versuch, "den Kommunismus zu stoppen", angepriesen wurde, während die CIA die Hinrichtung des antikommunistischen Führers des Landes, Ngo Diem, plante. Kein Wunder, dass seine Witwe gegenüber Fernsehjournalisten bemerkte: "Mit Amerika als Freund braucht man keine Feinde".

Werden sich die Kommunisten selbst aufhalten?

Der dreihundert Milliarden Dollar teure Versuch, den Kommunismus in Vietnam zu stoppen, wäre glaubwürdiger, wenn er nicht von denselben lebenslang engagierten Marxisten im Außenministerium eingeleitet worden wäre, die die Regierung von Chiang Kai-Shek sabotiert und China den Kommunisten ausgeliefert hatten. Können wir wirklich glauben, dass diese Verräter, die der kommunistischen Welt ein Geschenk von sechshundert Millionen Menschen gemacht haben, nun bereit sind, alles zu tun, um ein paar Vietnamesen vor demselben Schicksal zu bewahren? Sie zeigten ihre Hand, indem sie das Angebot von Chiang Kai-Shek ablehnten, Truppen nach Vietnam zu schicken, genauso wie sie sein Angebot abgelehnt hatten, Truppen nach Korea zu schicken, weil die Planer des Außenministeriums an ihrem Plan festhalten mussten, Asien zu zeigen, dass es "weiße Imperialisten" waren, die die Vietnamesen daran hinderten, friedlich einen kommunistischen Staat zu errichten. Würden Asiaten in den Kampf gegen den Kommunismus geschickt, würden die Marxisten in Washington ein wichtiges Standbein in ihrem Programm zur Zerstörung unserer Nation verlieren.

Währenddessen setzten die Marxisten zu Hause, wo das Bruttosozialprodukt neue Höchststände erreichte (vor allem aufgrund der galoppierenden Inflation), ihre wahnsinnige Plünderung der Staatskasse der Vereinigten Staaten fort. Typisch war die Einrichtung von mehr als hundert "Denkfabriken", in denen die jüdischen Parasiten riesige Gehälter dafür erhielten, dass sie sich neue Wege ausdachten, um den nichtjüdischen Wirt auszubeuten. In der *Nation* vom 13. Mai 1968 wird das Hudson Institute von Herman Kahn vorgestellt, das vom General Accounting Office überprüft wurde und dessen Millionen-Dollar-Jahresvertrag nachweislich nichts Wertvolles hervorgebracht hat. Das General Accounting Office charakterisierte die Arbeit des Hudson Institute als "seine Ideen ein Aufguss", "oberflächlich" und "wertlos". The *Nation* stellte fest, dass "weder beim Hudson Institute noch beim General Accounting Office Aufzeichnungen über die Verwendung der

Gelder, den Fortschritt der Programme" und andere übliche Geschäftsabläufe geführt wurden.

Wir stellen fest, dass es in diesem Land etwa einhundert ähnliche Unternehmen gibt, Ableger des Rand-Instituts, die durchschnittlich 50.000 Dollar pro Mann und Jahr ausgeben. Das ist ein Gehalt von eintausend Dollar pro Woche für einen Juden, der in einem Büro sitzt und eine Zigarre pafft, eine Art von Schwindel, der von Mortimer Adlers zwanzig Millionen Dollar Gewinn von der Ford Foundation inspiriert wurde, um "Philosophie zu studieren", mit dem üblichen wertlosen Aufguss oberflächlicher Ideen als einzigem greifbaren Ergebnis. Diese Gelder kommen von steuerbefreiten Stiftungen oder von Regierungsstellen, hauptsächlich vom Verteidigungsministerium, und nie ein Wort der Kritik von unseren Senatoren und Repräsentanten, die es nicht wagen, diese Methode der Ausbeutung des nichtjüdischen Wirts durch den jüdischen Parasiten zu kritisieren.

DIE ZERSTÖRERISCHE WIRKUNG

Der rasche Verfall Amerikas von einer Position der Stärke zu einer zweitklassigen Macht, die im eigenen Land von Unruhen und Bankrott geplagt wird, ist ein klassisches Beispiel für die Wirkung, die der jüdische Parasit auf den nichtjüdischen Wirt hat. In der *Washington Post* vom 5. April 1968 entlarvte Drew Pearson Walt Rostow als den Mann, der Truppen im großen Stil nach Vietnam entsandte. Rostow ist ein Jude, dessen Vater ein bekennender Sozialist ist, und Rostow selbst wurde, nachdem ihm dreimal die Sicherheitsfreigabe verweigert worden war, zum Verantwortlichen für unsere nationale Sicherheit ernannt! Der Mann, der ihm die Sicherheitsfreigabe wegen seiner Herkunft verweigerte, ist ein loyaler Amerikaner namens Otto Otepka, der seither ununterbrochen verfolgt wird. Akten des Außenministeriums wurden vernichtet, Zeugen bestochen und Meineide begangen, um zu verhindern, dass Rostow ein weiterer Dreyfus wird, ein Jude, der Zugang zu den höchsten Sicherheitsräten der Nation erhalten hatte und nun wegen seiner Vergangenheit abgelehnt werden sollte.

Später, als Direktor unserer nationalen Sicherheit, versammelten sich Walt Rostow und eine kleine Gruppe hochrangiger Regierungsjuden eines frühen Morgens im Pentagon, um den heimlichen Angriff Israels auf seine Nachbarn zu bejubeln, und stießen miteinander an, während israelische Flugzeuge amerikanische Seeleute auf der U.S.S. Liberty in neutralen Gewässern massakrierten!

PLANUNG DER UNRUHEN

Die Unruhen, die seit drei Jahren amerikanische Städte verwüsten und ganze Stadtteile in rauchende Ruinen verwandeln, ähneln in bemerkenswerter Weise den Zerstörungen, die jüdisch gelenkte Bomber vor einigen Jahren in den Städten Frankreichs und Deutschlands angerichtet hatten, hatten ihre ursprüngliche Inspiration in den Schriften eines kleinen schwarzen Gauners in einem Pamphlet mit dem Titel "The Fire Next Time". Es wurde in einem Hausorgan der jüdischen Parasiten, dem New Yorker Magazine, veröffentlicht und später als Buch herausgegeben. In diesem Werk versprach James Baldwin, dass die Neger die Städte Amerikas niederbrennen würden. Baldwin ist seit langem als stubenreines Haustier der jüdischen Parasiten bekannt, und er lebte zwei Jahrzehnte lang von den liberalen Zuwendungen, die sie ihm von verschiedenen steuerbefreiten Stiftungen zukommen ließen. Einige Zuwendungen erfolgten als Gegenleistung für seine Gefälligkeiten, andere zur Förderung seiner revolutionären Aktivitäten, aber bei keiner dieser Auszeichnungen kann man sagen, dass sie eine aufrichtige Würdigung seines schwachen literarischen Talents war. Seit dem Ausbruch der Brände ist er in Paris geblieben und hat sich auf einer Reihe von Schwulenpartys am linken Ufer vergnügt, während die Städte Amerikas von den schwarzen Mobs verwüstet werden, die ihn als ihre Inspiration betrachten. In seinen Interviews, die in der *New York Times* immer an prominenter Stelle erscheinen, bezeichnet er die Vereinigten Staaten als "Viertes Reich", ein "In"-Witz unter den Parasiten.

KOMMUNISTISCHER EINFLUSS

James Baldwin gab zwar den intellektuellen Anstoß zu den Unruhen, doch die eigentliche Planung wurde von den chinesischen Kommunisten durchgeführt. Die Insider-Geschichte des Brandes von Washington besagt, dass die chinesischen Kommunisten einen Plan entwickelten, wonach die Stadt Washington eine "freie Stadt" werden sollte, die von den Vereinigten Staaten getrennt und von einer Black Power Commission verwaltet werden sollte. Diese Kommission würde dann von den Vereinigten Staaten jährlich zehn Millionen Dollar Miete für das Kapitol der Vereinigten Staaten, das Weiße Haus und andere Regierungsgebäude verlangen. Als Bürgermeister Washington sich mit diesem Plan an Präsident Lyndon Johnson wandte, wurde ihm mitgeteilt, dass dies nicht in Frage käme. Wenige Tage später stand die Stadt Washington in Flammen. Die Weichen dafür waren drei Tage zuvor bei einem Treffen der kommunistischen Zelle gestellt worden, bei dem die Parteiführung den Tod von Dr. Martin Luther King beschloss. Ein nordvietnamesischer Profi, Nuy Ti Ganh, wurde für diesen Auftrag eingeflogen, während ein amerikanischer "Oswald" oder Sündenbock, wie sein Name inzwischen in den amerikanischen Sprachgebrauch eingegangen ist, ermordet und seine Leiche noch in derselben Nacht begraben wurde.

Bei diesem Treffen der Kommunistischen Partei erwähnte einer der Verschwörer, ein Mitarbeiter des Bürgermeisters von Washington, dass "unser Seelenbruder Walter" die Sicherheit der Plünderer und Brandstifter während des bevorstehenden Brandes von Washington garantiert habe. Es würde kein einziger Schuss auf sie abgefeuert werden - so lautete die Zusage. Das Versprechen wurde gehalten. In den drei Tagen, in denen Washington geplündert und niedergebrannt wurde, wurde kein einziger Randalierer von den Tausenden von Polizisten und Soldaten verletzt, die mit dem Befehl, nicht zu schießen, bereitstanden.

Bürgermeister Washington erklärte zu Beginn der Unruhen, dass jeder Polizist, der auf einen Randalierer schießt, wegen

Mordes angeklagt würde. Er kämpfte erbittert gegen den Einsatz der Nationalgarde und gestattete ihn erst, nachdem er dem Kommandeur der Nationalgarde die unglaubliche Zusage abgerungen hatte, dass die Truppen ihre Waffen ungeladen lassen und erst nach schriftlicher Genehmigung durch einen vorgesetzten Offizier laden und schießen dürfen! Dies war der lächerlichste Befehl, der jemals an Truppen erteilt wurde, die sich in eine Kampfsituation begeben! Diese Bedingungen wurden dann über die Fernsehsender WTOP und WTTG in Washington verlesen, damit die Randalierer wussten, dass sie plündern und brandschatzen konnten, ohne dass ein Schuss gegen sie abgefeuert wurde.

Massenvernichtung

Auf dem Höhepunkt der Verbrennung am Freitagabend, nachdem die Kommunisten Dr. Martin Luther King planmäßig ermordet hatten, rief Präsident Lyndon Johnson Bürgermeister Washington an und bat ihn, die Nationalgarde einrücken zu lassen. Bürgermeister Washington weigerte sich schroff und legte auf, so groß war die Arroganz des Negerführers.

Am folgenden Nachmittag, als der größte Teil Washingtons in Flammen stand, ließ Bürgermeister Washington die Nationalgarde nur zum Schutz der Plünderer einrücken, weil einige der Washingtoner Polizisten, die von den Randalierern beschossen und mit Knüppeln geschlagen worden waren, drohten, zurückzuschlagen. Die Händler bejubelten die Ankunft der Nationalgarde, weil sie annahmen, dass dies ein Ende der Plünderungen und Brandstiftungen bedeuten würde. Sie waren verblüfft, als sie sahen, wie die Soldaten dabeistanden, während Neger mit Cadillacs aus Newark und Philadelphia vor ihre Geschäfte fuhren, Farbfernseher, die teuersten Kleidungsstücke und andere Beute in die Autos luden und davonfuhren, während die Soldaten nichts unternahmen, um sie aufzuhalten. Als die

Läden geplündert waren, wurden sie in Brand gesteckt, und wieder unternahmen die Soldaten nichts. [6]

GARANTIE DER SICHERHEIT

Um 15.15 Uhr am Samstagnachmittag ließ Bürgermeister Washington die Anweisungen an die Nationalgarde über die Fernsehsender WTOP und WTTG verlesen. Er versicherte den Plünderern, dass "1. die Soldaten ungeladene Waffen trugen und dass sie erst nach schriftlicher Erlaubnis eines vorgesetzten Offiziers laden und schießen durften, und 2. dass die Soldaten und die Polizei angewiesen worden waren, den Plünderern gegenüber jede nur mögliche Höflichkeit walten zu lassen." Nach dieser Zusicherung verstärkten die Randalierer ihre Aktivitäten, und der Aufstand weitete sich auf Baltimore aus, wo die gleichen Bedingungen galten. Die Anweisungen von Bürgermeister Washington führten zu einer weiteren wilden Nacht der Plünderungen und Brände. Fünfhundertachtundfünfzig Gebäude wurden in der Stadt Washington nach der Plünderung bis auf die Grundmauern niedergebrannt, wobei Waren im Wert von achtzig Millionen Dollar gestohlen wurden und ein Sachschaden von zehn Millionen Dollar entstand. Ein Randalierer erklärte, als er von einem Fernsehkameramann interviewt wurde, während er seine Arme mit teuren Kleidungsstücken im Wert von Hunderten von Dollar gefüllt hatte: "Mann, das ist wunderbar! Sie können uns nicht belästigen, weil wir einen Seelenbruder da oben haben!"

---

[6] *Die Washington Post* vom 14. Juli 1968 berichtete über eine Untersuchung der Regierung, die ergeben hatte, dass die Neger dazu überredet worden waren, die Geschäfte niederzubrennen, weil die chinesischen Kommunisten ihnen versprachen, dass, sobald die jüdischen Händler ausgebrannt seien, die Neger mit staatlicher Hilfe an ihrer Stelle Geschäfte eröffnen könnten und die Juden Angst hätten, zurückzukehren.

Plünderung nach Plan

Auf dem Höhepunkt der Unruhen interviewte der WTTG-Nachrichtensprecher Hal Walker, ein Neger, der sich während der Unruhen frei in der Stadt bewegen durfte, einen jüdischen Kaufmann, John Hechinger, der Vorsitzender des Stadtrats von Washington war.

"Erkennen Sie bei diesen Plünderungen kein Muster?", fragte Walker. "Oh, nein, es ist wahllos", antwortete Hechinger.

"Aber werden nicht nur bestimmte Arten von Geschäften verbrannt?", fragte Walker weiter. "Nein", murmelte Hechinger, und das Interview wurde plötzlich unterbrochen.

Hal Walker bezog sich auf die Karte, die vor dem Aufstand in Washington erstellt worden war, auf der jedes jüdische Geschäft eingezeichnet war und von der am Morgen vor der Ermordung von Martin Luther King dreihundert Exemplare in der Stadt verteilt wurden. Die chinesischen Kommunisten hatten die Black-Power-Führer dazu überredet, einen massiven antisemitischen Aufstand gegen die jüdischen Händler, die sie ausgebeutet hatten, zu veranstalten. Das Hauptziel der Verbrennung war die Vernichtung von Kreditunterlagen, und dieses Ziel wurde erreicht. Nun begannen Hechinger und andere jüdische Kaufleute eine verzweifelte Kampagne, um die Natur des antijüdischen Aufstands zu verschleiern. Ein Washingtoner Kaufmann, Irv Weinstein, weigerte sich, bei der Vertuschung mitzumachen, und erklärte offen, dass der Brand von Washington der größte antijüdische Aufstand in der Welt seit dem Ende des Zweiten Weltkriegs war. Er wies darauf hin, dass die abscheuliche "Kristallnacht" in Deutschland während des Naziregimes 1938, bei der jüdische Geschäfte zerstört wurden, nur einen Gesamtschaden von hunderttausend Dollar verursacht hatte, während der Aufstand in Washington Juden hundert Millionen Dollar gekostet hatte.

Petitionen an die Vereinigten Staaten

Gegen den Willen seiner jüdischen Mitbürger, die verzweifelt versuchten, die Geschichte zu vertuschen, versuchte Irv Weinstein, bei den Vereinten Nationen eine Petition einzureichen, in der er Bürgermeister Washington und den Stadtrat des Völkermordes bezichtigte, weil sie die Neger ermutigt hatten, jüdische Geschäfte anzugreifen, und den Juden den Schutz der Stadtpolizei und der Nationalgarde verweigert hatten.

Botschafter Arthur Goldberg, unser Vertreter bei den Vereinten Nationen, weigerte sich, die Petition anzunehmen, und versicherte Irv Weinstein, dass die Regierung der Vereinigten Staaten jeden von den jüdischen Händlern verlorenen Dollar ersetzen würde. Nach seiner Rückkehr nach Washington erhielt Irv Weinstein Besuch von zwei Black-Power-Führern, die ihm sagten, dass er noch drei Tage zu leben habe. Achtundvierzig Stunden später verschwand er und man hat seitdem nichts mehr von ihm gehört. In der Zwischenzeit wurden andere jüdische Händler, die ihre Geschäfte in Washington wieder eröffneten, täglich von Black-Power-Führern aufgesucht, die von ihnen zehn Prozent ihres Bruttos verlangten, um im Geschäft zu bleiben - eine Taktik, die sie von der Mafia übernommen hatten. Ein jüdischer Spirituosenhändler, der sich weigerte, Ben Brown, wurde in seinem Laden kaltblütig erschossen, und Bürgermeister Washington verweigerte den Händlern weiterhin den Schutz. In der Zwischenzeit ermordeten andere Neger jeden Abend Busfahrer, was die Busfahrer dazu veranlasste, die Fahrt zu verlangsamen. Der Zweck dieser Taktik, das Wirtschaftsleben der Stadt und ihr Verkehrssystem zu zerstören, war von den chinesischen Kommunisten geplant worden, um die Friedensgespräche in Vietnam zu lähmen. Sie gingen zu Recht davon aus, dass wir, wenn unsere Hauptstadt in Flammen steht und ihr Wirtschaftsleben zerstört ist, unser Gesicht verlieren und bei den Friedensgesprächen in Paris nicht mehr überzeugend auftreten können. Die Ermordung von Dr. Martin Luther King war zu diesem Zweck geplant worden.

In der Zwischenzeit wurde aufgedeckt, dass auch Agenten der Central Intelligence Agency an der Schürung der Unruhen in Washington beteiligt waren.

Als ihre Rolle aufgedeckt wurde, erklärten die CIA-Beamten, dass die verbrannten Gebäude genau einem Plan für eine Schnellstraße durch die Stadt Washington folgten, der seit mehr als zwanzig Jahren vorgeschlagen worden war, der aber wegen der Kosten für den Erwerb der Geschäftsgebäude und deren Abriss nicht umgesetzt werden konnte. Nun, da sie ausgebrannt waren, konnte die Schnellstraße zu einem vernünftigen Preis gebaut werden.

Mongrelisierungsprogramm

Die Unruhen, die die amerikanischen Städte verwüsteten, stellten eine neue Phase des Bastardisierungsprogramms dar, das die jüdischen Parasiten entwickelt hatten, um die Vereinigten Staaten zu schwächen, und wenn Juden wie Irv Weinstein in dieser neuen Phase die Verlierer zu sein schienen, dann deshalb, weil sie sich weigerten, das langfristige Programm zu sehen, das von den chinesischen Kommunisten und ihren Werkzeugen, den Black-Power-Aktivisten, für Amerika ausgearbeitet worden war.

Dieses Programm war den Amerikanern während des Zweiten Weltkriegs aufgezwungen worden, als die Bevölkerung unter Kriegsrecht lebte und jedes neue diktatorische Dekret der Bundesregierung ohne Protest hinnehmen musste. Nach dem Ende des Krieges setzte das Programm der chinesischen Kommunisten rasch ein Programm zur Zwangsmongrelisierung an drei Fronten um:

1. Zwangseingliederung aller Armeeeinheiten, um die Existenz einer bewaffneten Einheit wie einer weißen Elitegarde zu verhindern, die den Kommunismus im eigenen Land bekämpfen könnte.
2. Zwangsintegration von Schulen, um Kinder von klein auf dazu zu erziehen, die staatlichen Integrationsdekrete zu akzeptieren.

3. Zwangsintegration von Kirchen, privaten Clubs und Nachbarschaften, um zu verhindern, dass erwachsene weiße Amerikaner einen Ort haben, an dem sie sich treffen können, um mögliche Reaktionen auf die Aktivitäten der jüdischen Parasiten zu diskutieren.

EINE WERBUNG GEHT NACH HINTEN LOS

Während der Kampagne zur Zwangsintegration aller Einheiten der amerikanischen Armee stellten die chinesischen Kommunisten fest, dass es in den Streitkräften an Negern mangelte, und sie starteten ein überstürztes Programm, um mehr Neger in die Armee zu holen. Einer dieser Versuche war ein Plakat, das in den Geschäfts- und Wohnvierteln der Neger verteilt und in Negerkneipen und Friseurläden gut sichtbar angebracht wurde. Auf dem Plakat stand:

JUNGE NEGER!

Sind Sie Opfer von Rassenvorurteilen? Weigern sich weiße Mädchen, mit Ihnen nach Hause zu gehen? Als Soldat der Vereinigten Staaten können Sie ins Ausland reisen und in den Heimatländern unserer Verbündeten stationiert werden, wo Ihr hoher Sold Sie in den Augen der Bevölkerung reich macht. Euer Geld ist fünfmal so viel wert wie das der anderen. Neger-Amerikaner! Die weißen Mädchen in Deutschland und England warten sehnsüchtig darauf, euer gesundes Lächeln zu sehen. TRETET NOCH HEUTE IN DIE ARMEE DER VEREINIGTEN STAATEN EIN!

Dieser Plan wurde abrupt gestoppt, als Kopien des Plakats nach Europa geschickt wurden, wo eine Pressekampagne gestartet wurde, um die geplante Vergewaltigung weißer europäischer Mädchen durch schwarze Soldaten zu stoppen - ein beliebtes Ziel der Kommunisten, das kurz nach dem Ersten Weltkrieg begann, als Abteilungen schwarzer senegalesischer

Soldaten der französischen Armee in Deutschland stationiert wurden und den Befehl erhielten, so viele deutsche Mädchen wie möglich zu vergewaltigen.

Die Bundesregierung zog alle Kopien des Plakats zurück und vernichtete sie. Eine europäische Zeitung bot tausend Dollar für ein Exemplar, aber es konnte keines gefunden werden. Eine Taktik der Kommunisten war nach hinten losgegangen.

LANGSAME LÄHMUNG

Ein herausragendes Merkmal der Techniken des jüdischen Parasiten zur langsamen Lähmung der höheren Denkzentren der nichtjüdischen Massen ist die anhaltende Wirksamkeit alter Methoden. Der jüdische biologische Drang, die nichtjüdische Zivilisation durch die Infiltration und Kontrolle der Nervenzentren zu zerstören, hat sich in den Techniken zur Schürung kommunistischer Revolutionen in den Industrienationen zentralisiert.

Im Jahr 1848 kam es in vielen europäischen Ländern zu Straßendemonstrationen gegen die Politik der Regierungen und zu Unruhen, die von der Polizei nicht unter Kontrolle gebracht werden konnten. Einige europäische Regierungen stürzten vor dem kommunistischen Ansturm von 1848. Jetzt, ein Jahrhundert später, stellen wir fest, dass die gleichen Techniken der Straßendemonstrationen genauso gut funktionieren, weil die Demonstranten immer aggressiver werden und jede Abteilung der Regierung getestet und belastet wird, bis sie nachgibt.

Der Anstoß zu den Unruhen geht von Studenten aus, die von ihren Lehrern aufgeregt werden. Pläne werden geschmiedet, Studenten werden von Lehrkräften und älteren "Studenten" indoktriniert. In Berkeley, Kalifornien, stellte sich heraus, dass die Organisatoren der Studentenunruhen "Studenten" in ihren späten Zwanzigern oder frühen Dreißigern waren, und viele der Demonstranten waren gar keine Studenten, sondern Personen, die sich in der Nähe des Campus niedergelassen hatten, um Unruhen zu schüren.

Die Rolle der Kirchen

Die Kirchen in den Vereinigten Staaten spielen eine entscheidende Rolle, wenn es darum geht, den kommunistischen Verschwörern "Zuflucht" zu gewähren, Geld für die Demonstrationen zu beschaffen und den Randalierern Mahlzeiten zu servieren, die zu sehr mit ihrer Arbeit der geplanten Störung beschäftigt sind, als dass sie sich um ihre eigene Versorgung kümmern könnten. Engagierte marxistische Organisatoren, die mit dem Geschick hochqualifizierter Chirurgen jede Schwachstelle in der Gesellschaft ausfindig machen, haben längst erkannt, dass die Kirchen und der Hauch von Frömmigkeit die ideale Tarnung für ihre revolutionären Operationen bieten.

Die Unterwanderung der kirchlichen Gruppen ist kein Problem, denn sie sind bereits von Meinungsverschiedenheiten über theologische Fragen geplagt, und die Verwaltung besteht aus Personen mit Hochschulausbildung, die gründlich mit den bewährten Shabez-Goi-Techniken zur Kontrolle der nichtjüdischen Massen indoktriniert wurden. So infiltrieren Kommunisten die Seminare (Josef Stalin begann seine revolutionären Aktivitäten als studierender Priester), und mit Hilfe anderer Kommunisten steigen sie in allen religiösen Konfessionen in Führungspositionen auf.

Kirchenverwaltung entlarvt

Rosemary Reuther, eine der herausragenden katholischen Wissenschaftlerinnen des Landes und Dozentin an der George Washington University und der Howard University, hat in ihrem Buch *"The Church Against Itself" (Die Kirche gegen sich selbst)*, Herder and Herder, NY, 1967, Seite 134, die Ursprünge unserer Kirchenämter aufgezeigt,

"Das erste Konzept des kirchlichen Amtes wurde, wenig überraschend, von der jüdischen Synagoge übernommen. Der Sanhedrin, der Ältestenrat, der jede jüdische Gemeinde leitete, lieferte das erste Modell für das Kirchenamt. Dieses

Muster wurde zuerst in Jerusalem etabliert, wo es zur Zeit des Paulus gelungen war, die ursprüngliche Gemeinschaft der Anhänger Jesu zu ersetzen und eine presbyteriale Struktur nach dem Vorbild des Jerusalemer Sanhedrins einzuführen."

So stellen wir fest, dass die kirchliche Verwaltung, kurz nachdem der Sanhedrin die Kreuzigung Christi gefordert hatte, die Anhänger Jesu hinauswarf und die diktatorische Verwaltung seiner Mörder übernahm. Dies ist eine der erstaunlichsten Entdeckungen, die jemals über die seltsame Rolle der Kirchen bei der Verleugnung Christi und dem Versuch, seine Nachfolger zu vernichten, gemacht wurden! Lesen Sie es wieder und wieder, bis Sie verstehen, warum die Kirchen heute jeden Grundsatz des Kommunismus übernehmen und jeden Grundsatz Christi ablehnen.

ORIENTIERUNGSLOSE NARREN

Die wertvollsten Mitglieder der Kirche, die den Klassenkampf fördern, sind diejenigen, die gar keine Kommunisten sind, sondern orientierungslose Narren, die Christus nicht annehmen können, die mit ihrem Leben unzufrieden sind und die mit allen Mitteln das Armageddon heraufbeschwören wollen.

Was am meisten überrascht, ist die anhaltende Leichtgläubigkeit der Studenten an unseren Universitäten, die immer noch von einer kommunistischen "Zukunftswelle" begeistert sind, die in der Atmosphäre von 1848 feststeckt. Der Marxismus hält an denselben tristen Konzepten fest, mit denen er dem Beginn der industriellen Revolution begegnete. Der Kommunismus hat seit mehr als einem Jahrhundert keine einzige neue Idee hervorgebracht und versucht dennoch, dem Weltraumzeitalter mit einer Theorie zu begegnen, die schon veraltet war, als sie von Karl Marx erstmals aufgestellt wurde!

STUDENTEN SIND UNINFORMIERT

Unsere Schüler werden nie darüber informiert, dass die ideologischen Meister des Kommunismus, Marx und Lenin, Männer waren, die mit dem Leben der Gesellschaften, die sie hervorbrachten, überhaupt nichts zu tun hatten. Sie sprachen von der "Revolte der Bauernschaft" zu einer Zeit, als die Bauern in die Städte zogen, um Fabrikjobs anzunehmen, aber was konnte Marx, der in einem staubigen Raum des Britischen Museums saß und sich hin und her wälzte, während ihn seine Hämorrhoiden quälten, schon von der sich verändernden Welt außerhalb der Bücherregale wissen? und was konnte Lenin von der Welt wissen in den Jahren, die er mit stiller Lektüre in einer Schweizer Bibliothek verbrachte und das Leben eines pensionierten Versicherungsvertreters führte, bis das zwanzigste Jahrhundert ihn einholte und ihn zurück nach Russland schleppte, wo er zum willigen Werkzeug eines mörderischen Wahnsinnigen namens Lew Bronstein oder Trotzki wurde? Und doch stellen amerikanische Professoren heute diese beiden intellektuellen Hinterwäldler, Marx und Lenin, als die beiden originellsten Denker aller Zeiten dar!

SCHÜLER WERDEN BETROGEN

Ein Grund dafür, dass amerikanische Studenten so anfällig für revoltierende Doktrinen sind, liegt darin, dass sie wissen, dass sie bestohlen werden, dass sie nicht die Bildung bekommen, für die sie bezahlen, weil der "Verrat der Beamten", die *trahison des clercs*, die Julien Benda, ein französischer Gelehrter, aufgedeckt hat, sie daran hindert, eine Bildung zu erhalten. Die "shabez goi"-Professoren, die verräterischen Beamten, stopfen den Studenten die überholten Philosophien von Marx und Freud in den Rachen, obwohl sie eine Ausbildung für das Weltraumzeitalter brauchen!

DAS MACLEISH-SYNDROM

Einer der Hauptgründe für die Aufmüpfigkeit der Studenten ist das allgegenwärtige MacLeish-Syndrom, dem sie an unseren besseren Universitäten, insbesondere an den Ivy-League-Schulen, begegnen.

Das MacLeish-Syndrom hat zwei feste Grundsätze, von denen nie abgewichen wird:

"1) Die gesamte Kultur muss als jüdischer Ursprung dargestellt werden.

2. Alles menschliche Denken muss entweder Marx, Freud oder Einstein zugeschrieben werden und muss eindeutig als von diesen jüdischen 'Genies' stammend gekennzeichnet werden." Da es den Studenten verboten ist, das Werk so großer nichtjüdischer Geister wie Ezra Pound, Werner von Heisenberg und Hunderter anderer kennenzulernen, werden sie unruhig, und nach zwei oder drei Jahren dieser langweiligen rabbinischen Ausbildung streng nach den Regeln des Talmuds sind sie reif für jede Doktrin der Revolte. Doch anstatt sich gegen ihre kranken Professoren aufzulehnen, lassen sie es zu, dass diese sie losschicken, um die überlebenden Institutionen ihrer nichtjüdischen Zivilisation zu zerstören.

Das MacLeish-Syndrom ist gekennzeichnet durch einen hochnäsigen, schottischen Terriertyp, der ein Leben lang ein Haustier des liberalen non compos mentis war. Aufgrund seines geerbten Einkommens strahlt dieser Typus eine freundliche Überlegenheit aus und unterhält die Studentenführer in einer Höhle, die mit den Erstausgaben der Werke ehemaliger Studenten ausgekleidet ist, wobei er auch nicht zögert zu beschreiben, wie er deren Veröffentlichung veranlasst hat.

Ein unterwürfiger Schwarzer schenkt den Studenten einen guten Sherry ein, während der MacLeish locker über die Notwendigkeit der menschlichen Gleichheit spricht. Oft albern und immer unehrlich, sitzt der MacLeish königlich in einem riesigen Sessel aus spanischem Leder, pafft eine seltene Mischung importierter Tabaksorten in seiner Pfeife und trägt eine rote Seidenraucherjacke von Sulka, während an seinen Zehen schwarze Lacklederpantoffeln von Peele of London baumeln. Die Studenten hocken buchstäblich zu seinen Füßen, während der MacLeish eine verwässerte Version des Evangeliums nach Karl Marx verkündet.

Benommen vom MacLeish-Syndrom erheben sich die Studenten und gehen in die Welt hinaus, um den Massen, die durch diese Philosophie versklavt werden sollen, den klassischen Marxismus zu vermitteln. Von den Posten, die sie erhalten, steigen sie schnell in den Bereichen Bildung, Journalismus, Religion und Regierung auf, wobei ihre Beförderung einzig und allein davon abhängt, inwieweit sie bei der Verbreitung des marxistischen Evangeliums effektiv sind. Die Zweifel, die die Studenten vielleicht gegenüber diesem Evangelium hegten, verschwinden bald, wenn sie entdecken, wie es ihnen die Türen in den von ihnen gewählten Berufen öffnet. Diejenigen, deren System die Infektion ablehnt, stellen zwanzig Jahre später fest, dass sie in der Studierhalle einer Podunk Grammar School unterrichten oder eine verlassene Bibliothek in East Gowatchee, Pennsylvania, betreuen.

LEICHTGLÄUBIGKEIT

Erstaunlich ist die anhaltende Leichtgläubigkeit der Studenten, die eine Philosophie von Marx, die bereits vor hundert Jahren überholt war, blindlings als "die Welle der Zukunft" akzeptieren. Wie können sie nur so begriffsstutzig sein? Zunächst einmal muss ein Student mit dem beginnen, was ihm zur Verfügung steht, mit dem Sonnenlicht, der Luft und dem Wasser, die ihm zur Verfügung stehen. Wenn er von seinen jüdischen Lehrern nur schabez goi Gedanken erhält, was kann er dann noch wissen? Abgeschnitten von seiner einheimischen westlichen Kultur, ist der amerikanische Student heute ein wurzelloses Unkraut, das vom Wind von einer albernen marxistischen Theorie zur nächsten getrieben wird und sich seines Erbes, seines Volkes und seiner Nation nicht bewusst ist. Seine Wut darüber, dass die Bildung, für die er bezahlt, eine leere Mogelpackung ist, ist verständlich, aber sein Versäumnis, gegen die wahren Schuldigen vorzugehen, deutet darauf hin, dass seine angeborenen Instinkte zerstört wurden, denn er reagiert gegen seine Gesellschaft und nicht gegen die Perversen des Bildungssystems selbst.

Ein studentisches Erwachen?

Die jüngsten Unruhen an der Columbia University könnten auf ein Erwachen der Studenten hindeuten, denn die Vertreibung von Präsident Grayson Kirk aus seinem Büro scheint ein Zeichen für das Bewusstsein der Studenten zu sein, doch die gleichen trostlosen marxistischen Slogans, die an die Wände gekritzelt wurden, zeigen, dass sie nichts gelernt haben. Die Studenten, die auf den Schreibtisch von Dr. Kirk gekackt haben, haben vielleicht einen berechtigten Groll gezeigt, aber sie haben auch ihr eigenes mangelndes Urteilsvermögen offenbart. Anstatt den Milchmädchenmarxismus ihrer Perversen anzugreifen, wurden sie von jüdischen Agitatoren angeführt, die die Professoren dafür kritisierten, dass sie nicht marxistischer seien! Gibt es noch irgendeine Intelligenz in solchen Studenten, oder wurde ihr Verstand von solchen jüdischen Aktivisten wie Mark Rudd an der Columbia University, dem Sohn eines litauischen Juden namens Jacob Rudnitsky, und in Frankreich, dem Studentenführer, der das DeGaulle-Regime zu Fall brachte, einem rothaarigen jüdischen Agitator namens Daniel Cohn-Bendit, auch bekannt als "Danny der Rote", völlig zerstört?

Mentale Fesselung

Die Notlage der Studenten spiegelt die unglückliche Situation der gesamten nichtjüdischen Massen wider, einen Zustand geistiger Leibeigenschaft. Wenn wir nun sagen, dass die Amerikaner in geistiger Knechtschaft gehalten werden, was meinen wir damit? Wir meinen, dass jede Zeitung, jeder Radiosender, jeder Fernsehsender, jede Zeitschrift und jedes Bühnen- und Filmstück von jüdischen Agenten redigiert wurde, um jeden Hinweis auf ihre Verbrechen zu entfernen und die nichtjüdischen Massen in einem Zustand des Schlafes zu halten. Dies wäre eine phantastische Behauptung, wenn wir nicht die Jahresberichte der Organisationen, die diese Zensur durchführen, zur Hand hätten. An erster Stelle steht die Anti-Defamation League of B'nai B'rith, mit dem American Jewish Committee und dem American Jewish Congress als weitere wichtige Zensurorgane.

Diese Gruppen geben Jahresberichte heraus, in denen sie die Tatsache dokumentieren, dass ihre Agenten jeden öffentlichen Auftritt jeglicher Art, ob schriftlich oder inszeniert, überprüfen und alle Hinweise auf jüdische Untaten löschen. Als Schriftsteller habe ich die Arbeit der ADL zwanzig Jahre lang genau verfolgt. Wenn ich eine Geschichte bei der *Saturday Evening Post einreiche*, prüft ein ADL-Mitarbeiter, dessen Gehalt von der Zeitschrift bezahlt wird, die Geschichte auf jeden Hinweis auf jüdische Aktivitäten und überprüft auch eine schwarze Liste, um zu sehen, ob mein Name dort als Kritiker der Juden steht. Selbst wenn die Geschichte keinen Hinweis auf die Juden enthält, wird sie abgelehnt, weil mein Name auf der jüdischen schwarzen Liste steht, und ich muss erstens daran gehindert werden, mit meinen Schriften Geld zu verdienen, und zweitens, ein Publikum zu erreichen.

Wenn ich ein Manuskript bei einem Verlag einreiche, wird es erstens auf Bezüge zu den Juden und zweitens daraufhin überprüft, ob der Autor auf der jüdischen schwarzen Liste steht. Auf diese Weise verhindern die Juden, dass ein nichtjüdischer Autor an die Öffentlichkeit gelangt, wenn er bekanntlich ihren Zielen gegenüber gleichgültig oder feindlich eingestellt ist, wenn er sich geweigert hat, Mitglied der shabez goi-Klasse zu werden. Jede Veröffentlichung, die die jüdische Zensur ablehnt, wird entweder aus dem Geschäft gedrängt oder von jüdischen Finanzinteressen übernommen. Ein Buch, das von Nichtjuden herausgegeben wird, die nicht zur Klasse der shabez goi gehören, wird von den Buchbesprechungsabteilungen der Massenpublikationen ignoriert, und die Buchhandlungen weigern sich, es in ihr Sortiment aufzunehmen, denn ihre Bestände werden monatlich von reisenden ADL-Agenten überprüft, die inkognito in den Laden eindringen, den Bestand inspizieren, und wenn irgendeine Publikation gefunden wird, in der die Juden erwähnt werden, wird der Besitzer mit verschiedenen Waffen, Prozessen, staatlichen Maßnahmen oder finanzieller Rache bedroht.

Katastrophen im Verlagswesen

Viele nichtjüdische Publikationen wie der *Literary Digest*, das *Liberty Magazine* und andere wurden von der ADL aus dem Geschäft gedrängt, nicht weil sie "antisemitische" Artikel veröffentlichten, sondern weil sie sich weigerten, ihre Arbeit von ADL-Inspektoren kontrollieren zu lassen. Andere Zeitschriften, wie *Collier's*, waren florierende Publikationen, aber Juden übernahmen ihre Redaktionen und füllten ihre Seiten mit hysterischen Beschimpfungen gegen jeden, der sich ihnen widersetzte, bis die angewiderten Abonnenten aufhörten, sie zu lesen.

Die *Saturday Evening Post befindet sich* nun auf einem Weg ohne Wiederkehr. Einst eine virile Publikation, die einen respektablen Prozentsatz der amerikanischen Mittelklasse erreichte, ist sie zu einem bösartigen und unverantwortlichen Organ der jüdischen Propaganda geworden und steht aus diesem einen Grund vor dem Bankrott. Sie ist für die Juden so wichtig geworden, dass Martin Ackerman, ein jüdischer Unternehmer, kürzlich mit einem Fünf-Millionen-Dollar-Kredit einsprang. Eine Woche später verkündete er, dass er sein Darlehen durch den Verkauf der Abonnentenliste der *Saturday Evening Post* an das *Life Magazine* zurückgewonnen habe - ein typisches Geschäft mit dem Geld. Dennoch ist die *Saturday Evening Post* dazu verdammt, den Weg von *Collier's zu gehen*, denn unter ihren derzeitigen Herausgebern ist sie eine kranke und abscheuliche Publikation. ADL-Agenten füllen die Seiten mit ihrem Müll, während sie versuchen, das amerikanische Volk einer Gehirnwäsche zu unterziehen. Typisch war ein bösartiger und unprovozierter Angriff gegen den amerikanischen Geschäftsmann H. L. Hunt in einer kürzlich erschienenen Ausgabe der *Saturday Evening Post*, geschrieben von einem Berufsclown namens William Buckley. In diesem Artikel wurde Hunt als "Tölpel mit entsetzlich schlechten Manieren", als "Possenreißer" und andere höhnische jüdische Epitheta bezeichnet. Ein angeblicher Grund für Buckleys Angriff könnte die Weigerung von Herrn Hunt gewesen sein, zu den gewaltigen Verlusten beizutragen, die Buckleys Verlagsunternehmen, die

National Review, erlitten hatte, die weder national noch eine Zeitschrift war.

GIBT ES BUCKLEY?

William Buckley, ein viel beworbener "konservativer Wortführer", wurde als Hirngespinst von George Sokolsky bezeichnet.

Der jüdische Provokateur Sokolsky beschloss, mit Buckleys Geld eine "rechte" Zeitschrift zu gründen, die mit den bewährten jüdischen Techniken des "Antikommunismus" hausieren gehen sollte. Sokolsky und ein Hollywood-Gagschreiber namens Morrie Ryskind entwarfen das Format der *National Review*, das sie bis heute beibehalten hat. Obwohl Sokolsky starb, war die *National Review* dazu verdammt, für immer auf dem Meer seiner düsteren Ideen zu treiben, in denen nur drei Prinzipien zu erkennen waren. Das erste war, dass Juden keine Kommunisten sind, das zweite, dass Antisemitismus das schlimmste Übel ist, dessen der Mensch sich schuldig machen kann (ein Grundsatz, den Sokolsky der sowjetischen Verfassung entliehen hatte), und das dritte, dass alle Amerikaner Narren sind.

SHABEZ GOI MÄTZCHEN

Eine der Techniken der ADL-Kontrolle besteht darin, sich die Nichtjuden durch bewährte Methoden der Provokation gegenseitig an die Gurgel zu gehen. Als Robert Welch eine nichtjüdische antikommunistische Gruppe, die John Birch Society, gründete, überredete ein ADL-Provokateur Buckley, Welch als "antisemitisch" anzugreifen. Von der Anschuldigung verletzt, stellte Welch eilig jüdische Redakteure ein, um seine Veröffentlichungen zu überwachen, aber Buckley setzte seine Angriffe fort, und das vermeintliche Ziel der National Review und der John Birch Society, der Antikommunismus, verschwand in einer Lawine von Schlammschleudern, einem typischen Shabez Goi Imbroglio, während die Juden sich ins Fäustchen lachten. Die Moral ist, dass jedes Mal, wenn man einen Ball über das Netz schlägt, ein Jude einen Punkt gewinnt, weil die Shabez-

Goi-Konditionierung, das Pawlowsche Geifern der abgerichteten Hunde, planmäßig einsetzt, sobald der Jude das Schlüsselwort "Antisemitismus" ausspricht. Aber abgerichtete Hunde, so amüsant sie in einem Zirkus auch sein mögen, können keine Nation aufbauen, noch können sie eine verwalten, die andere aufgebaut haben.

WARUM NICHT?

Wenn wir diese Situation oberflächlich betrachten, wie es uns von den Juden beigebracht wurde, können wir uns fragen: Warum sollten die Juden nicht all unser Denken für uns übernehmen, unsere Bücher zensieren und alles verbrennen, was wir nicht lesen sollen? Aber das geht der amerikanischen Legende von Freiheit und Selbstdarstellung gegen den Strich, es verweigert uns das Recht, unsere nationalen Probleme zu untersuchen und zu lösen. Amerika steht vor einer ernsten Wirtschaftskrise, einer ernsten Rassenkrise und einer ernsten militärischen Krise, doch der Jude weigert sich, uns zu erlauben, diese Probleme zu diskutieren, aus Angst, wir könnten die Rolle des Parasiten bei der Ausbeutung des Wirts kritisieren.

Noch wichtiger ist, dass wir bei unserer Suche nach Weisheit frustriert sind. Genauso wichtig wie die Erhaltung des Lebens selbst ist das Streben des Menschen nach Weisheit, der Frucht eines gesunden Lebens, um mehr Nutzen für sein Volk zu bringen. Ezra Pound sagte einmal zu mir: "Ein Mann sollte von vierzig bis sechzig Jahren deutsche Philosophie studieren, von sechzig bis achtzig Jahren griechische, und wenn er achtzig Jahre alt ist, ist er bereit, sich mit chinesischer Philosophie zu beschäftigen." Aber alles, was wir bekommen, ist jüdische Philosophie, von der Wiege bis zur Bahre. Diese Philosophie ist nicht nur der Aufrechterhaltung der Vorherrschaft des Parasiten über den Wirt gewidmet, sondern sie verhindert auch, dass wir Christus kennenlernen. Eine große Republik zerfällt in den Staub, aber was kümmert das die Juden? Wie ihr Slogan sagt: "Wer braucht das schon?" Sie werden zu einem anderen Wirt reisen, und Amerika wird sich den Gespenstern von Babylon, Ägypten, Persien und Rom anschließen.

ERPROBTE TECHNIKEN

Die ADL verfügt über ein großes Arsenal an Waffen, die sie gegen Nichtjuden einsetzt, die sich ihr widersetzen. Ich habe Folgendes erlebt: Entlassung aus beruflichen Positionen; Verhinderung, einen etablierten Verlag für meine Artikel und Bücher zu finden; eine ständige Propagandakampagne, um zu verhindern, dass ich mir unter konservativen Amerikanern eine Anhängerschaft aufbaut.

Obwohl ich nichts über die ADL wusste, als ich begann, antikommunistische Artikel und Bücher zu schreiben, stieß ich bald auf sie. Ein führender New Yorker Verleger sagte zu meinem Agenten: "Mullins hat einen großen Fehler gemacht, als er sich gegen uns stellte. Er ist vielseitig und produktiv, wir hätten eine Menge für ihn tun können. Schauen Sie sich an, was wir für andere nichtjüdische Schriftsteller getan haben, Hemingway, Steinbeck, Faulkner, sie waren nur Highschool-Talente, aber wir haben sie in Amerika bekannt gemacht. Jetzt wird Mullins nie einen Cent bekommen, weil seine Bücher in diesem Land nie einen Absatz finden werden.

Als man mir diese Geschichte erzählte, berührte sie mich überhaupt nicht, denn zu dieser Zeit, 1952, hatte ich ein wachsendes Publikum für meine Arbeit, und einige einflussreiche Leute in New York begannen eine Kampagne, um Geld zu beschaffen, damit ich meine ganze Zeit dem antikommunistischen Schreiben widmen konnte. Meine eigenen Mittel beliefen sich zu diesem Zeitpunkt auf hundertfünfzig Dollar, mit denen ich durch Enthaltsamkeit und Sparsamkeit noch drei Monate überleben konnte. Plötzlich stellten die Spendensammler ihre Bemühungen ein. Ich begann ein Gerücht zu hören, das so unglaublich war, dass ich es ignorierte. Dieses Gerücht, das unter New Yorker Patrioten weit verbreitet war, besagte, dass ich große Ländereien in Virginia besäße und dass die Einkünfte aus diesen Besitztümern es mir ermöglichten, das Leben eines Gentleman-Gelehrten zu führen, zu reisen und zu schreiben, wie es mir gefiel. In Wirklichkeit habe ich nie etwas anderes besessen als das, was ich am Leibe trage, und ich habe auch keine Aussichten, etwas zu erben, aber die Geschichte hat ihren Zweck erfüllt, und die ADL hat der Kampagne, mich in meiner Arbeit zu unterstützen, ein wirksames Ende gesetzt.

DIE SCHWEIGENDE BEHANDLUNG

1954 verschwand mein Name aus den "antikommunistischen" Publikationen in Amerika, obwohl einige von ihnen weiterhin für mein Buch über die *Federal Reserve* warben, wobei der Name des Autors sorgfältig geschwärzt wurde! Auf diese Weise wird es auch heute noch beworben. Nur eine Patriotin, Mrs. Lyrl Clark Van Hyning, gab mir weiterhin Platz in ihrer Zeitung *Women's Voice*. Diese stillschweigende Behandlung bewies die Wirksamkeit der ADL-Kontrolle über die angeblich "antikommunistischen" Zeitungen und Zeitschriften in diesem Land, denn in wenigen Jahren war ich mit meinen Enthüllungen über das Federal Reserve System, den Rat für auswärtige Beziehungen und andere Schabez-Goi-Operationen zum führenden Wissenschaftler dieser Gruppe geworden. FBI-Agenten besuchten die Büros dieser Publikationen und warnten sie davor, meine Arbeit zu drucken oder meinen Namen zu erwähnen. Fast fünfzehn Jahre lang arbeitete ich im Stillen zu Hause und entwickelte meine Theorien über den biologischen Parasiten, während die meisten Patrioten annahmen, ich sei entweder tot oder nicht mehr aktiv.

KINDER DER SHABEZ GOI

Mit der Degeneration aller Lebensbereiche in Amerika zeigte sich die Dekadenz am deutlichsten bei den Kindern der Wohlstandsgesellschaft, den Shabez-Goi-Familien. Diese Kinder bildeten eine desillusionierte Klasse, die als "Hippies" bekannt wurde.

Die *Saturday Evening Post* interviewte eine große Gruppe von Hippies in San Francisco. Ein nichtjüdischer Jugendlicher sagte: "Mein Vater soll ein großer Mann in unserer Stadt sein, aber ich sah, dass er immer Geld für jüdische Wohltätigkeitsorganisationen sammelte, Petitionen für Juden unterzeichnete und solche Dinge. Ich fragte ihn: 'Was soll das denn? Du scherst dich doch um niemanden, schon gar nicht um die Juden.' Er sagte mir, wenn er sich weigere, würde er in ein paar Tagen ausgelöscht werden. Wir leben in einem schönen Haus, haben drei Autos, einen Farbfernseher und so weiter. Aber ich sagte ihm: 'Das ist es nicht wert', und ich ging hinaus."

EINE KORREKTE REAKTION

Diese amerikanische Jugend brachte eine richtige Reaktion gegen den schädlichen Einfluss des jüdischen Parasiten zum Ausdruck. Erst wenn unsere Jugend beginnt, ihre Verachtung für jedes Mitglied der shabez goi auszudrücken, für jeden Erzieher, der die Jugend zu nichtjüdischen Sklaven ausbildet, für jeden religiösen Führer, der seiner Gemeinde sagt, es sei ihre Pflicht, für die Juden zu arbeiten, für jeden Regierungsbeamten, der die Nichtjuden zum Nutzen der Juden besteuert, erst dann können wir auf eine "Reaktion" gegen die Parasiten hoffen.

Es ist diese "trahison des clercs", der Verrat des Volkes durch das Bildungsbürgertum, der den Fortbestand des Parasiten ermöglicht. Ohne diese aktive Hilfe würde er sofort verdrängt werden. Jeder Aspekt der nichtjüdischen Existenz wird von den schäbigen, lasterhaften und billigen Nichtjuden vergiftet, die zu den passiven Trägern der Macht des Parasiten geworden sind. Und doch sind sie es, die als Vorbilder für die Jugend der Nation gelten. Sie sind die Präsidenten unserer Hochschulen, die Direktoren unserer Museen, die Chefs unserer Verlage, die Vorsitzenden unserer Konfessionen. Nur wenn er sie auf Schritt und Tritt herausfordert, kann der Nichtjude den Prozess der Verdrängung der Parasiten beginnen. Da diese Nichtjuden sich selbst bereits verachten, wird es sie nicht überraschen, wenn sie entdecken, dass sie auch vom Rest der Bevölkerung verachtet werden, einschließlich ihrer jüdischen Herren. Der nächste Schritt besteht darin, sie aus allen Ämtern zu vertreiben und sie durch Menschen zu ersetzen, die "Güte" besitzen, das heißt, die auf die Bedürfnisse ihrer eigenen Art eingehen und die ihr Volk nicht für fünfzig Silberstücke verkaufen.

Sie leben in der Dunkelheit

Es wäre ein Fehler, wenn der Gelehrte annehmen würde, dass die gesamte Shabez-Goi-Gemeinschaft die Parasit-Wirt-Beziehung versteht, oder dass unsere Erzieher, Regierungsbeamten und religiösen Führer aktiv an einer Verschwörung zur Versklavung der Nichtjuden beteiligt sind. In der Natur gibt es keine Verschwörungen. Die Menschen führen das Leben, das ihnen ihre Gene vorgeben, und diese Gesetze können nur auf zwei Arten umgangen werden: indem man Christus folgt oder indem man Satan folgt. Der Parasit strebt automatisch nach einer parasitären Existenz, und die schäbigsten, bösartigsten und billigsten der Nichtjuden finden ihre einzige Erfüllung im Leben eines shabez goi. Sie unterrichten die nichtjüdischen Massen falsch, regieren sie falsch und verwirren sie, weil das die einzige Rolle ist, die sie im Leben kennen können. Ohne jüdische Unterstützung könnten sich unsere Hochschulpräsidenten glücklich schätzen, eine Anstellung als Hausmeister zu finden, und unsere Regierungsbeamten würden sich nur als Schweinehirten qualifizieren.

In den Vereinigten Staaten üben viele der shabez goi ihre Berufe bereits in der dritten und vierten Generation aus. Die Familien Adlai Stevenson und Dulles pendeln zwischen hohen Regierungspositionen und Posten in jüdischen Banken und Anwaltskanzleien hin und her. Dies sind, so sagt man uns, die amerikanischen Aristokraten, die die nichtjüdischen Massen in Pawlowschen Gesten der Zustimmung zu jeder Handlung der Juden führen.

Beifall für Verrat

So kommt es, dass die amerikanischen Massen den Gräueltaten, die die Israelis an den Arabern begehen, Beifall spenden. Dabei waren diese arabischen Völker immer die Freunde und Verbündeten Amerikas. Ein arabischer Führer fragte: "Wie können die Amerikaner den Gräueltaten ihrer schlimmsten Feinde, der Juden im Banditenstaat Israel, applaudieren und sie bei ihren Aggressionen gegen uns anfeuern?"

Die Antwort ist, dass die shabez goi in ihrer beherrschenden Stellung als Verleger, Erzieher und Regierungsbeamte die amerikanischen Massen auf Gruppenreaktionen wie dressierte Hunde abgerichtet haben. Nur wenn einige unserer jungen Leute gegen die Rolle des dressierten Hundes rebellieren und sich weigern zu bellen, wenn die shabez goi es ihnen befehlen, wird es Hoffnung für uns geben. Nur wenn wir gegen den gut gekleideten Pöbel kämpfen, der die Herrschaft des Parasiten ermöglicht, haben wir eine Chance. Nur dann können wir die Tentakel des Parasiten aus unserem Körper entfernen.

Überall in der Natur sucht der Parasit einen Wirt. Der Wirt versucht, ihn zu verdrängen. Gelingt ihm das, kehrt der Parasit bald zurück. Die Juden wurden Hunderte von Malen aus den europäischen Nationen vertrieben, aber sie sind immer noch da. Jedes Mal, wenn der Parasit vertrieben wird, lernt er eine Lektion, er wird seinen Halt beim nächsten Mal verbessern. Er lernt, die Reaktionen des Wirts vorherzusehen und zu kontrollieren, und während er ihre Nationen in riesige, schäbige Gefängnisse verwandelt, beeinflusst er ihre grundlegendsten Impulse und verzerrt ihre gesamte Existenz.

KEINE FREIHEIT

Das ist der Zustand der westlichen Zivilisationen heute. Nur Maschinen haben Freiheit. Die nichtjüdischen Massen der westlichen Demokratien liegen bereits im Sterben. Viele von ihnen sind Zombies, die wandelnden Toten. Was können wir zu diesen wandelnden Toten sagen? Haben sie noch genug Nervenkraft, um auf einen Aufruf zur Vertreibung ihrer Parasiten zu reagieren, oder hat das jüdische Gift ihre Körper gelähmt?

Was ist die Ethik der Parasit-Wirt-Beziehung? Ist sie unmoralisch? Nein, es ist natürlich, dass der Parasit einen Wirt sucht, von dem er sich ernähren kann, und es ist natürlich, dass der Wirt versucht, ihn zu verdrängen. Der Jude gehorcht seinem

Gott, wenn er seine Lebensaufgabe, ein Parasit zu sein, einen Wirt zu finden und zu kontrollieren, erfüllt. Es ist das Gefühl der eigenen historischen Richtigkeit, wie es Trotzki im Kommunismus formulierte, das den Juden zu der Überzeugung brachte, dass er tatsächlich ein auserwähltes Volk sei, das geboren wurde, um von der Arbeit anderer zu leben und deren Güter und Ländereien zu übernehmen.

IHM GEHÖRT ALLES

Heute glaubt der Jude, dass alles, was der Nichtjude besitzt, von dem Parasiten stammt, dass der Parasit dem unwissenden nichtjüdischen Vieh das gute Leben gebracht hat, ihm eine Kultur, ein Geldsystem und eine Religion gegeben hat. Der Jude glaubt, dass er dem Leben der Nichtjuden einen Sinn und eine Richtung gegeben hat, indem er die Nichtjuden dazu erzogen hat, seine Sklaven zu werden, denn der Jude glaubt, dass ihre einzige Aufgabe im Leben darin besteht, ihm zu dienen. Aus diesem Grund glaubt der Jude, dass die gesamte Geschichte eine jüdische Geschichte ist, wie der Historiker Dubnow behauptet. Er mag insofern Recht haben, als ein Großteil der aufgezeichneten Geschichte eine Reihe von Variationen des Wirt-Parasit-Themas ist.

Dubnow und alle anderen jüdischen Historiker weigern sich jedoch, eine Sache zuzugeben, nämlich den schädlichen Einfluss des Parasiten auf den Wirt.

Dies wurde jedoch in jedem Fall bewiesen, entweder durch den Zusammenbruch, der dem Wirt durch die Anwesenheit des Parasiten widerfuhr, oder durch eine große Renaissance der Kultur, des Wissens und der Macht des Wirts, wenn es ihm gelang, sich von dem Parasiten zu befreien, selbst für eine vergleichsweise kurze Zeit. Sehen Sie sich das elisabethanische England an, nachdem die Juden vertrieben worden waren. In wenigen Jahren erlebte das englische Volk eine Blütezeit, wie sie die Welt noch nie gesehen hatte, eine enorme Produktion von Poesie, Drama, Weltentdeckungen und wissenschaftlichen

Entdeckungen. In dieser Zeit schuf Coke das Common Law, das die Grundlage für die Verfassung der Vereinigten Staaten wurde.

Schauen Sie sich Amerika vor 1860 an, als das Land weitgehend frei von der Parasitenplage war, eine junge Nation, die die Hoffnung der zivilisierten Welt war. Schauen Sie sich Deutschland heute an, wo es per Gesetz ein Verbrechen ist, den Parasiten beim Namen zu nennen, und vergleichen Sie es mit dem Deutschland von 1800. Deutschland ist heute eine Nation der Verzweiflung, weil der Parasit mit Hilfe ausländischer Besatzungsarmeen wieder einmal seine Tentakel tief im Wirt verankert und jeden Aspekt des deutschen Lebens vergiftet hat. Doch im Jahr 1800 war ganz Deutschland lebendig, große Komponisten schrieben die Sinfonien, die wir heute hören, und Graf von Humboldt verblüffte die Welt mit seinen wissenschaftlichen Entdeckungen, während Goethe als die größte Persönlichkeit der Weltphilosophie bekannt wurde.

EIN NATURGESETZ

Wir müssen also ein grundlegendes Naturgesetz anerkennen. Wenn der Wirt den Parasiten nicht verdrängen kann, versinkt er in einem langsamen, degenerierenden Trauma von Krankheit und Tod. Gelingt es ihm, den Parasiten zu verdrängen, erhebt er sich schnell zu neuen Höhen der Leistung und des Wohlstands.

Aber wie kann der nichtjüdische Wirt überleben, wenn er immer der Arglist des Parasiten zum Opfer fällt? Es gibt nur einen Weg: Der Nichtjude muss in der Liebe Jesu Christi gelassen werden.

Bereite dich nun, gelassen in dieser Liebe und dich selbst kennend, auf ein Leben der Hingabe an dein Volk vor und arbeite für den Tag, an dem der Wirt wieder frei vom Parasiten sein wird, an dem jedes Mitglied einer erweckten Gemeinschaft daran mitwirken wird, die verachtenswerten shabez goi Erzieher, Regierungsbeamten und religiösen Führer aus ihren Positionen als Werkzeuge der Parasiten zu vertreiben. Dann werden wir in der Lage sein, in einer Gemeinschaft der Güte und Liebe zu leben, weil wir unsere Nation vor den Bettlern, Dieben und Schakalen gerettet haben, die versuchen, den Antichristen als unseren Herrn zu installieren. Dann können wir unsere Rollen im Leben so erfüllen, wie Gott sie uns zugedacht hat.

LITERATURVERZEICHNIS

Das Material für dieses Buch wurde aus den folgenden Quellen bezogen:

DIE BIBEL (autorisierte King James Version)

ENCYCLOPEDIA BRITANNICA (Elfte Ausgabe)

WEBSTER'S INTERNATIONALES WÖRTERBUCH (1952)

DAS WHO IS WHO DES WELTJUDENTUMS (1939)

GESCHICHTE UND BESTIMMUNG DER JUDEN, von Josef Kastein

GROSSE ZEITEN UND IDEEN DES JÜDISCHEN VOLKES, herausgegeben von Leo Schwartz

DIE WELT DES JOSEPHUS, von G.A. Williamson

THE FALL OF NINEVEH, von E.J. Gadd

LICHT AUS DEM ÄGYPTIANISCHEN PAPYRI, von Pater Chas. H.H. Wright

DIE JUDEN UNTER DEN GRIECHEN UND RÖMERN, von Max Radin

JEWS OF ANCIENT ROME, von Harry J. Leon THE

FEDERAL RESERVE CONSPIRACY, von Eustace Mullins

ANDERE TITEL

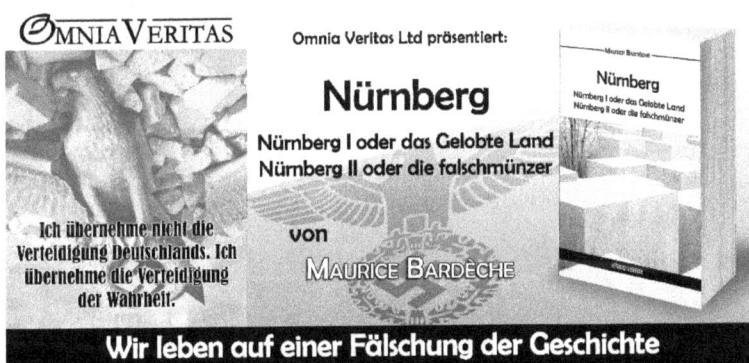

www.ingramcontent.com/pod-product-compliance
Lightning Source LLC
Chambersburg PA
CBHW050128170426
43197CB00011B/1755